XUNZHAO DAYIJINGSHEN

名誉主编　张雁灵　　王雁鹏

主　　编　邢远翔

北京大学医学出版社

XUNZHAO DAYIJINGSHEN

图书在版编目（CIP）数据

寻找大医精神 / 邢远翔主编. -- 北京：北京大学医学出版社，2013.9
ISBN 978-7-5659-0652-7

Ⅰ. ①寻… Ⅱ. ①邢… Ⅲ. ①医药卫生人员-先进事迹-中国-现代 Ⅳ. ① K826.2

中国版本图书馆 CIP 数据核字 (2013) 第 222546 号

寻找大医精神

名誉主编：	张雁灵　王雁鹏
主　　编：	邢远翔
出版发行：	北京大学医学出版社（电话：010-82802230）
地　　址：	（100191）北京市海淀区学院路 38 号 北京大学医学部院内
网　　址：	http://www.pumpress.com.cn
E – mail：	booksale@bjmu.edu.cn
印　　刷：	北京圣彩虹制版印刷技术有限公司
经　　销：	新华书店
责任编辑：	冯智勇　　美术编辑：林丽芬
责任校对：	金彤文　　责任印制：张京生
开　　本：	787mm×1092mm　1/16　　印张：19.5　　字数：399 千字
版　　次：	2013 年 9 月第 1 版　2013 年 9 月第 1 次印刷
书　　号：	ISBN 978-7-5659-0652-7
定　　价：	98.00 元

版权所有，违者必究

（凡属质量问题请与本社发行部联系退换）

编委会名单

名誉主编　张雁灵　　王雁鹏

主　　编　邢远翔

副 主 编　付　钢　　陈　惠　　张艳萍

编　　委　张　凌　　宋　青　　王　欣　　黄向东　　杨进刚
　　　　　　张　圆　　张　雨　　武亚莉　　杨　萍　　耿　璐

序

有人说过，人是要有一点精神的。

对于这个观点，我是欣然赞同的。人类作为世界万物之灵，其独特之处就在于有精神世界、有思维、有情感。作为个体的人，活着是蛋白质保鲜，死了是蛋白质腐灭，但人的精神却是永恒的生命。

几个月前，《医师报》社的同志和我说，希望在医疗环境不甚理想、社会缺乏有效沟通、医师群体倍感无奈的当下，来一场"寻找大医精神"活动，我十分支持。在我看来，穿越浩瀚中华历史，由孙思邈"大医精诚"不断演绎而来的"大医精神"，是医者具有崇高医德、精湛技术的精神品质。对大医精神代表的找寻和对他们故事的展现，至少可以起到沟通社会、重拾行业信心之作用。

活动的展开，恰好印证了这一点：60名"大医精神"代表从全国的医师队伍中被寻找、推荐出来，他们中有的是全国知名的专家、学者、院士；有的是扎根某个专业有所建树的人；有的是在基层医疗岗位上默默奉献的乡村医生……但他们都有一个共同的特征，那就是他们都是心中有大爱、对从医有深刻体会、对生命敬重、对病患无私奉献的"大医精神"的代表。

我曾一期不落地读完了每一个故事，并深深为之感动。今天，当活动结束，"大医精神"代表的故事将要结集出版时，我再次在系统通读中被他们的故事感动、沉醉，也愈加感受到"大医精诚"所散发出的历久弥新的迷人生命力。

一段时间以来，医疗行业如陷泥潭，总是被动地与回扣、商业贿赂、被伤害等负面的东西相联系并被不断放大。尽管这些仅是个别现象，但却让一个行业背负了难以承受的负担。曾经，为追随悬壶济世理念，期望在救死扶伤中体验成就感、在呵护生命中体验崇高的医者，心中不免泛起一丝涟漪。负面情绪带给一个行业的伤害难以估量。

此时，"大医精神"这条从社会大潮中涌出的奔流之河，吟唱着护佑生命、守护健康的神圣之曲呼啸而来，向社会、向行业传递"正能量"。与时代合拍的当代大医理念，即将在新的历史洪流中散发新的生命力。

声势浩大的"寻找大医精神"活动即将结束。我想，我们的任务不仅是寻找出"大医精神"以及他们中的代表人物，更需要将这种精神永久传唱。尤其在医改进入攻坚阶段的当下，倡导各级医师在日常诊疗活动中争做大医精神的践行者，提倡重塑"白衣天使"形象十分必要。

中国医师协会会长
2013 年 9 月

目录 Contents

吴孟超：游刃肝胆写春秋 1

钟南山：医之大者　为国为民 6

郎景和：植根医学本源　践行医学真谛 11

黎介寿："一根肠子走到底"的院士 16

李素芝：行医比当官更重要 21

顾玉东：好医生的公式是"1+X>S" 26

庄仕华：大爱洒天山 31

刘力生：一生防控高血压的"斗士" 36

王海燕：名利淡如水　事业重如山 41

陈菊梅：传染病防治的五味人生 46

王鸿利："血友家族"的守护者 51

凌　锋：知音互雅　精诚合作 56

白书忠：高举健康管理大旗 61

胡大一：走在健康中国的长征路上 66

朱晓东：60年不懈的坚守 71

管忠震：在化疗与毒效的辩证中求索 76

禤国维："皮肤圣手"的中医情结 81

目录 Contents

丛玉隆：小检验做成大学问 ·· 86

李宗浩：不遗余力拓展急救事业 ·· 91

周良辅：绝地刀锋　一路纵深 ·· 96

侯凡凡：始终执着于当一名好医生 ·· 101

于长隆：实现运动医学的强国梦 ·· 106

曾　光：守护公众健康的"卫士" ·· 111

窦科峰：勇于探索　创造医学奇迹 ·· 116

吴一龙：内外通达　攻坚肺癌 ·· 121

王　岩：运筹帷幄的骨科战略家 ·· 126

贾立群：守护儿童的健康卫士 ·· 131

刘晓程：心怀梦想的起舞者 ·· 136

温　浩：半生执着　演绎治"虫"传奇 ·· 141

周月华：患者的需要是我行走的力量 ·· 146

栗占国：于微深处见精神 ·· 151

景在平：血管外科的探路者 ·· 156

王宁利：上善若水　仁者爱人 ·· 161

周　晓：让延续的生命更有颜面 ·· 166

目录 Contents

顾学范：为人生第一道"安检"提速 …………………………………… 171

卞修武：科研指路　让生命绽放光彩 …………………………………… 176

王锡山：对患者有利是我唯一选择 ……………………………………… 181

姜卫剑：为脑卒中患者筑起"健康梦" ………………………………… 186

韩　陆：将奥运与红十字紧密携手 ……………………………………… 191

赵红心：不成她的粉丝儿都难 …………………………………………… 196

杜雪平：中国社区卫生事业的急先锋 …………………………………… 201

张　骞：打响"肾脏保卫战" …………………………………………… 206

韩小红：" 治未病" 的铿锵女将 ………………………………………… 210

王继跃：抓住脑卒中防控的"牛鼻子" ………………………………… 215

欧阳学农：做肿瘤患者生命的 "CEO" ………………………………… 220

何剑峰：与瘟神斗争的"降魔将" ……………………………………… 225

乔　铁：拯救胆囊　有胆有识 …………………………………………… 230

曾晓芃：防制病媒生物的幕后英雄 ……………………………………… 235

刘宏宇：坚守医者灵魂的纬度 …………………………………………… 240

刘春晓：手术创新　赢得国际话语权 …………………………………… 245

刘伦旭：胸腔镜下的起舞者 ……………………………………………… 250

目录 Contents

王桂湘：海岛健康的守门人 …………………………………… 255

王祖郧：防控高原鼠疫的"铁血战士" …………………………… 260

乞国艳：重症肌无力的医患人生转换 …………………………… 265

方　涛：行动写就"预防医学活字典" …………………………… 270

陈　岭：我喜欢他们的微笑 …………………………………… 275

刘　东：儿童福利院的"雷锋" ………………………………… 280

孙建纯：护卫癌末患者的"特种兵" ……………………………… 285

张振江：17年心系染艾乡亲 …………………………………… 290

张　伟：草原军医的大爱人生 …………………………………… 295

吴孟超

游刃肝胆写春秋

文 / 张鹏

他是一位普通的老人，平易近人，不挑衣食，每日忙碌，其乐融融；他又是一位不平凡的老人，思维敏捷，精神矍铄，92岁仍坚持做手术。

吴孟超，我国肝脏外科的主要创始人、中国科学院院士、第二军医大学东方肝胆外科医院院长。从医70年，他提出了一整套肝脏外科的理论学说，开创了一系列临床救治的新方法，使我国的肝脏外科水平处于国际领先地位，并获得国家最高科学技术奖，被中央军委授予"模范医学专家"荣誉称号。

在肝脏禁区探索未知领域
"181：18？中国人了不起！"

1943年，吴孟超考取了德国创办的同济医学院，成为"中国外科之父"裘法祖的学生，并在裘法祖院士的指点下，立志于肝脏外科专业。

1960年初，吴孟超出席了第七届全国外科学术会议。会上，他代表"三人小组"报告了他们的研究成果——"五叶四段"肝脏解剖理论。与会专家仔细审视了吴孟超提供

"为医之道，德为先。"

的研究资料，经过分析、核实后得出结论：这确实是肝脏解剖新见解，而且有着重要的临床实用价值，是我国肝脏解剖理论一个极为重要的发明。

之后，吴孟超成功完成了第一台肝脏外科手术。直到现在，我国外科界一直沿用他创立的肝脏解剖"五叶四段"理论。此后，吴孟超又发明了间歇性肝门阻断切肝法，并顺利完成了世界上首台肝中叶切除术。

1979年9月，第28届国际外科学术会议在美国旧金山举行。参加这次会议的有美、英、法等60多个国家的2000多名外科专家，代表着世界外科的最高水平。根据会议安排，在会上做肝脏外科报告的学者共有3人，吴孟超便在其中。

当吴孟超以流利的英语报告时，会场一片寂静。

"本文分析从1960年1月至1977年12月手术切除治疗原发性肝癌181例，手术死亡率8.8%，有6例已生存10年以上……"

2000多位与会专家，听到这一组前所未闻的数字惊呆了，会场立即出现了一阵骚动。

"刚才那两个人加在一起的肝癌切除术共18例，这位中国小个子自己做了181例，手术成功率达90%以上，真不可思议！"

"181:18？中国人了不起！"

会议后期，吴孟超被增选为国际外科学会会员。国际医学界用这种方式肯定了吴孟超，肯定了中国肝脏外科。

几十年来，吴孟超和他的团队，经过艰苦卓绝的拼搏，使肝脏外科手术死亡率降低到0.3%，肝癌术后5年总体生存率达53.6%，小肝癌术后5年生存率达79.8%。肝脏外科一个又一个巅峰被中国人征服。

国际著名肝脏外科学家、国际肝胆胰协会前主席Jeseph Lou评价说："吴教授对肝癌的基础研究和临床工作在中国和国际都处于领先地位，他的成就令全球同行所瞩目和敬佩。"

在手术刀上镌刻爱与忠诚
"我喜欢上手术台，除了患者的要求外，自己也觉得在手术台上很清静、很开心。"

1975年，春节刚过，一个挺着大肚子的男子步履艰难地跨进第二军医大学长海医院，径直来到肝胆外科，点名要找吴孟超医生。

这个名叫陆本海的庄稼汉来自安徽，8年前，他的腹部长了个拳头大小的瘤子，去医院检查后被认为是肝癌，已无法医治。

吴孟超仔细检查了患者"梆梆响"的大肚子，根据对肝脏的了解，确认这是一个罕见的特大肝海绵状血管瘤。经检查显示，这个瘤子直径竟达68 cm！

肝海绵状血管瘤属于肝脏良性肿瘤，但最危险的是肿瘤破裂会引起腹腔急性大出血，常可导致死亡。即使在技术最先进的国家，抢救肝海绵状血管瘤大出血的成功率也很低。

吴孟超决定为患者手术。但要切除直径达68 cm的瘤子，谁都没有把握，吴孟超也不例外。

手术开始。当钟表指向晚上8点30分，在手术台上站了整整12个小时的吴孟超顺利完成了手术！他成功切除了这个重达18公斤的肝海绵状血管瘤，至今仍是世界之最。

2004年9月，毕业于北京外国语学院的湖北女孩甜甜在父母陪伴下来找吴孟超求治。这个20岁刚出头的姑娘肝中叶长了个巨大的海绵状血管瘤，严重压迫第一、二、三肝门，稍有不慎，就会因血管破裂大出血而死亡。肝中叶是肝脏禁区中的禁区，很少有人敢涉足。此前，父母带着她到了多家医院，都被拒绝收治。

在多次讨论和论证之后，吴孟超决定再闯肝中叶禁区，手术切除血管瘤。9月18日，吴孟超带领姚晓平教授用了5个小时，成功将瘤体完全切除。"我们在手术中也创造了肝门阻断切除的纪录，前后阻断4次共103分钟，才将瘤子切下来。"吴孟超记忆犹新地说，"瘤子有排球那么大，放在一个脸盆里都快满了。"

从医70年，吴孟超在患者心中几乎成了"神医"的化身。常有全国各地被"判了死刑"的肝癌患者，冲着吴孟超的名望来医院，"让吴老开刀是我最大的愿望，哪怕让吴老摸一摸，我也死而无憾了！"

正是由于患者的敬慕和信赖，年已九旬的吴孟超依然坚守在肝脏外科一线。他说："我喜欢上手术台，除了患者的要求，自己也觉得在手术台上很清静、很开心。"

在道德高地挺起脊梁

"患者至上，敬畏生命，是做一名好医生的基本素养和起码要求。"

"我是医生，职责就是治病救人。患者没有高低贵贱，对每一个患者都要像对待亲人一样。"吴孟超说，"患者至上，敬畏生命，是做一名好医生的基本素养和最低要求。"

2009年8月，一个晚期肝癌、肝硬化、肝腹水的患者辗转多家医院均被拒绝收治，忧心忡忡。吴孟超拉着患者的手说："生病不可怕，关键是要保持好心态。不用急，我给你开张住院证先住下来，咱们一起努力，争取让你早日康复。"

患者离开后，助手不解地问吴孟超："吴老，患者不能手术，病床又紧张，干嘛还把他收进来？""我也知道把他收进来做不了太多，可是他已经被多家医院拒之门外，如果我们再不收，他肯定会绝望，说不定会做出傻事来。"吴孟超看了一眼助手说，"我们既要看病，更要救人。"

"为医之道，德为先。"吴孟超说，"从医这么多年，我时时记着老师裘法祖院士讲过的一句话'医术有高有低，医德最是要紧。'"

每周二上午，是吴孟超门诊的时间。一到8点，他总是精神抖擞，穿着整洁的白大褂，出现在患者面前。一位患者刚躺到检查床上，自己就把衣服拉了上去。吴孟超忙说"不急"，顺手把患者的衣服拉了下来，再搓一搓手，等到双手变暖，才开始医生的"问、触、叩、听"四部曲。

看到患者有点紧张，他亲切地拉着患者的手，笑容满面地俯下身子问道："感觉怎么样？别担心，我们会为你想办法的。"

在之后的几个小时里，吴孟超连一口水也顾不上喝，无论是初诊患者还是复诊患者，他都不厌其烦地给他们解释病情，制订治疗方案。

每次门诊结束前，吴孟超都会亲自带着就诊患者做B超。这时，他手里都攥着一张小纸片和笔，纸片上面密密麻麻地记着每个患者的姓名、年龄、病情等。

做B超检查时，要在患者腹部涂抹一些耦合剂。每到冬天，吴孟超都会提醒患者："抹耦合剂有点凉，你得忍着点。"检查结束时，他还会亲手帮着擦拭干净。

2010年12月，吴孟超接诊了一个严重肝硬化合并肝癌患者，在另一家医院，他被医生要求花40万元做肝移植，但家里拿不出那么多钱，无奈之下到东方肝胆外科医院找到吴孟超。

在详细检查诊断后，吴孟超认为这个患者手术就能解决问题，只不过有较大难度和风险。后来，吴孟超顺利地为这个患者实施了肝癌切除手术。出院时，他们家人齐刷刷跪在吴孟超面前，感谢他的救命之恩。

急患者之所急，想患者之所想，痛患者之所痛。站在患者的立场上，处处为患者着想，这是吴孟超一贯的坚持。

收受患者红包和拿药品回扣，是吴孟超一直深恶痛绝的事情。他常说，患者生病已非常不幸，为了治病他们可能都已经花光了家里的钱。作为医生，应该用最简单、最便宜、最有效的方法为患者治疗。

平时，他要求医生在保证药效的前提下，哪种药便宜用哪种。在为患者做检查时，如果B超能解决问题，绝不让患者去做CT或者磁共振检查，如果他们带的片子能够诊断清楚，绝不让他们再做第二次检查。

吴孟超手术时，用的麻醉药和抗感染药都是最普通的，缝合创面切口从不用专门的器械，他说："用器械咔嚓一声1000多块钱，我用手分文不要。"

线索推荐：第二军医大学东方肝胆外科医院

点评

悬壶济世、积德行善，是中华民族传统医德的生动写照。全心全意为人民服务，是吴孟超院士的毕生追求。为了摘掉我国肝癌大国的落后帽子，吴孟超院士在既无资料又无设备的情况下，一切从零开始，发奋图强，写下了中国和人类医学史上一连串的"第一"，把中国肝脏外科手术水平无可争辩地推到了世界前列。

——中国工程院院士 王红阳

钟南山

医之大者　为国为民

文/徐竞鸥

广州呼吸疾病研究所，每周出诊一次，是钟南山雷打不动的惯例，半天仅接诊约10名患者，却常常让他从下午2点30分忙碌到晚上6点以后。体检报告显示，他的腰椎明显向右侧倾斜，有人说这是由于他常年向前探身扶一下患者的动作造成的。他的会诊室里挂着一块横匾，上书"悬壶济世，福荫众生。"他说，想要悬壶济世，就得适应社会。

10年前，那场没有硝烟的战争中，他被中国学术界和大众熟知，被国际认可。"什么叫现在已经控制？根本就没有控制！目前病原都还没搞清楚，你怎么控制它？"这在当时引发轩然大波的言论，却让他在公众心目中的地位从此不可动摇，他的名字也成为"真话"的代名词。

10年后，"GDP第一，还是健康第一？现在到了认真考虑这个问题的时候了。"2013年的全国两会上，面对众多媒体的"长枪短炮"，他毫不避讳："管你什么和谐社会，管你什么纲领，人们最关心的，一个是呼吸的空气，一个是吃的食物，一个是喝的水。这些都不安全，什么幸福感都没有。"

> "科研是医学家的天职,但不是最终目的,最终目的是造福患者。"

党的教育,就是组织上把你分配到哪里,你就要在哪里发光发热。他做到了!他一直是那个勇敢的战士——钟南山。

震撼国际学术界的中国智者
"追求一个未知数,这就是我最大的动力。"

1955年,钟南山考上了北京医学院,当年广东省仅有5个人考上。然而由于家庭历史问题,后来的8年间,钟南山与临床工作始终失之交臂,他的行医路似乎走得格外坎坷。但是他说,始终不安于现状,是他生命的主轴。"假如所有人都有这么一颗恒心,都有一个追求,然后努力朝前走,就会有很大的收获。"

凭着这股不服输的劲儿,钟南山报名参加了"文革"后第一次公费出国留学考试,并顺利通过录取分数线。1979年,包括钟南山在内的16位公费生踏上了西行之路。

刚到伦敦不久,钟南山就收到导师——英国爱丁堡大学附属皇家医院呼吸系主任弗兰里教授的来信:"按照我们英国的法律,你们中国医生的资历是不被承认的。所以你到医院进修不能单独诊病,只允许以观察者的身份查查病房或参观实验室。根据这个情况,你想在我们这里进修两年的时间实在是太长了,最多只能8个月……"这封来信像一盆冷水,将钟南山的一腔热诚浇了个透。"我们要挺直腰板站起来。"这样的情绪一直伴随着钟南山。

钟南山白天参加查房,参观皇家医院各系的实验室,晚上泡在资料室充实基础知识。他从海量的资料中分析发现,呼吸生物实验室关于一氧化碳对血液氧气运输影响的项目不仅符合自己的研究方向,也正是导师期待开展的项目。于是,他决定主动出击。经过两周不分昼夜的拼搏,一份"一氧化碳对血液氧气运输的影响"的实验设计交到弗兰里教授手中,这个原本高傲的英国人露出赞许的目光,鼓励钟南山好好干。

实验室的一台血液气体平衡仪因故障已闲置一年有余,然而实验时间宝贵,钟南山决定自己尝试修复这台仪器。钟南山先后从自己身上抽了800毫升鲜血,经过30多次反复校正,仪器终于复活了。得知钟南山以前从未见过这种仪器时,英国医生们颇为感慨:"中国人真是不可思议!"

按照原定计划,钟南山开始了项目研究。为取得可靠资料,他让皇家医院的同行们向他体内输入一氧化碳,同时不断抽血检验。当血液一氧化碳浓度达到15%时,即相当于连续吸食50~60支香烟!不顾同行们的劝阻,钟南山直到血液中的一氧化碳浓度达到22%才停止,此时他已经感到天旋地转。功夫不负有心人,试验最终取得满意的效果,英国同行们也被他那种忘我的献身精神深深感动。

一个空气清新的早上,钟南山收到导师的一封信,邀请他向皇家空军代表和苏格兰医学理事会主席做"有关各种因素对血红蛋白解离曲线影响"的报告。这是皇家医院对一个中国学者赋予的绝对信任,钟南山的付出终于得到了回报。

在国外进修的两年零一个月里,钟南山对呼吸系统疾病的防治研究共取得5项重要成果,完成了5篇学术论文。

中国流行病学的领军人

"我们做医生的,常常要把偶然性变成必然性。"

2003年的春天对中国来说是个不寻常的季节,"非典"的凶猛来袭一度造成社会恐慌。回想起来,钟南山说,那时的他像参加着战斗一样,但比起救治患者,"这个应该是我们的本行,我们本身的责任。"为了搞清楚"非典"的规律,钟南山自己都不知道看了多少患者。参加抢救时看到人手不够,他就自己上前帮忙将患者从车床推到抢救床上,并用简易人工气囊给患者做人工呼吸;遇到患者情绪不稳定,他就亲自去做思想工作;为了联络方便,平时很少使用手机的钟南山24小时开机。他说:"你想让人家干一个事儿,你自己先去干。"

钟南山参加会诊、出席讲座和各种指导活动,曾经一连38小时没合过眼,终于,他病倒了。钟南山知道,此时此刻自己绝不能倒下,坚守才会给患者和医务人员带来希望。在医院住了一晚之后,他偷偷跑回家,进行自我治疗。即使在休息的日子里,他也没有放下手中的研究和工作,把办公室搬到了家里。钟南山坦言,他面临的最大压力是对"非典"疾病的无知。但他知道,即使10名患者里面只活了一个,从这一个被救活的人的经历中,他也能学到很多东西。

探索是艰辛的,钟南山经常夜不能寐,书房的灯光亮彻通宵,已经没有人能记得清试行了多少种方案。终于,他们找到了突破口。2003年3月9日,《广东省医院收治非典型肺炎病人工作指引》出台,成为广东抗击"非典"战役的重要转折点。他说,在那段艰难的日子里,最让他感动的是他的团队。"站在最前线的,他不会因为怕传染就不来了,就不做了。"

经此一疫,钟南山成了家喻户晓的人物,只要钟南山一说话,总能增强人们的安全感。2009年,广东省卫生厅调整防控甲型H1N1流感专家组,将原来的两个专家组调整为临床专家组、防控专家组和病原学专家组等3个专家组,钟南山被广东省委任命,担纲临床专家组组长。他欣慰地看到现在人们能相当理智地对待病毒传染问题。同年5月,他提出的"将灰霾纳入大气污染范畴"的提议也被纳入原卫生部和国家环保部门制定的相关标准。

尽管工作繁忙,钟院士始终没有闲置临

床研究。他在《柳叶刀》杂志上发表了两篇文章："在广东出现的非典型病原体"向世界展示了中国人民战胜 SARS 的壮烈史实；"关于羧甲司坦治疗 COPD 的课题研究"证实国产祛痰药羧甲司坦可显著减少慢性阻塞性肺疾病的急性发作达 24.5%，同时可使常规治疗费减少 85%。

甘做真话代言人
"当事实与权威不符，我们当然要首先尊重事实，而不是尊重权威。"

作为一名医学家，钟南山始终坚持实事求是的做事原则。在英国进行人工呼吸对肺部氧气运输的影响研究时，钟南山发现，自己的实验结果和牛津大学雷德克里夫医院麻醉科的克尔教授一篇论文的结论完全相反。由于克尔教授是英国麻醉学的权威，钟南山一度以为是自己出了差错。但经过不断验证，最终钟南山肯定了自己的研究结果。

全英麻醉学术研究会上，钟南山对克尔教授文章的否定让参会者感到震惊，仅克尔教授的 3 位高级助手就提出 8 个尖锐问题。面对来势汹汹的反驳，钟南山不紧不慢地用大量实验数据和严密论证逐一解答，获得全场常委一致举手通过。会议主持人评价道："这位中国医生的研究是创造性的，我衷心地祝贺他的成功。"

"非典"期间，有关方面宣布非典病原已明确为衣原体。钟南山大胆地站出来质疑，他说，从临床经验很难用衣原体肺炎来解释，首先，衣原体引起的肺炎很少病情这么重；其次，临床采取了足够剂量的治疗衣原体、支原体的药物，但是一点效果都没有。以当时的局势，他完全可以选择不说话，但钟南山说，这不是一般的学术讨论，而是人命攸关的问题，如果采用错误的治疗方法，死的人会更多。

2009 年全国两会上，钟南山的发言与众不同："你们 70% 以上都是赞扬，都是歌功颂德的话，但私下里有些人又牢骚满腹……这种做法不可取。"

如今回想起来，他依然认为，这样做有时候确实会让领导为难，但是得讲真话。"讲真话，它的可贵之处，不是在于它的对与错，而在于是发自内心的。我觉得在任何的群体、任何的一个单位或者是家庭，能够讲真话，一定会是一个和谐的群体。"

线索推荐： 广州呼吸疾病研究所

点评

在"非典"肆虐的时刻，他以科学家求真务实的天地良心和白衣天使无私无畏的奉献精神，积极与疾病抗衡，犹如一面高高飘扬的旗帜；他拥有令人景仰的高尚医德、学术风范和疾恶如仇、敢于直言的人生准则和职业操守，深入探索人体与社会顽疾，直击要害，开具良方，不愧为大医与民族的脊梁。

——原卫生部副部长、中国工程院院士 王陇德

郎景和

植根医学本源 践行医学真谛

文 / 段文利 武亚莉

"春和景明，波澜不惊。"这句出自范仲淹的《岳阳楼记》的句子，提炼了一个人的名字。他有着诗人般的气质、科学家的风度，谈笑鸿儒，举重若轻。他50年锲而不舍，既挥笔又操刀，文武齐备。他就是中国工程院院士、协和医院妇产科主任郎景和。

在郎景和的字典里，一名好的外科医生必须经历三种境界：得意、得气、得道也，即会做手术，达到熟练程度；融会贯通，找到规律；将理念升华到哲学和思想高度，举一反三。每个阶段都是一场艰苦的磨炼，但每一步都必须脚踏实地。沿孟子之道，得道者得天下，可堪为医生的最高境界了。

郎景和正是以身践行，诠释了一名民心所向的医学大家。他带来的不仅是一项知识和技术，更是一种思想和哲学。

得意 "病情人情结合为最佳治疗"
一切从患者的利益出发，考虑病情，是科学原则；又考虑人情，是人文原则。

从1964年毕业踏入协和医院妇产科大

> "医学不仅仅是科学，还是人文，是社会，是哲学。"

门，郎景和一干就是50年。50年间，找他看过病、开过刀的患者究竟有多少，几乎无法统计。但有一点非常肯定，他让这些陷入痛苦和困境的患者得到了满意的治疗，甚至拥有了完美的人生。

为提高患者生命质量，郎景和做手术时往往选择高风险但能保留器官的新术式。如年轻患者长了个肌瘤，或者多发肌瘤，且还没有生育，就必须选择剔除肌瘤，就像一个苹果哪儿烂了，就把烂的部分抠掉，苹果还是可以吃的。事实上，子宫切除是破坏，肌瘤剔除则是建设。

郎景和曾经为一名子宫肌瘤患者先后做了三次手术，送给了一个女人完美的人生。第一刀，当时患者24岁，是广州文工团的演员，患子宫肌瘤找到郎景和，考虑到患者没结婚，没生孩子，虽然肌瘤很大，郎景和采取的是肌瘤剔除术。术后二三年，她怀孕了，郎景和给她做了剖宫产手术。产后五年，她又长了肌瘤，子宫已经完成了生育的任务，与患者磋商，又做了全子宫切除。

这样的例子数不胜数，对此，他常说，一切从患者的利益出发，考虑病情，是科学原则；又考虑人情，是人文原则。将病情人情结合起来，才是最好的治疗，就是医生的责任所在。

不仅如此，郎景和在研究新技术的同时，也在不断思考"协和式"的改良。至今，这名70多岁的老头儿还亲自做动物实验，而且要亲眼看到效果。

正是这种严谨的治学和科研精神，成就了郎景和。50年的辛勤耕耘，他最先在国内研究卵巢癌的淋巴转移，开创性地提出了全新的子宫内膜异位症发病机制和源头治疗，并在国内率先将腹腔镜应用于妇科临床诊断与治疗。

得气　"做好传承接力棒"
年轻人要鼓励，也要给予压力、动力，不断让他干活儿，才能激发他们的潜力。

协和妇产科多少年始终保持着国内的领先地位，规模在国内综合医院中首屈一指。在复旦大学医院管理研究所发布的2009、2010、2011年度中国最佳声誉专科排行榜中，协和妇产科连续三年蝉联全国榜首。这种好的团队氛围，归功于当年林巧稚教授的引领，更离不开郎景和的发扬光大。

培育新人，郎景和有一套自己的理念和方法。他会与每个青年医师亲自商谈，根据学科的需要和各自的兴趣特长，确定其岗位和专业发展方向。这样在良性竞争的环境里，有竞赛、竞争，但没有互相绊脚和串行，这就是他的"400米跑道，多竞赛，少碰撞"青年医师培养理念。

当前，医务界一些老大夫对年轻人看不惯，感慨世风日下，医疗水平滑坡，甚至说"等我们生病的时候再也找不到好大夫给我们看病了。"可郎景和不这么看。他认为，年轻人思想活跃，信息灵通，英文很好，电脑掌握得好。关键是要鼓励他们，同时给予一定的压力、动力，不断让他干活儿，才能激发他们的潜力。

他的鼓励不是口头上的，而是真正落实到行动上。他以自己的学术影响力给科里年轻人创造出国进修、培训等机会与条件，让青年人不断深造。郎景和的学生谭先杰，2012年在医院"百人计划"资助下到美国斯坦福大学医学院附属医院、哈佛医学院附属布莱根医院等四所名院做访问学者。其中一所医院妇科肿瘤主任对郎景和在子宫内膜异位症方面的成就非常称道。谭先杰感慨地说，"正是因为协和医院在海外的声誉和郎景和院士等前辈的成就，与同期进修的其他国家的访问学者相比，我才能明显受到更多的重视和尊重。真是前人种树，后人乘凉。"

他的学生向阳也深有感触，"我们是在他亲自的教导下领悟的。有的大夫看到自己徒弟高了就压一压，但郎教授是把每个专业的人都提起来。现在全国妇产科亚专业里占重要位置的，都是我们这些四五十岁的人，这得益于郎大夫把年轻人推出去、提携起来的胸怀。这是一个良性循环。当年林巧稚大夫把科室每个大夫做什么都安排好。现在郎教授继承发扬林大夫的精神，把我们整个科发展得更好。同样，我们必然将郎教授这种提携后辈的传统继承下去"。

得道 "医学是有温度的"
医生给患者开出的第一张处方应该是关爱。

随着科学日新月异推进，医学得到突飞猛进的发展。人们在享有更加精确的专科治疗的同时，却感受到了医学的冷漠。特别是近几年，医患矛盾愈演愈烈。

郎景和认为医患双方最重要的基础是人文。现代科学的发展太过于关注技术本身，却忽略了人文。他说，医学不仅仅是科学，还是人文，是社会，是哲学。这是郎景和几十年诊治患者的经验，对人文关怀的理解，对医学精神的领悟，其中渗透的正是他深深的社会责任感。

在郎景和的诊室，学生们常常可以听到这样的对话：患者或患者家属刚一开口，郎景和就会接上，"山东人吧？"或"重庆的？"，有时还会对上一两句山东话或者四川话，患者马上就会一改刚进门时的紧绷表情而露出笑脸。若是以前就诊过的"老患者"，郎景和可以不看病历就准确说出她是"青岛人"还是"德州人"，之前得的什么病，甚至从事什么工作等。在门诊，有一次一位白发苍苍的患者，一进诊室就说，"大夫，十几年不见，您还是老样子，一点儿也没变"，郎景和不看病历，就转身给一旁的学生介绍，"知道吗，她当时是卵巢癌Ⅲ期，看现在多好呀。"

患者心里想什么，担心什么，顾虑什么，着急什么，郎大夫是洞察的，但他的处置又充满了尊重和善良。

一位剖宫产后的农村妇女，因难以摆脱腹痛，又切除了子宫及双附件，终年蜷曲在床上不下地，不操持家务，更不干农活。来协和医院后，郎景和亲自为她做了成功的腹腔镜手术。术后患者依旧愁容满面，一动不动躺在床上。原来，腹腔粘连解决了，"心里的粘连"远没有消除。术后第二天，郎景和到患者床前，鼓励她笑一笑，高兴一点，坐起来；第三天，郎景和又来到患者床前，鼓励她并亲自搀扶她下地行走；第四天，农妇终于高高兴兴地出院回家了。

50年的临床工作，郎景和没跟患者红过一次脸、吵过一次架。问及秘籍，郎景和脱口而出：医生给患者开出的第一张处方应该是关爱。

得天下 "民为天，科普不可缺"

科普是一个医生的社会责任，有时一篇好的科普文章可使千百万人受益。

他的光芒不仅覆盖了医疗界，也辐射了普通大众。郎景和常说，一个大夫每天面对患者的时间是有限的，而广大公众对健康防病知识的渴求却是无限的。为此，从20世纪70年代开始，郎景和便在林巧稚大夫的指引下，走上了医学科普宣传之路。

科普创作可谓一种科学文化苦旅，费时、费力、费心。现行的"以SCI论英雄"的学术评价体系也不"支持"医生们的科普创作。而郎景和则认为，科普是一个医生的社会责任，有时一篇好的科普文章可使千百万人受益。让人们在对疾病有一定认识的基础上更好地懂得如何预防。即使那些遭遇疾病的患者，在对该疾病有更全面、清晰的了解之后，也会以正确的心态面对疾病。

而且，他还利用各种机会讲解科普与科研相辅相成、相互促进的关系，向全社会呼吁科普意识的培育。

自此，郎景和在这个征途上跋涉数十年，并乐此不疲。他不断创新科普小品、科学文献的表达方式。其撰写的《家庭卫生顾问》、《家庭育儿百科大全》、《女性健康全书》等深受广大读者喜欢。据统计，郎景和共出版各种科普专著40余部，500余万字。每个字包含的不仅是医学知识，更是他悬壶济世的爱心。

线索推荐：北京协和医院

点评

他50年如一日严谨治学，不断探索医学本质，最终得道；他平等对待每位患者，帮助众多妇女解决疾苦；他悉心培养后辈，协和妇产科在他的带领下硕果累累。"走近患者床旁"是他终身不懈的追求，他说，"医生为患者开出的第一个处方是关爱"。宁静的心灵，豁达的心胸，儒雅的风范，哲学的头脑，塑造了他的医学大家风范和协和式学者形象。

——中国科学院院士、北京协和医院院长 赵玉沛

黎介寿

"一根肠子走到底"的院士

文 / 高铭华 杨晨

6月29日上午9时30分,江苏南京市浦口区中心医院门诊大楼内人流如织,南京军区南京总医院的专家正在这里组织义诊。

在一位老人的席位前,患者排起了一条长龙。他白发苍苍,中等身材,一张国字脸布满了老年斑。他时而慈祥地看着患者,竖耳认真倾听他们诉说病情,时而戴上眼镜,仔细查看患者的病历和检查资料,时而和当地医院医生交流看法、开出处方……

他就是黎介寿,中国工程院院士,南京军区南京总医院副院长,全军普通外科研究所所长。原本当地医院只给黎介寿安排了3名患者,而他耐心接诊完最后一名患者已是响午。

最大幸福:救治无望患者

"患者只要还有一口气,医生就要使尽全部力气。"

"我是黎介寿,患者还有希望,赶紧送过来!"对常德青年刘炳炎和女朋友李立平来说,这也许是世界上最动听的声音了。

2010年11月20日,刘炳炎和李立平正在筹备婚礼,甜蜜的日子出现"急拐弯":刘炳炎患上了急性胰腺炎!仅仅2天时间,

> 不唯书，不唯上，不唯洋，只唯实。

当地两所大医院先后下达12次病危通知书。

网上的一条信息，让这对苦难的年轻人看到了重生的希望：南京总医院黎院士和他的战友，治得了这个病！但黎介寿的学生、重症胰腺炎专家李维勤在电话中坦言相告：到南京可以治，但转运风险大。

李立平感觉再次掉进冰窟窿。正在这时，她却突然接到了黎介寿的电话。这个决定，是黎介寿长时间与湖南当地医院网上会诊后，慎重作出的。

2011年1月25日，SOS国际救援飞机飞抵南京，黎介寿已在重症病房门口等候。引流、血透、手术……一个个早已深思熟虑的治疗方案，紧张有序地展开。手术取得了成功，5天后，刘炳炎从昏迷中苏醒过来，48天后，他获得了新生。2011年5月1日，劫后重生的两位年轻人幸福地步入了婚姻的殿堂。

"人的生命只有一次，治疗和手术失误了，没有推倒重来的机会！"多年来，黎介寿一直这样警醒自己。从20世纪70年代起，黎介寿的手术对象都是已经在其他医院动过"一刀"、"二刀"甚至更多次手术的患者，干的都是为其他医院"擦屁股"的活。救治难度和风险自不必说，但黎介寿从不会把任何患者推到门外。他就是个纯粹的医生，尊重生命，从不"认命"，甘愿把风险和困难留给自己，也要尽力挽留每一条生命，只要

有1%的希望，他就要尽100%的努力。在黎介寿眼里，救治别人救不了的患者，是他最大的幸福。

2007年6月，一位老人因车祸造成腹部外伤，腹腔内感染严重，入院后病情持续恶化，微弱的生理指标随时都可能让生命的火苗熄灭。亲属不忍心让亲人死在病房，再加上治疗费用也已所剩无几，坚决要求放弃治疗。

一大早，患者被推到了电梯口。电梯门一打开，差点与黎介寿撞个满怀。"患者亲属坚持放弃治疗，我们只好给她办出院手续。"重症监护病房护士长叶向红低声说。

医生看惯了生死，多无表情。此刻，黎介寿的眼泪却夺眶而出，沿着脸上写满沧桑的沟壑，滚落到地板上。"你不能走，让我们再试试！"黎介寿紧握着患者的手，哽咽着说。大家都动容了，患者被重新推进病房。

因病情过于危重，这位患者两周后还是不幸离世了。黎介寿悄悄用自己的工资，为患者家属补缴了10多万元的治疗费用。

医学突破：甘愿与猪为伴

"患者托付的是生命，我们研究就是要拼命。"

2011年，黎介寿倾注一生心血主持攻关的"肠功能障碍的治疗"，获得国家科技进

步一等奖。

"科学研究不是今天做茶壶，明天做茶杯。"黎介寿不止一次地告诉学生，要想在医学研究上有所突破，"虚头巴脑"不行，要有务实的品质：患者需要是最好的方向，认准了就要坚定地做下去，这样才会有收获。

1987年的一个寒冬雪夜，一名因腹腔大出血，整个小肠被切除的13岁小姑娘被抬到黎介寿面前，肠子用两把血管钳夹住。而黎介寿束手无策，只能眼睁睁看着小姑娘离开人世。

年近花甲的黎介寿横下一条心，把铺盖搬进动物实验房——猪圈。开刀、观察，不间断记录和分析动物实验的每个数据。实验室内到处散发着刺鼻的粪便味道。黎介寿和学生们却夏天挥舞着蒲扇，为猪驱虫消暑，冬天拎着煤炉，为猪生火取暖，学生们心疼地称他为"猪爷爷"。这样的日子整整持续了5年多时间。

这期间，不少同类医院外科都在开展肝移植手术，也有人动员黎介寿加入进来。黎介寿很不以为然："科研不是跟风，肝移植已经有人在做了，我就要填补小肠移植这个空白。"

动物移植手术成功的标志是成活100天。一天晚上，一头术后已成活80多天的猪腔静脉管突然脱落，没能抢救过来。打击接踵而至，另一头猪手术后也仅活了97天。无数次的失败像一根无情的鞭子，抽打在黎介寿的身上。失败，实验，再失败，再实验……面对挫折他越战越勇。

1992年2月14日，黎介寿终于在亚洲首次取得了猪同种异体小肠移植的成功。这位68岁的"猪爷爷"终于结束了1900多个与猪相伴的日子。1994年3月12日，一段250厘米小肠被成功移植到患者杜新平的腹腔内。黎介寿打破了亚洲小肠移植"零"的纪录，使我国器官移植达到国际先进水平。

作为一名军医，黎介寿是院士，但首先是名战士。他首创损伤控制性救治新理念、新模式，在全军首次运用控制性分析治疗理念开展应对复杂战创伤的科学研究，科学分析危重战创伤给伤员带来的生理环境紊乱、免疫功能抑制及多器官功能障碍等问题。这一全新战场伤救治模式，被列入国家和军队"十一五"重点医学课题。

黎介寿的"肠营养支持疗法"广泛应用于短肠综合征、重症胰腺炎等疾病的治疗，现在治愈率高达96%，高居全球之首，数万名患者从中受益。重症胰腺炎的治疗是世界公认的医疗难题，黎介寿打破以单一学科为基础的传统治疗模式，改进手术引流方法，使重症胰腺炎的治愈率达到90%~95%，创造了世界最好成绩……

不唯书，不唯上，不唯洋，只唯实。已经站在我国普通外科领域制高点上的黎介寿，正是这种不断否定自己的精神，才使他一次又一次地实现新的攀登。

不再手术：是对患者负责

"良心是医德的底线，多从患者角度去想想。"

医学就是人学，医生首先要有医德。在黎介寿的眼里，只有病情，容不下那些"关系"、"背景"等俗气的东西，无论患者是

寻找大医精神

高官还是百姓、将军还是士兵，他都一视同仁，关怀备至。

一位多年饱受病痛折磨的患者康复后，执意要送条金项链表达谢意。遭到拒绝后，就将金项链悄悄放在黎介寿的办公桌上，返回了老家。黎介寿立即查明患者家庭住址，派人专程退还。

送回过金项链，黎介寿却接受了在他手中起死回生的农村妇女马秀兰亲手绣的鞋垫，上面是一对燃烧的红烛。他说，垫上它，会时刻记起患者那份朴实的感情，脚底板就会踏实，在手术台前才站得稳！

没有医德的医生是可怕的，没有情感的医学是苍白的。黎介寿常告诫学生，冷漠对患者的伤害，有时比病情本身更具杀伤力。

2011年5月18日，黎介寿照例走上手术台，为一名加拿大籍患者动手术。手术中，他突然心律不齐，脸色苍白，冷汗淋漓。尽管如此，87岁的他依然坚持站立了7个多小时，成功完成手术。患者得救了，而黎院士却晕倒在手术台上！

第二天，他向学生们郑重宣布：因身体原因，从今天起我不再亲手给患者动手术了。不再上手术台动手术，对一个依然在工作的外科医生，是件多么严酷的事！学生们几乎不敢相信自己的耳朵。

"我知道我的身体、体力和精力已经不容许我再承担一台大手术。我不主动做这个决定，没人会催我，但我要对患者负责，做不了了就是做不了了！"当天中午，黎介寿把自己做最后一台手术的柳叶刀，擦了又擦，久久凝望……

如今，黎介寿虽然不亲手动手术了，但仍然深情坚守在服务军民的第一线：周一上午门诊，周二到周四上午到重症监护病房查房，周五上午组织全科讨论疑难病症，下午进行学术报告。

耄耋之年的院士，仍然是那个清正自律、谦虚儒雅的老人。

在一次国际学术交流会议上，世界著名外科专家、美国哈佛大学教授德瑞克曾经虔诚地对黎介寿说，您是"世界上研究肠子时间最长的人"。黎介寿谦虚地回答，做得时间长，不代表做得就好，你们夸赞我，我更不能歇脚。

满目青山夕照明。耄耋之年的黎介寿喜欢爬山和步行。在人生的崎岖小路上，一生笃定信仰、报国为民的黎介寿院士奉献的身影更显出夕阳的壮美！

线索推荐：南京军区南京总医院

点评

悠悠一甲子，铁心跟党走；奉献六十载，赤诚为人民。黎介寿坚守信念一辈子、勇攀高峰一辈子、服务人民一辈子、倾心育才一辈子，无愧为挽救万千患者、创造生命奇迹的苍生大医，无愧为生命不息、冲锋不止的无畏战士，无愧为为民务实清廉的时代先锋。

——南京军区南京总医院院长　史兆荣

李素芝

行医比当官更重要

文 / 陈辉 张立军

从名字上看,人们常常误以为他是女性,但现实生活中的他却是一个阳刚气十足的硬汉,认准的事儿十头牛也拉不回来。

正是凭着这股犟劲,成就了他在雪域高原攀登医学巅峰、维护民族团结的伟业。

他的名字叫李素芝。我国著名高原医学专家、英模人物、西藏自治区政协副主席、西藏军区副司令员兼西藏军区总医院院长。

成名后的李素芝,很多记者几乎都问他同一个问题:"副主席、副司令员、院长、医生4个称呼,最喜欢哪个?"

面对记者,他总是自豪地说:"我最喜欢别人称呼我医生!因为行医比当官更重要,医生可以为民服务一辈子,而当官总有休息的一天!"

三次选择,一生坚守

为了实现自己的梦想,李素芝付出了一生的精力。

人们对人生道路的选择往往只有一次,而李素芝人生的抉择有三次:从军、军医大学、

"只要西藏人民需要我，我会一直在这里干下去！"

西藏从医。

李素芝出生在山东沂蒙革命老区一个干部家庭，父母为了让他在艰苦环境中锻炼成长，把他送到农村摔打，他深深地体会到人民群众生活的疾苦。在他幼小的心灵里，早早萌生了对医生这个职业的向往。

儿时的一天夜里，李素芝患病，乡医张子善免费为他治好了病。"长大一定要当医生，当个像张子善一样的好医生。"李素芝发誓。

16岁那年，李素芝选择从军。他背井离乡，来到条件艰苦的兰州某部服役。他说："当医生一定要有吃苦精神，部队更能锻炼人。"李素芝在连队工作很出色，政治学习当先进，比武竞赛当标兵。他入伍10个月就光荣加入中国共产党，还被兰州军区评为"学习毛主席著作积极分子"、"优秀共产党员"、"五好战士"，荣立了三等功。部队领导看中他是个当军官的好苗子，要对他进行重点培养，但他并没有"领情"。让他当班长，他选择当卫生员；给他提干，他却要读军医大学。

1972年，李素芝如愿以偿地进入第二军医大学学习，这是他第二次人生选择。四年后，他以全优成绩从第二军医大学毕业，并留在了校属长海医院工作。

半年后，李素芝又做出令人费解的人生抉择。他毅然放弃上海优越的生活、工作条件，主动申请到西藏，而且，一去就去了最艰苦、最基层、最边远的西藏边防团当一名军医。

那个年代，西藏的艰苦超出了李素芝的想象。白天兵看兵，晚上兵看星，风吹石头跑，四季穿棉袄，氧气吸不饱，夜里睡不好。但李素芝还是挺过来了，这一干就是37年。"西藏环境艰苦，条件落后，边远牧区缺医少药，藏族同胞那种滴水之恩涌泉相报的善良感化着我，也给了我扎根高原37年的不懈动力。"李素芝说。

有一件事使李素芝至今仍然记忆犹新。刚到西藏边防团那会儿，李素芝认识了一位叫达珍的半瘫孤寡老人，他节假日常去给老人治病送药，帮着老人洗衣、做饭、打扫卫生。后来李素芝因工作需要要调离，临走前一天，为了能送送李素芝，老人早早起了床，半躺着趴在门槛上。

风雪交加中，一直到傍晚老人才等到李素芝，她把李素芝领进屋子，从怀里摸出一个几乎干巴了的苹果，用那条不知她收藏了多久、唯一的哈达擦了又擦，并亲眼看着李素芝吃下去。"这不是一个苹果，而是一颗滚烫的心啊！"李素芝再也忍不住，一下子扑到阿妈的怀里，失声痛哭。

寻找大医精神
XUN ZHAO DA YI JING SHEN

多项奇迹，惠及百万群众
他创造 150 多项医学奇迹，惠及百万西藏群众。

西藏是先天性心脏病高发地区，心脏病的发病率是内地的 2~3 倍，很多患者因得不到及时救治而被病魔夺去了生命。

1978 年，李素芝调到西藏军区总医院工作，主管的第一个先天性心脏病患者无力救治，7 天后，患者心脏停止了跳动。李素芝含泪立下誓言："我一定要把先天性心脏病治疗这个难关攻下来！"

治疗先天性心脏病，最有效的疗法就是手术治疗，但在海拔 3700 米以上地区做心脏手术，可以说是医学禁区，不仅国内没有先例，国外也没有文献记载。

"做心脏手术研究，苦和累他都不怕，最怕的是缺少经费，而他那时没权、没钱，怎么办？他顶着巨大精神压力，和同事们抽空抓野狗做动物实验，花光了我们俩的工资，甚至把家里一台旧电视都卖了买实验器材。"谈起这些辛酸的往事，李素芝爱人郭淑琴表情凝重地说。

二十年磨一剑。2000 年 11 月 10 日，李素芝在海拔 3700 米以上的高原成功实施了高原首例体外循环心内直视手术，填补了西藏空白，开创了世界先例。禁区被李素芝用手术刀打破了，可他却说："我很愧疚！医治这样的病痛，竟让西藏人民群众整整等了 20 年！"此后，李素芝在医院推行免费收治先心病患者。到目前，已为西藏近 3200 名先心病患者免费实施了手术，免费金额达 8000 多万元。

凭着这股犟劲，李素芝接着攻克了急性高原病防治这个"堡垒"。他成功研制了"高原康"胶囊、高红冲剂等 15 种防治高原病的新药，提出"五位一体"急性高原病防治体系，使急性高原病的抢救时间由原来的 7~10 天缩短到 24 小时之内。该项科研成果达到世界领先水平，获得国家科技进步一等奖。

如今，西藏急性高原病发病率从 1980 年的 50%~60% 下降到 2%~3%，治愈率达到 99% 以上。17 年来，入住西藏军区总医院的官兵没有一例因急性高原病死亡。

37 年来，李素芝主刀开展了器官移植、介入治疗等新业务新技术，他开展的高原医疗新技术达 150 多项，20 项处于世界领先水平，36 项国内首创，87 项填补高原医学空白，35 项获国家和军队科技进步奖。

为了加强医疗科研成果的转化，造福西藏人民，李素芝建议医院实行医疗扶贫制度。启动了"白内障复明"、"心脏康复"和"肢体残疾儿童矫治"三项惠民工程，为西藏 52 个重点寺庙的 2.4 万僧尼办理了免费医疗卡，为高海拔官兵和寺庙僧尼建立"健康档案"1.8 万份，医院每年补贴民族免费医疗费用达 5000 万元，先后惠及西藏 100 多万贫困患者。

奉献 37 年，只图 4 个字
"我一不图名、二不图利，只图老百姓说 4 个字，'共产党好'！"

2010 年 4 月，海拔 4000 多米的青海玉树发生地震后，李素芝率全军第一支成建制的高原病专家医疗队，赴青海玉树灾区执行医疗救援任务。

期间，李素芝接到了弟弟突然病逝的噩耗，他强忍着失去亲人的巨大悲痛，继续投入到抗震救灾任务中。他说："人死不能复生，弟弟已经走了，可是灾区还有许多患者等待我去救治！"

1999年以来，李素芝先后失去父亲、母亲和弟弟3位亲人。母亲病危那年，李素芝的体外循环心内直视手术动物实验正进入攻坚阶段。等他忙完赶到家时，母亲已去世3天。他在母亲灵柩前守了3天3夜。为尽孝心，他含泪要陪父亲。深明大义的父亲摆摆手："我知道你工作忙，还是早点回去吧。"没想到，两个月后父亲叫着李素芝的小名病逝了！"我不是没有感情的人，他们知道我在西藏这么做是为了谁？为谁苦？他们在九泉之下会理解我的。"李素芝说。

对李素芝来说，平时科研任务重、手术多、工作忙，节假日正好有时间，而群众又是那样的需要他。进藏37年，李素芝没有休过一次假，也从未回家过一个年。他坚持双休日在拉萨和牧区巡诊，五一、十一、元旦、春节期间带领为兵便民流动医院赴边远基层为官兵和农牧民义诊。

进藏以来，李素芝回家时间总共还不到半年，由于聚少离多，女儿直到18岁，才当面喊出了第一声"爸爸"。女儿后来考上军校，毕业后主动要求到西藏工作。曾经不理解父亲的女儿，最终选择了父亲的道路。2011年妻子郭淑琴退休后，再上高原、义务上岗，成为医院一名不拿工资的"编外"医生。为了全家团聚，近两年春节，女儿李楠动员自己丈夫从青岛赶到西藏，加入"流动医院"，全家在巡诊路上过个"团圆年"。

"只要西藏人民需要我，我会一直在这里干下去！"李素芝常说。年近花甲的他不减当年的干劲，手术台上、巡诊路上、救灾场上总是见到他的身影。对此，同事劝李素芝："你在西藏已经工作了这么多年，该做的也做了，该回内地和家人团圆、休息休息了。像你这样的技术，在哪里找不到碗饭吃？"

"我一不图名、二不图利，只图老百姓说4个字，那就是'共产党好'！"李素芝笑着说。

线索推荐：西藏军区总医院

点评

"行医比当官更重要。"他三次选择人生的道路，用一生的精力坚守诺言。他饱尝了从医的酸甜苦辣，创造了150多项高原医学奇迹，惠及百万高原人民。他执着奉献雪域高原37年，赢得了老百姓对共产党的拥护和爱戴。他不仅是一位德艺双馨、成绩卓著的高原医学专家，更是一位心怀大爱、亲民爱民的人民公仆。

——中共西藏自治区党委书记　陈全国

顾玉东

好医生的公式是"1+X>S"

文 / 李妍斐

10岁那年,顾玉东突然生了一场大病,高热持续不退,头痛剧烈,甚至进入昏迷状态。年近六旬的医生深夜为他匆忙赶到医院,在上台阶时不慎一脚踏空,从二楼滚到底层,摔成了脚趾骨折。然而这位医生丝毫没有顾及自己的伤痛,全身心地投入抢救,忙碌了整整一夜。当清晨东方露出阳光时,顾玉东的高热终于退了,这时这位老医生才离开病房去查看自己的伤处。

从此,顾玉东的脑海里"种"下了一位"好医生"的形象,这也成为了他学医的起点。他从这里出发,成为了复旦大学附属华山医院手外科主任、中国工程院院士、中华医学会副会长,带领着中国的手外科学科走向世界,在中国当代手外科发展史上,留下了许多个属于"顾玉东"这个名字的"第一"。

1:患者第一的原则

医生这个职业不能拿百分比来算,即使是99%的成功,即便剩余1%,对患者健康而言也等同于100%的失败。

1966年2月13日,顾玉东参与完成了他的导师杨东岳医生主持的世界第一例足趾移

寻找大医精神
XUN ZHAO DA YI JING SHEN

> 好医生的基本公式：1＋X＞S
> 只有时时刻刻按这条公式去做，
> 才能成为一名为患者解除痛苦，
> 不让患者失望的好医生。

植手术。此后的15年里，他们共为100名失去手指的患者进行了足趾移植，其中93例成功，7例失败。93%的成功率应该说已是十分杰出的成就，但是这7例失败术，却让他深感内疚和遗憾。

"我们的成长和荣誉都是用患者的痛苦、鲜血和生命换来的。"每次给青年医生讲课，顾玉东总是提到一个失败的病例。

那是一个正处在花季的19岁女孩，在一次工伤中，不幸被机器轧烂了拇指，当她打听到上海华山医院能够再造拇指时，她带着希望从千里之外来到华山医院。顾玉东按常规为她做了手术，可是手术过程中发现她的足背动脉和进入第二趾（准备移植到拇指）的血管都非常细，不足1 mm。根据过去的经验，这样细的血管，术后风险很大。在手术过程中，他把这种情况告诉了女孩和她的家属，询问他们是放弃手术，还是冒一次可能失败的风险。女孩和其家属决定将所有希望都托付给顾玉东。然而，奇迹没有发生，术后，新造的大拇指每况愈下，最后由红色变成了黑色。虽然家属一再表示理解，但顾玉东却无法原谅自己。"医生的职责就是给患者解除痛苦，现在手指没好，还少了一个脚趾，等于增加了痛苦。"

于是，顾玉东努力钻研，历时5年的分析研究，终于攻克了血管变异的难题，首创了"第二套供血系统"。顾玉东也因此在1987年第一次获得了国家科技进步二等奖。

医学实践中，失败在所难免，但顾玉东认为，医生应当力争不败，一切要从患者的利益出发，要以患者获得利益为归宿，要为患者争得第一流的效果。

＋："加法"原则

顾玉东常说："对每一个患者我们医生都要做加法，每一次手术都要让患者有所得，这才是医生应该做的。"

75岁的顾玉东虽然不经常上手术台了，但他每天的工作仍然忙碌，每周二和周四都会去查房、会诊。如果是他开刀，当天一定要亲自检查患者。有次碰上个特殊的病例，顾玉东不但术前亲自检查，术后也不断跟进病情，在大年初一早晨查房时，顾玉东亲切地问患者，"年夜饭吃了什么？""春节联欢晚会看了没有？"虽然顾玉东已是一名院士，但他对患者一丝不苟的精神还时刻感染着他的同事们。

顾玉东要求，在医疗诊治和科研工作全过程中都要做加法。在诊疗和科研前做加法，如临床详尽的检查，不厌其多，只有这样才能不遗漏任何细节，全面地掌握情况；在诊疗和科研过程中做加法，才能不忽视任何环节，正确地处理意外，执行计划；在诊疗后做加法，才能全面总结经验和教训。全过程都做加法，诊疗和科研一定会成功；相反，只想简化有关的程序，想当然，图省事，患者的结果就难以预料。

X：变异原则
创新的关键不单纯是重复，任何只知道机械性重复的工作者都不可能会有创新发现。

1986年，一个黑龙江的年轻小伙子，在一次摩托车事故中，不仅左侧臂丛受伤，且左胸多根肋骨骨折，颈部挫伤也很严重。胸颈部的外伤不久便治好了，但左手瘫痪已成为残酷的现实。小伙子痛不欲生，他怀着一线希望来到华山医院找到顾玉东。顾玉东检查后发现，患者侧膈神经、副神经和颈丛神经全部受到损伤，根本没有"多余"的神经了，也就是说，当时所有4组神经移植法对他都不适合。是让患者回去，接受终身残疾的命运，还是继续寻找新的治疗方法？顾玉东选择了后者。此时的顾玉东已做了1000多例臂丛手术，他从1000多例手术中发现一个奇特规律：在臂丛的5大神经根中，上面的颈5、颈6和下面的颈8、胸1受损伤后，必然会出现相应的症状，唯有中间的颈7神经根在损伤后很少有症状出现，只有当4根以上的神经根同时损伤，颈7神经根的临床症状才会出现。这显然说明：颈7神经根支配的肌肉可由其上下两根神经代偿支配。

于是，顾玉东大胆设想，利用未受伤的健侧颈7神经移位来修复患侧受损的臂丛。但这是公认的"禁区"，因为一旦失手，会造成好手瘫痪。在周密的准备下，经过10个小时的显微手术，顾玉东终于顺利完成这一史无前例的手术。术后回到家已是晚上10点多，然而这一夜，他失眠了！他辗转反侧，一直在想，如果手术失败怎么办，下一步如何给患者重建手的功能？第二天，顾玉东早早地来到病房，检查发现患者健侧上肢除两个指尖有些麻木外，活动自如。患者笑了，顾玉东也松了一口气。

1989年4月，第八届国际臂丛学术大会在瑞士洛桑举行。顾玉东的"颈7神经根移位"报告让全体代表震惊不已，他们纷纷问道："您怎么会想到利用健侧颈7神经根？您怎么敢做这个手术……"

顾玉东的回答是：臂丛神经手术重复了上千次，在不断重复中，注重观察任何微小的变异。在不断总结变异中发现规律，在新的规律指导下创新。这就是取得这一成功的思维基础。

50年来，他为每一名经手的患者建一张卡片，把每一个值得深究的细节纪录在一张张小卡片上。一张张不起眼的卡片，顾玉东把玩了50年，那些让世人震惊的创新成果，就是从这些浩繁的卡片里找寻最初的火花。

＞S：超越成功的原则
若成功（Success）用字母S来表示，那么超越成功的过程就是"＞S"的探索过程。

在臂丛神经损伤诊治的领域里，顾玉东和他的团队在20世纪70年代设计了膈神经移位，20世纪80年代初设计了多组神经移位（以膈神经移位为主，同时为患者移位肋间神经、副神经及颈神经，使患者的肢体恢复多组功能），1986年又设计了健侧颈7神经移位。经过40年的努力，这些成果使我国在臂丛神经损伤诊治领域处于国际领先地位。但是，人上肢最重要的功能是手内部肌功能，也就是人手的拇指对掌和其他四指的握、捏、内收、外展、旋转等。而臂丛神经损伤后，手内部肌功能恢复问题至今国内外均没有解决。

如今，75岁的顾玉东正向着这一手外科领域的"哥德巴赫猜想"发起挑战。由于神经生长速度很慢，移植手术后，一条瘫痪的手臂要完全恢复知觉，大约需要两年时间，而到那时，手部的19块肌肉早已发生了不可逆转的萎缩，手指不能做出精细灵巧的动作。按照"猜想"，可以通过两大途径解决这个问题，一方面加速神经再生的速度，使神经生长速度快5~10倍，才能赶上手内部肌肉萎缩的速度；另一方面要延缓手内部肌肉的萎缩。

"这个课题并不简单，可能要奋斗一辈子。"顾玉东说，"我们的所谓领先地位，如果以手内部肌功能恢复为标准而言，实际上是个0。因此，对臂丛神经损伤患者而言，我们尚不能使他们重新获得一双功能健全的手。每想到此，我就深感自己离好医生尚有很大的距离。"

线索推荐：复旦大学附属华山医院

点评

"零"是一个数字，失败在这边，患者在那边。他站在治病救人的床边，用一颗赤子之心、五十载励学修术和几千张手写病历卡，追求每个手术"零"的失败率。

"零"是一个目标，成功在彼岸，他还在此岸。他守在专业领域的一线，尽管荣誉加身、功成名就，他依旧淡泊如水、率真超然，不断探寻下一个"零"的突破。

高山景行行无止，了解顾玉东院士的志向与追求，才能更体识他身为大医的高度。

——上海市卫生与计划生育委员会主任 徐建光

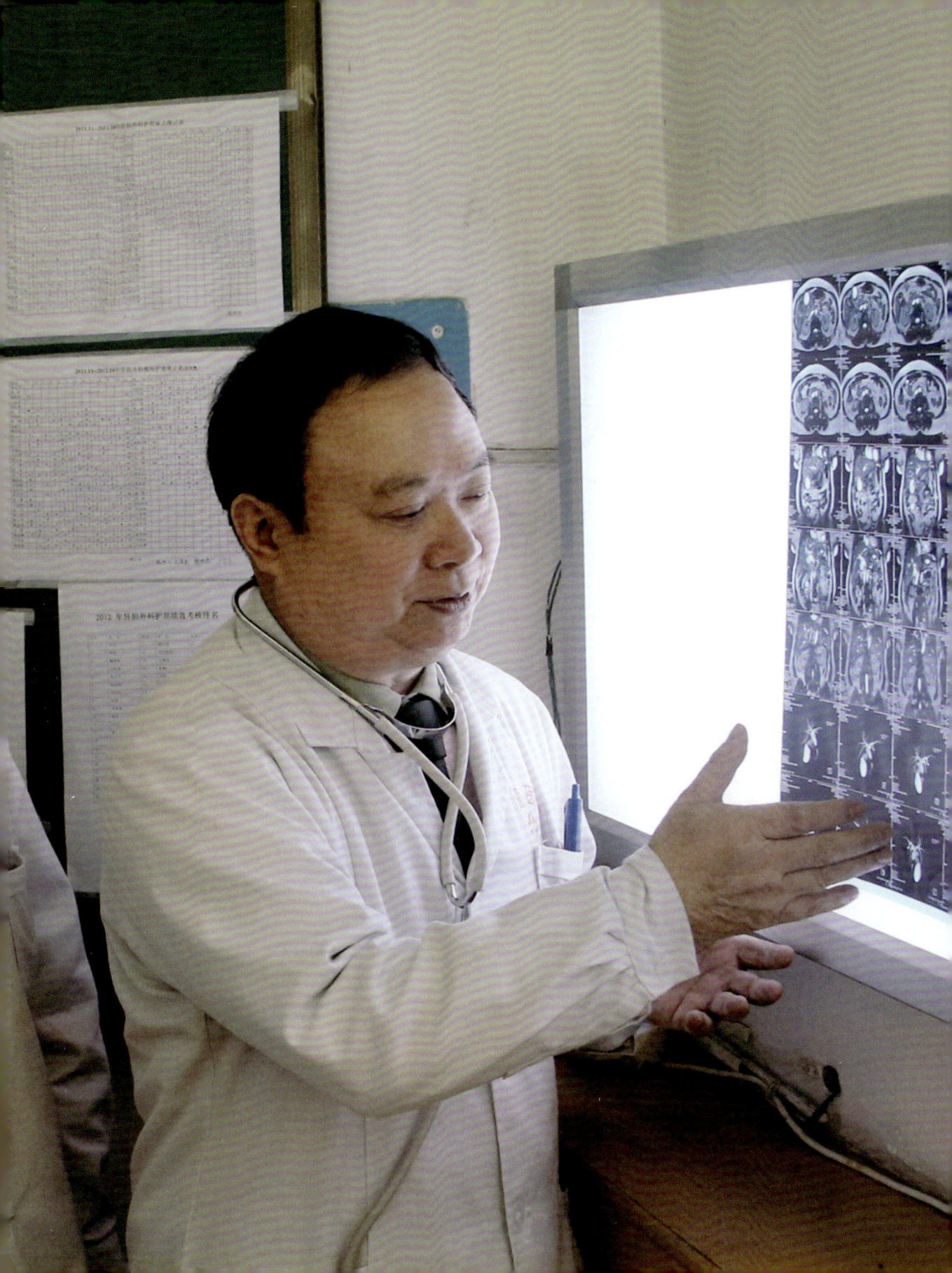

庄仕华

大爱洒天山

文 / 马爱国　张凌

　　翻开庄仕华的简历，让人看到的是一位不能再优秀的外科大夫的履历表。

　　入伍39年来，先后荣立一等功、二等功各1次，三等功9次，7次被各级表彰为学雷锋先进个人，16次被评为"优秀共产党员"，多次被新疆维吾尔自治区表彰为"民族团结先进个人"和"拥政爱民十佳好军人"，荣获"中国医师奖"、"全国百姓放心医院院长"、"感动新疆十大人物"……

　　39年来，他坚持为各族群众送医送药，行程40多万公里，巡诊38万多人次，义务帮助19家偏远贫困农牧区医院改善医疗条件，培养120名技术骨干，帮助580多个患者解除了贫困。

　　在荣誉背后，武警新疆总队医院院长庄仕华用一生实践着他对自己的承诺：做一个对社会有用的人。

我首先是个医生

　　"我们都是医务工作者，在病房里只分医护人员和患者。"

　　发生在庄仕华院长身上的故事很多，就连为患者抠大便这样的小事他都经常做。对此，很

> "把患者的困难当成自己的困难，
> 把患者的痛苦当成自己的痛苦，
> 把患者的生命当成自己的生命。"

多患者和同事心生疑惑：一个院长、主任医师把护理人员的事做了是在宣传作秀吗？但是，庄仕华从不在意，仍然一如既往去做。

一天，刚做完胆总管结石手术不久的62岁沙湾县农民闵太虎大伯像往常一样躺在病床上休息。突然闵太虎表情痛苦，在床上翻来覆去，一会儿捂住肚子，一会儿抓自己的脖子，脸憋得通红。这一切让正在查房的庄仕华看在眼里，他急忙上前询问情况。当得知闵太虎10天没有大便时，庄仕华说道："老大哥，我来帮你把大便抠出来。"听到院长为自己亲自抠大便，闵太虎心里很是感动。抠到一半时，庄仕华背部已是汗水淋漓，整个病房里散发呛人的臭味，2名同病房的患者都被熏出去了。

"院长，这事怎么能让您做呢，让我来吧。"突然一名医生冲了进来，要自己来抠。两名护士也急急忙忙地跑了进来，庄仕华边抠边说，"医护工作不分院长、主任、医生和护士，谁先发现患者的问题谁就解决，这是应尽的责任！"

把危险留给自己

"马上安排住院，做好防传染工作，注意为患者保密。"

2009年4月13日上午11时30分，一阵急促的电话铃声打进了庄院长的办公室，"院长，来了一名患胆总管结石的艾滋病患者"，正在肝胆外科门诊值班的副主任茹荷燕汇报了患者情况。

这是一名维吾尔族中年男子。他的病情非常严重，需进行开腹胆囊切除胆总管切开取石、T管引流术，考虑到庄仕华连续手术非常疲劳，茹荷燕主动要求上手术，可庄仕华就是不同意，他说："你们的技术不如我娴熟，还是我上吧！"手术刚一结束，庄仕华就召集科室主任和护士长开会，并约法三章，他说："这名患者比较特殊，他手术后的一些护理由我操作，特别是倒引流袋、拆线等任何人都不得私自操作。"

院长的"约法三章"在医生护士中引起了一场不小的风波。有人猜测这名患者可能有些来头，有人认为庄仕华为扩大自己的名人效应等等，不理解的声音此起彼伏。茹荷燕副主任听到传言后，主动给大家说明了患者情况，这时大家才恍然大悟，庄仕华是在保护大家。为了让艾力斯尽快得到相关艾滋病治疗，庄仕华在其手术恢复后，积极为其联系了相关治疗医院，使艾力斯的病情得到了有效控制。

挑战医学领域极限
他是拿1%的希望去应对99%的风险，争取100%的成功。

为了抢救更多患者的生命，他一次次挑战医学领域的极限。2010年5月，一名身高1米63、体重138公斤的患者腹腔被厚厚的油脂层包裹，不仅寻找胆囊难度大，剥离风险更大，是腹腔镜手术的禁忌。庄仕华经过精心准备，成功为这位患者实施了手术。"医生功夫是患者之福，也是社会之福。"

在庄仕华的手术记录中，上有102岁的耄耋老者，下至1岁的幼童，无论手术风险有多大，庄仕华总是挺身相救。2007年2月，102岁的患者刘启华，胆结石病发作，并伴有慢性支气管炎、心律失常、肺气肿等并发症。庄仕华看着老人被病痛折磨，下定决心为她做手术。他召集全院专家，对手术中可能出现的各种险情进行研究，制订详细的手术方案。手术中险情一再发生，老人的血压曾一度下降到收缩压70 mmHg、舒张压40 mmHg。最终，庄仕华和医护人员以精湛的医术和过人的毅力成功完成了手术。

2008年12月，1岁零9个月的回族小姑娘杨怡菲被查出患有1.1 cm大的胆囊结石。这么小的孩子如果做手术，孩子身体发育不全，脏器功能不完善，没有相关的经验可以借鉴；如用药物治疗，又影响孩子正常发育，庄仕华陷入了两难境地。但为解除孩子的病痛，他迅速召集肝胆外科、小儿科、麻醉科等专家会诊，针对儿童术前麻醉等难题制订了详细的手术方案，最终手术取得成功，再一次创造了此类手术国内首例纪录。

无论是普通医生，还是现在的将军院长，庄仕华都坚持每天逐个查一次病房，平均每天做近30例手术。他用自己的实际行动赢得了各族群众广泛赞誉。

我是向庄院长学的！
一向文静的王丽君急了，直接给孩子做人工呼吸，一口、两口、三口……把黄色黏稠的污物吸了出来。

2012年1月23日9时40分，妇产科副主任张亚妹跟往常一样，提前20分钟到科里交接班。当她走到二楼电梯口时，突然听到有人在喊"用力、再用力，坚持、再坚持……"

"不好，可能有人要分娩了！"张亚妹快速冲到电梯口，眼前的情景使她大吃一惊，躺在急救床上的孕妇大汗淋漓，已经没有了力气，婴儿腿和身体大部分都已经分娩出来，头卡在了骨盆里，这是典型的"臀位生产"，随时都有生命危险。

"就地接生！" 1分钟，2分钟，生命在和时间赛跑，稍有不慎，生命就可能会输给时间……经过张亚妹10分钟的抢救，孩子的头离开了母体。但是那惊世的哭声久久没有响起来，孩子紧闭着眼睛，面部铁青发紫。

王丽君立即抢救，当她发现孩子还是没有一点动静时，开始为孩子做人工呼吸，3分钟后，孩子终于"哇"的一声哭了出来。

事后，产妇的母亲感激地向王丽君磕头跪谢。而丽君的一些同事、朋友却有不同看法。有的夸她勇敢，是一个真正的白衣天使；有的说她鲁莽，孩子和产妇都没有经过任何检查，万一她们有病传染给王丽君怎么办？

面对大家的不解，王丽君感慨地说："当时也没想那么多，在我们医院，任何一名医护人员都会这样做，因为我们是从庄仕华身上学的，他是我们身边的活雷锋！"

缺席的领奖人

不熟悉庄院长的人都抱怨，庄院长特别难找；熟悉庄院长的人却非常清楚，庄院长不是在做手术，就是在病房照料疑难杂症患者，或是在巡诊的路上……总之，他把全部时间用在了患者身上。

2005年11月28日，北京人民大会堂，伴着铿锵有力的迎宾曲，一位位"中国医师奖"获奖者缓缓走上领奖台，当主持人喊到"庄仕华"名字时，上来的却是一位年轻少校警官，一些领导和现场观众感到非常不解。庄院长是生病了还是有什么急事，这么高的奖还不亲自来领奖，架子也太大了吧。

"对不起各位，我叫胡云衢，今天由我代替庄院长领奖。"医务处助理员胡云衢向场上、场下行完举手礼后说道："我们医院收治了一名患心房颤动、心功能Ⅳ级的重症心衰患者，现正在重症监护室观察。B超发现，这名患者的胆囊已经肿大，并患严重的胆结石，如不把胆结石去掉，一次次的胆囊炎急性发作就会导致心衰加重，稍有不慎可能有生命危险，手术存在99%的风险。现在庄院长正在全身心地救治这名患者，他每天要为患者做六七次检查，并专门准备了一个本子，记录病情和各种数据。现在已经先后9次召集相关人员研究诊疗之策，决定本月31日实施腹腔镜胆囊摘除手术，如果超过这个时间点，患者就会有生命危险，所以这次就由我来代领。"胡助理一席话，赢得场上雷鸣般的掌声。

庄仕华就是这样把全部时间用在了患者身上。不熟悉庄院长的人都抱怨，庄院长特别难找；熟悉庄院长的人却非常清楚，庄院长不是在做手术，就是在病房照料疑难杂症患者，或是在巡诊的路上……

对此，庄仕华说："患者的信任，是对我们医生的最高褒奖，我们不能让他们失望！"

线索推荐：武警新疆总队医院

点评

天山作证，他用赤子深情守护着边疆各族群众的健康幸福；雪莲绽放，展示着患者对这位白衣天使"医者仁心"的认可。大爱、大忠、大美，诠释着这位将军院长"当代雷锋"的内涵。庄仕华，无悔地选择走出了不凡的人生。

——武警总部卫生部部长 时立强

刘力生

一生防控高血压的"斗士"

文/朱柳媛

2012年10月3日，澳大利亚悉尼，国际高血压学会第24届科学年会。当84岁的国际高血压联盟主席刘力生教授从国际高血压学会主席Stephen B Harrap教授手中接过国际高血压学会"罗伯特·蒂格斯泰特终身成就奖"时，全场响起热烈的掌声。

罗伯特·蒂格斯泰特终身成就奖是全球高血压领域的至高荣誉，刘力生是该奖项设立38年来第一位获得此荣誉的亚洲人。设立该奖项是奖励在高血压基础、流行病、临床研究、教学或临床活动中做出杰出贡献并成功培养年轻医生的优秀专家。

获得此奖，刘力生实至名归。而她反复强调，"不是我一个人的功劳，是大家共同奋斗的结果，这是大家的荣誉。"

与高血压结缘

"做一件事，就要坚持到底。"

刘力生的初始工作并非与高血压打交道，在踏入心血管领域之前，几乎什么内科病都接触过。1954年毕业后，进入北京协和医院内科工作，

"总是要做点什么事情，让患者受益。"

后到黑山扈解放军胸科医院。1958年，解放军胸科医院撤销，或许是刘力生与高血压乃至心血管领域结缘的重要转折。在响应当时"西学中"的号召，学习1年半中医后，刘力生正式到阜外心血管病医院工作。

1959年，经过对全国11省市的散在高血压数据分析，发现全国高血压患病率高达5.5%。正值"大跃进"时期，医学界喊出了"让高血压低头、肿瘤让路"的豪迈口号。

这样的大背景让吴英恺等老前辈颇有远见地意识到，高血压早晚会成为危害国民健康的大敌。在前辈的指导下，刘力生进入高血压组。

"一开始并不是心甘情愿的。"刘力生教授坦言，"那时候高血压并不受重视。"的确，由于高血压症状不明显，很多人并不知道自己得了病，前来就诊的患者自然也不多。在当时，高血压尚没有好的治疗方法，"临床大夫都觉得治疗高血压没有什么技术含量，专门去搞高血压有点大材小用。"

尽管"不太情愿"，刘力生仍认为，"做一件事，就要坚持到底。"她当时也没有料到，自己会与高血压打一辈子交道，成为中国高血压联盟乃至世界高血压联盟"掌门人"，为全球高血压防控出谋划策。

进入阜外心血管病医院后，刘力生开始一手抓临床，一手抓科研。

为获得高血压流行病学一手资料，从1958年起，刘力生带领大家，利用周末时间，去给职工和学生量血压，并一个一个记录下来。回忆起这些"苦差事"，刘力生却是一脸的愉悦。这一次，调查了16万北京市民的血压情况。

在开展流行病学调查的同时，刘力生还组织开展了大量的基础研究和临床研究。刘力生说，"临床实践、基础研究和临床研究应紧密结合起来，这样才利于转化。"

打造首钢模式

"高血压是个无声的杀手，需要开展全面的高血压防治工作。"

1969年，以吴英恺、刘力生为首的专家组进驻首钢，建立了我国第一个人群高血压防治基地。

首钢工人对高血压的认识极其匮乏。一位车间主任，舒张压高到130~140 mm Hg仍照常上班，下班后还喝酒。很多类似的钢铁硬汉，就这样悄无声息地过早去世了。专家们清醒地意识到，高血压是个无声的杀手，需要开展全面的高血压防治工作，便率先进行了高血压普查。

当时条件相当艰苦，"噪声非常大，粉

尘弥漫，高炉前温度很高。"在工人们休息的间隙，刘力生等主动给他们量血压，面对面地宣讲相关知识。历时1年，共筛查10 450名工人。结果令人吃惊，首钢工人的高血压患病率高达11.7%。

有了患者的第一手资料，1972年，专家组成立心血管病防治组，对高血压工人建立三级防治网，进行分级管理。10年随访结果表明，血压管理率达到60.8%，血压控制率达71%。

1982年，刘力生教授在世界卫生组织"轻型高血压会议"上报告了首钢高血压管理5年和10年随访结果。世界卫生组织专家进行实地考查后，认为首钢"从生到死"的健康管理模式为流行病研究和高血压管理提供了范例，高层医疗机构与基层医疗配合防控高血压效果显著。

后来，首钢防治经验被推广到全国的冶金系统，并带动了社区的高血压防治和科研工作。

获得中国自己的证据
"总跟着欧美指南走，是不行的。"

在"循证医学"概念刚刚萌芽但未形成理论体系的20世纪80年代，刘力生颇有远见地认识到，这是未来临床实践的风向标。

然而，我国临床上所用的证据基本都不是本土证据。"总跟着欧美指南走，是不行的。"刘力生说，"中国人有自己的特点，没有中国自己的证据，就永远不知道哪些策略适合中国人。"

于是，从1986年起，刘力生开始在国内组织开展大规模、多中心的临床研究。其中，"老年收缩期高血压治疗研究（Syst-China）"于1995年获原卫生部科技进步二等奖和国家科技进步三等奖，开创了我国临床试验的新纪元。研究组还自主开展了"卒中后降压治疗随访研究（PATS）"，填补了卒中后降压治疗领域的知识空白。2005年，"非洛地平治疗高血压治疗研究（FEVER）"结果在欧洲高血压大会上发布后，立即被欧洲高血压指南所引用。

2006年，刘力生指导开展了我国"十一五"科技支撑计划课题"高血压综合防治研究（CHIEF）"；2007年，又开展了"正常高值血压干预研究（CHINOM）"，以期解决全球尚未解决的"正常血压高值是否需要干预"这一难题。

为使我国临床试验与国际接轨并推广自己的研究成果，从20世纪90年代中期，刘力生作为主要研究者，积极参加国际协作研究，组织国内研究组开展了多项国际著名的临床试验课题，例如ADVANCE、INTERHEART、PURE、HOPE-3和INTERSTROKE等，并得到了高质量的证据。

20多年的临床试验中，刘力生建立和培养了一支经验丰富、技术过硬的科研队伍，组织设计并完成了多项拥有自主知识产权的大规模临床试验，推广了临床随机对照研究的理念。她牵头的多项临床试验结果被国内、外高血压和相关指南所引用，确立了我国在国际心血管病临床试验中的地位。

"想在指南上说一句话，需要做相当多、相当久的工作。"刘力生说。在收获研究成果的背后，往往历经了重重的阻力和困难。

寻找大医精神
XUN ZHAO DA YI JING SHEN

在国内，开展临床科研"先要经历必要的手续，再到处筹集经费，组建研究协作组，并要与患者及家属多次耐心地沟通"。

其中也不乏诸多困难，但刘力生轻描淡写。"如果不克服这些困难，得不到我们自己的证据，在国际上永远没有发言权。"

跻身国际舞台
"是团队推动我到了这样一个高度。"

1962年，刘力生已经在国际高血压领域崭露头角。这一年，她与黄宛教授提出了"缩窄性大动脉炎"的概念，提高了继发性高血压尤其是肾血管性高血压的临床诊治水平。

1982年，刘力生被吸收加入国际高血压学会。随后，她长期活跃在国际医学组织的交流、协作和活动中。成为世界卫生组织心血管病专家组成员、国际高血压学会理事后，她还参与世界卫生组织的相关决策、指南制定等重要活动。

在刘力生担任中华医学会心血管病学分会主任委员期间，中国加入了世界高血压联盟。1999年，她被推举为世界高血压联盟副主席；2007年，她当选为世界高血压联盟主席，并在2009年获得连任。这是中国人在医学专业组织中担任的最高职位。而她的贡献同样令人钦佩。2008年，她被授予欧洲高血压学会荣誉会员奖。2009年，她被中国高血压联盟授予"中国高血压终身成就奖"；2012年，又被授予国际高血压学会"罗伯特·蒂格斯泰特终身成就奖"。

如今，已85岁高龄的她仍身兼多职：世界高血压联盟主席、中国高血压联盟名誉主席、卫生部心血管病防治研究中心副主任、北京高血压联盟研究所所长、中国医学科学院阜外心血管病医院教授。她依然为全球的高血压乃至慢性非传染性疾病防控事业劳心劳力，很多工作依旧亲力亲为，却似乎永不疲倦，思路甚至比二三十岁的年轻人还要清晰。

"总是要做点什么事情，让患者受益。"刘力生微笑着说完这句话，又转身投入到研究所的工作去了。

线索推荐：北京高血压联盟研究所

点评

一生与一种顽固的重大疾病高血压作战，从流行病学调查入手，从建立基层的三级防治网开始，最终领衔完成了一系列高血压防治循证医学研究，不仅为国人防治高血压提供了坚实的理论和实践依据，也为全球高血压防控起到了巨大的推动作用。耄耋之年的刘力生教授，如今依然风风火火奋战在前沿和一线。"让患者受益"，是她永恒的动力。

——中国高血压联盟主席 吴兆苏

王海燕

名利淡如水　事业重如山

文 / 孙扬　余运西

　　王海燕教授办公室挂着一件工艺品，是3只神色各异的小猴子，分别捂着眼睛、耳朵和嘴巴。王海燕教授解释说，它们分别代表着"不看、不听、不说"，想借此提醒自己，很多事是"多余关心、多余操心"。

　　她的书房里也挂着两张图：一张是她去美国哥伦比亚宇航中心访问时购买的从太空中拍摄的地球图片，一张是称之为"生命之树"的肾小球血管图。她总说，自己是"心中装着这个大球"，把悲天悯人之情"落实于这个小球"。

　　"记得当年，我在尼泊尔旅游时，坐在飞机上看喜马拉雅群山，感念天地之悠悠，人身处其间异常之渺小。为名利折腾，斤斤计较太不值得了！"

　　王海燕教授荣膺"首届国际肾脏病学会先驱者奖"和"国际肾脏病学会罗斯考·罗宾森奖"时，北京大学第一医院想借此为她宣传。然而，身为内科教授、北京大学肾脏疾病研究所所长的她并不买账，真正打动她的是学生的一句话："您应该给大家说说，让现在的年轻人知道，

"人家觉得我有用，我就会觉得很幸福。"

还有这样一类人，还有这样一种活法。"

"那时的我像海绵一样"
"人生应该是一个追求真理、享受奋斗的过程。"

"人生到底应该追求什么？不在于发几篇文章、得多少奖励、爬多高位置，而在于追求真理、享受这个奋斗的过程。"这是王海燕发自内心的感慨。

1954年，王海燕报考大学的时候，新中国已进入和平发展时期。但战争年代缺医少药的现状给她留下了深刻印象，并促使她毅然选择了医生这个职业。

"我国的肾脏医学起步并不晚，但发展过程中坎坷太多。"1979年，在北京大学第一医院工作了20年的王海燕有幸成为我国第一批被派往美国进修的学者。两年的培训，王海燕说："我就像海绵一样，如饥似渴地汲取各种学术营养，夜以继日地在实验室工作，参加临床工作和各种学术活动，听、看、读、干，不断扩充有关肾脏病的知识。"

勤奋出真知。她连续两年受邀在美国肾脏病年会上发言交流，这是来自中国的肾脏病学家首次登上美国的学术讲台。后来，她又受邀在第三届亚太肾脏病学会议上发言，这同样是中国肾脏病专家在这个舞台上零的突破。美国专家对这位来自中国的"lady"给予了很高的评价。

20世纪80年代初期，我国的肾脏病学与国际水平差距还很大。在诊疗方面，将常见原发性肾小球疾病一概视为"肾炎"或"肾病"，未能有针对性地治疗危重的急性肾衰竭患者，一些患者因此失去了挽救的最佳时机。此外，肾脏疾病的试验研究手段也严重缺乏。学成归国的王海燕分析了当时国际上对于肾脏病研究的两个主要方向，选择将临床与病理学相结合作为学科发展的切入点。"最耽误不起的是患者，所以我们首先要提高肾脏疾病的诊断水平，使他们得到准确的诊治。"

为实现这个目标，王海燕借用在美国学习到的先进机制，组织构建了我国肾脏病界第一个临床与病理科的跨学科合作。1983年，她邀来美国专家讲学，举办中国首次肾脏病病理学习班。这一办就是30年。在科里，她还立下了一个规矩，每周肾脏内科和病理科都要进行联合查房讨论会。与此同时，王海燕还牵头建立了肾活检患者的临床与生物标本资料库。这些基本架构对北大医院肾脏内科的临床研究起到了决定性的作用，也带动了中国肾脏内科整个学科的建设。

"人家开始带我们玩了"
"要想立于国际学术之林，就要做出我们的特色来。"

王海燕对疑难病情诊断的精准，使得很多患者从全国各地慕名而来。王海燕更让人佩服的是她的仔细和认真。同样是那些化验检测数据，有时候王海燕就能根据其中的细节得出别人没能做出的结论。"诊断和治疗最重要的是做好分析研究，有时候发现一个肿大的淋巴结、几个出血点，都会为正确诊断打开思路。"王海燕说，如果医生过多依赖仪器和用药，不但会加重患者的经济负担，还有可能加剧患者的病情，甚至造成无法挽回的遗憾。

多年来，凭借丰富的肾病临床和病理资料库，王海燕带领她的团队针对我国最常见的肾脏病——肾小球疾病进行了逐步深入的系统研究，更新了我国"原发性肾炎"一元论观念。"在我国，原发性肾小球疾病是导致尿毒症的第一位原因，但既往并不清楚其病因的多样性。我们分析了原发性肾小球疾病，从而显著提高了该类疾病诊断的精确性、治疗的针对性和有效性。"王海燕解释道。

对国际学术动向的捕捉，王海燕是"一抓一个准儿"。1987年，她在国际上首次报告了中国原发性肾小球疾病的疾病谱，获得卫生部科技进步一等奖。20世纪80年代末，当国际上刚开始认识到原发性小血管炎是引起急进性肾炎的重要疾病时，王海燕立刻指导研究生赵明辉在国内首先研究并报告了这一疾病。

作为多种肾脏疾病最后的共同通路，肾脏纤维化是研究的热点和难点。王海燕在国内创建10余种人类肾小球疾病的动物模型，建立了基于患者（血、尿和肾组织）、实验动物模型和细胞的三维研究模式，形成我国肾小球疾病实验研究的重要技术平台。21世纪以来，细胞分子生物学、免疫学等技术的引进推动了肾脏病学的新发展。2009年，王海燕发表了我国肾小球疾病谱20年来变化的系统研究，明确IgA肾病为高发病因。研究结果仅SCI收录论著就达11篇，还在国际学术会议上多次被国外专家引用。

"学术研究得到国际上的认可，人家开始带我们玩了。"王海燕说，"而要立于国际学术之林，就是要把他们先进的东西学来，解决我们自己的问题，做出我们的特色来。"

"需要什么尽管找我"
"在国家和人民需要时，我们应该义不容辞地站出来。"

"不论是医生还是科学家，都要有社会责任感。在国家和人民需要的时刻，我们应该义不容辞地站出来。"这句话是王海燕一生的信条。

21世纪之初，国际学术界认识到疾病终末期治疗（如肾脏的替代治疗）给社会经济和患者及其家属造成了严重负担，从而提出将医疗预防的重点前移到早期，下沉到基层，并提出了慢性肾脏病的概念。当时迫切需要知道的是：中国慢性肾脏病的发病形势如何？到底哪些人容易得肾脏病？早期防治的环节是什么？面对这些关键问题，年近古稀的王海燕毅然开始了全新的研究。

没有队伍和经费，怎么办？王海燕想方设法从原卫生部（现卫生计生委）筹到4万元研究费用后，带领着两三个青年人就干开了。历时4年，足迹遍布全国13个省区市，他们终于初步摸清了中国慢性肾脏病的患病率、高危人群、危害性，提出了在中国进行慢性肾脏病防治的战略方案。该成果2012年发表在《柳叶刀》上，得到了美国肾脏病专家的好评。

2008年"5·12"汶川地震时，王海燕已经71岁，灾区的一切都牵动着她的心。如她所料，震后挤压综合征患者相当多，很多人继发急性肾衰竭。震后24小时里，王海燕分别向四川省肾病学会主席和华西医院肾科主任发了这样一条手机短信："请利用你们的联系网络通知四川各肾科医师：对于严重挤压伤者不论有无肾衰竭一律给予水化、碱化治疗；对挤压在下面未解救出来者，只要有肢体暴露在外就要立即输液防急性肾衰竭。我是你们的坚强后盾，需要什么尽管联系！"

10天后，灾区急性肾衰竭的救援形势不明，原卫生部急需了解如何投入救治力量，王海燕主动请缨。5月25日晚，被原卫生部指定为专家组组长的她，连夜飞往成都，直赴救灾现场。这支跨学科的专家组来不及修整，马上听取当地对伤员救治情况的汇报，对医疗救治工作进行评估和指导。为了挽救尽可能多的生命，这位"高龄战士"还奔走于灾区6个城市的16所医院，到病床旁巡视患者，掌握了大量的第一手材料。

困难、挫折、疾病都不能阻挡王海燕前行的脚步。1997年，接受乳癌手术、化疗后的她在重返工作岗位时，有意选择在落日余晖的映照下拍一张照片，并自我激励："迸发出全部能量，创造最后的辉煌。"

已逾古稀之年的王海燕现在依然坚守在岗位上，问诊、出差、参加会议、讲课，她的行程表总是排得满满的，想空下来看自己喜欢的小说都没有时间。"很忙啊！患者需要我，学生需要我，国际国内的学术界需要我。不过，人家觉得我有用，我会觉得很幸福。"王海燕笑着说。

线索推荐：北京大学第一医院

点评

她被誉为"中国肾脏病学之母"，为我国肾脏病学的发展发挥了开拓与引领作用；她曾获得美国肾脏病基金会的"国际卓越成就奖章"，评委会评价"她对主流以及不同种族和文化人群的肾脏病作出了杰出贡献。她不仅是一位科学家，还是一位肾脏病的使者和导师"。如今，这位"老青年"被笼罩在各个光环之下，但她依旧淡然如初，因为她更关心的是如何"把国外先进的东西学来，解决我们自己的问题"。

——北京大学第一医院院长 刘玉村

陈菊梅

传染病防治的五味人生

文/黄显斌 洪建国

  以花喻人，多为少女。面前的这位老妇人一头华发，年近九旬，然而以"四君子"中的"菊"、"梅"来比喻这位老人，却没有一点违和感。

  淡泊菊心，傲霜梅骨。她的名字叫陈菊梅，我国著名传染病专家、解放军第302医院专家组组长。

  "扎根传染病防治一线64年，准确诊断并成功救治近60种感染性疾病患者数十万人，无一例漏诊误诊，无一例投诉。"

  "1500多名国内外知名传染病专家联名推荐授予'特别贡献奖'，以表彰她半个多世纪以来在传染病防治第一线所做的突出贡献！"

  "独创的中西医结合诊疗技术和方法进入传染病诊治规范，并创造慢性重型病毒性肝炎死亡率由85%以上降至38%的奇迹……"

  从风华正茂到耄耋之年，她创造了我国传染病防治史上一个又一个奇迹。回首多年从医经历，她不无感慨地说："我的人生就

寻找大医精神
XUN ZHAO DA YI JING SHEN

> 陈菊梅回首多年从医经历：就像五味子，酸甜苦辣咸俱全。

像五味子，酸甜苦辣咸俱全……"

"如果能摘掉'肝炎大国'的帽子，我宁愿摘掉自己的全部器官！"
要把国外最先进的知识和技术，献给百废待兴的新中国。

1949年，陈菊梅被分配到上海市第二人民医院传染科。5年后，作为新中国第一批传染病学留学生，陈菊梅赴前苏联列宁格勒医学院攻读传染病博士。在前苏联求学期间，忙于事业的陈菊梅不仅把自己的手忙出了"腱鞘囊肿"，还把自己忙成了一个不折不扣的"剩女"——直至32岁，她才和曾在前苏联基洛夫军事医学科学院留学的陈国仕结为连理。

结婚时，陈菊梅甚至不知道陈国仕是东北人。因为她的择偶标准单纯得只有"精神"和"信仰"："第一，都是共产党员；第二，都是公派的留学生。"

无疑，精神和信仰才是可以穿透时空的力量。而这种穿透力，也表现为那一代知识分子对祖国的"情结"：要把国外最先进的知识和技术，献给百废待兴的新中国。

正是这种精神和信仰，让陈菊梅即便在最艰难的十年动乱期间，也坚定地"相信组织"。

"梅"的气质，不是顺境时的绽放，而是逆境时的坚守。

当时，"靠边站"的陈菊梅不能参加会诊，还被安排去打扫病房厕所。所有这些委屈，陈菊梅回家只字不提。

"当时我也没觉得特别苦，毕竟我还能工作，也没有被批斗。""菊"的淡泊性格在人生低谷帮了她的忙。

1969年，陈菊梅随医疗队去陕北黄龙县农村巡诊，接受"再教育"。在条件简陋、没有麻醉医生的情况下，医疗队决定试用"硬膜外麻醉法"。为确保患者安全，陈菊梅主动以身试验，结果头晕呕吐了两三天。苏醒后，她和大家一起总结经验，终获成功。

从黄龙返回后，陈菊梅患了扁桃腺炎，刚好些，她又因抢救乙脑患儿被乙型链球菌感染，全身水肿；之后积劳成疾，又患了肾小球肾炎。而此时，陈菊梅也正进入到攻克"乙肝患者转氨酶居高不下"这一临床难题的关键时刻。

一边是如山的使命，一边是"革命的本钱"，怎么办？

身为医生的陈菊梅，开始打自己身体的"主意"：只有去除可能引发炎症的病灶，疾病才能不再发作。

扁桃腺炎好办，摘掉扁桃腺之后就好了；但肾炎麻烦，一累就犯。陈菊梅索性割掉了阑尾，但几个月之后又犯了。还有什么病灶呢？对了，牙齿！年仅47岁的陈菊梅，硬是分三次把满口牙齿拔光了！

"这样不要命，你究竟有多少器官要摘掉啊！"家人心疼她。陈菊梅却说："如果能摘掉我国'肝炎大国'的帽子，即使摘掉我身上的全部器官也值得！"

凭着这股拼劲，历时8年，陈菊梅终于研究确定了五味子降低乙肝患者血清转氨酶的有效部位，成为我国首先发现并应用五味子成功降低乙肝患者血清转氨酶的第一人。随后，在她的主持下，分别研制成"肝得安"1号蜜丸至9号蜜丸，并在此基础上相继衍生出"六味五灵片"等50多种国家级降酶药物。

梅花香自苦寒来。这十年，顶着巨大精神压力，潜心研究中药五味子降酶作用的陈菊梅，真的品尝了五味人生。老伴陈国仕感慨地说："那十年的委屈，她压根儿就没向我透露过，我一点也不知道。等组织上给她作出了'无任何历史问题'的结论后，我才知道她这十年的辛酸。"

"七五"期间，我国慢性重型病毒性肝炎病死率高达85%以上，而陈菊梅则提出，"我们力争把病死率降低20%到30%！"

为了攻克这个"堡垒"，陈菊梅带领攻关协作组在国内首先提出了各型重型肝炎三级临床诊断标准和临床分期标准，澄清了先前慢性重型肝炎在临床诊断方面的种种模糊认识。这些标准于1995年被纳入《全国病毒性肝炎防治方案》，并一直沿用至今。随后，她带领攻关协作组，对中医治疗慢性重型肝炎的方法进行了深入研究，率先提出了中西医结合治疗慢性重型肝炎的崭新模式，确立了早期诊断、中西医辨证施治等方法体系，并在临床实践中形成了一套中西医结合的方案。最终，这套方法使我国慢性重型肝炎患者的病死率由过去的85%以上下降到38%！

当各方赞誉鹊起时，陈菊梅并没有放慢前进的脚步。她提出用乙肝抗病毒疗法治疗慢性重型肝炎、肝衰竭患者等方法，使患者生存率提高了20%；她主导引进人工肝技术，使肝衰竭患者死亡率降低了20%……

"创造防治'非典'五个第一"

"非典"后，陈菊梅陷入思索："今天'非典'过去了，明天会不会再来？传染病防治应急力量如何加强？"

2003年初春，"非典"肆虐。3月5日下午，北京地区首批输入性"非典"患者入住解放军第302医院。一天后，陈菊梅像平常查房一样走进病房，询问病史，亲自给患者做检查。随后，她主持了北京地区第一次"非典"专家会诊，第一个在媒体上宣传"非典"防治知识，第一个接受中央媒体的专家访谈，主编了全军第一本《非典型肺炎防治手册》，第一个在国家级专业期刊开辟"非典"专栏，成为第一批在军队远程会诊中心讲授预防"非典"感染的专家。这"五个第一"，当时对稳定军心民心起到了至关重要的作用。

"非典"后，陈菊梅陷入思索："今天'非

寻找大医精神
XUN ZHAO DA YI JING SHEN

典'过去了，明天会不会再来？传染病防治应急力量如何加强？"事不宜迟，她带领专家组成员对"非典"进行了深入总结，形成了一篇《关于优化突发疫情防治力量战斗编成》的建议报告，提出了加强传染病专科医院建设的建议。

此后，解放军第302医院相继抽组了全军唯一的野战传染病医院，建成了全军传染病防治技术临床培训基地，成为全国最大、综合实力最强、收治患者最多的三级甲等传染病医院，多次出色完成国家和军队的急难险重任务。

> **"别看83岁了，我也是一名战士！"**
> 她冒着余震频发的危险，拄着木棍，一路察看，一路指导，查看部队营区、灾民安置点和消杀作业现场，为防疫工作"把脉问诊"。

汶川地震发生后，当时83岁的陈菊梅主动申请到抗震救灾一线。面对亲人和领导的劝阻，她说："我同传染病打了一辈子交道，有经验。我身体还行，就得到一线去。"

陈菊梅的到来，令灾区群众和救灾官兵非常感动。成都军区某集团军军长握着她的手说："在我们的队伍里，年龄有23、33、53的，可您83了，还来到一线，对我们部队是个鼓舞啊！""我和你们一样，都是来战斗的。别看83岁了，我也是一名战士！"陈菊梅坚定地说。

在那些日子里，她冒着余震频发的危险，拄着木棍，一路察看，一路指导，查看部队营区、灾民安置点和消杀作业现场，为防疫工作"把脉问诊"。她提出"完善监测体系、突出防疫重点、实施科学防疫"三项重要的防控建议，受到中央军委和总部的充分肯定。她还主持编写了《地震灾区医院院内感染预防指南》、《地震灾后传染病防治手册》等书籍，为指导灾区疫病防治发挥了重要作用。

64年来，陈菊梅数十次在国家和军队重大紧急任务中冲锋在前，为人民群众和部队官兵铸就了一道道坚实的防疫"盾牌"。

线索推荐：解放军第302医院

点评

人若菊淡，品胜梅香。她是发现并应用五味子成功降低乙肝患者血清转氨酶的第一人，经历了传染病防治酸甜苦辣咸的五味人生；她创造了防治"非典"五个第一；83岁高龄时主动请缨到抗震救灾第一线。如今87岁的她，依然为铸就坚实的防疫盾牌竭尽全力。她是德医双馨、成绩卓著的传染病防治专家。

——中国工程院院士　庄辉

王鸿利

"血友家族"的守护者

文 / 宋琼芳

小儿子7岁那年患上"过敏性紫癜",望着儿子稚嫩的脸庞,他满是心痛。两年后,儿子终于痊愈。然而,当时那种走投无路的心情,他却一直记得。后来,每每遇到年纪轻轻却遭受病痛折磨的血友病患者,他总能分外感同身受作为父母对患病子女的心痛与作为家属的辛苦。所以,每一次,他都竭尽全力帮忙救治。

在他眼里,他们全都不是陌生人,而是他的亲人与朋友。今年76岁的上海交通大学医学院附属瑞金医院终身教授王鸿利,依然身体力行恩师王振义院士的教诲——医生看的是"病",更是"人"。

共同面对"生命不能承受之轻"

血友病是一种常见的遗传性出血病,由于血液中某些凝血因子的缺乏而导致严重凝

> 王鸿利始终身体力行恩师王振义院士的教诲：医生看的是"病"，更是"人"。

血功能障碍，患者自发性或轻微损伤后的出血常伴随终身。面对每一位血友病患者，王鸿利总是再三关照："千万要小心，别让自己受伤！"

浙江患者韩先生说："在我57年的人生中，住过当地和外地多家医院，接触过各种各样的医务工作者，我也在医院工作了35年，深深了解医德医风这数十年的风气变迁……王鸿利教授的人品和医德是非常罕见的。这也是我的幸运，老天让我遇到这么好的医生，帮助我们家渡过这么多的艰难险阻……"

韩先生的哥哥和弟弟也都是血友病患者，其中，最严重的要数韩先生的弟弟。1992年，年仅28岁的弟弟腹腔内有一连串大小不一的血块，生命危在旦夕，没有一家医院敢为他开刀。只有王鸿利，半年内6次手术，前后救治10个月，终于将他从死亡线上拉了回来，并且正常生活了十年。但令人惋惜的是，十年后的一天，他在睡梦中因颅内出血而去世，但他父亲韩老先生仍然视王鸿利为恩人。韩老先生记得，儿子手术前，他曾给王鸿利塞"红包"，王鸿利一把推开他的手，对他说了一句话："我们医生是拿工资的！"

后来，韩先生在瑞金医院做过两次双关节置换术。第二次手术后，韩先生不幸发生院内感染，创口迟迟无法愈合。那是2009年春节，他躺在病床上，情绪十分低落。此时，病房门被推开了，只见王鸿利微笑着走进来，将一篮水果放到他床边，用一口"山东普通话"温和地劝慰他："不要紧，一定会好起来的！"多年后，韩先生说，当时王鸿利对他精神上的安慰和鼓励"是任何语言都无法表述的"。2011年，他终于恢复，可以下地行走，回到自己的岗位上正常工作与生活。

今年春节，王鸿利又一次接到韩先生的电话。电话那头，韩先生真诚地说："王教授，我们全家祝福您健康长寿，好人一生平安！"

为素不相识的人，与时间赛跑

去年，王鸿利又遇到一名年轻患者，情况与当年韩先生的弟弟十分相似：肚子里有个巨大的血块，因为反复出血，每出血一次，纤维组织就将血块包裹一次，这个血友病假瘤的外面已形成一层坚硬的"壳",而里面则是浓稠的血液。再不手术,生命危殆。可一旦手术,所需的凝血制剂是一笔令患者无法承担的费用。患者家境贫寒,无力承担,怎么办?王鸿利得知山东有家生产凝血制剂的企业举办活动并邀请其参加。为能让这家企业以最低价格甚至无偿为患者提供"保命药",身体状况并不好的他,立即远赴山东。

从医40年,救治过1500多位血友病患者,为素不相识的患者而与时间赛跑,王鸿利以其难能可贵的热心、热情而被称为"'血友'之友"。或许旁人觉得他的义举有些不可思议,他却说:"全国血友病患者估计有6万~10万人,而目前登记在案的仅1万人左右。血友病患者是非常痛苦的,他们中有很多人从小饱受内出血之痛,很多人都经历过大出血的生命危险,还有很多人根本不认识这个病,甚至不少医生、护士也因不知情,无法对他们进行特殊照顾。所以,只要我碰到了,能帮的,我一定尽力帮。我知道,我有生之年能够帮助的,其实也只是很小一部分人罢了。"

患者把子女也托付给他

去年国庆长假前,年过半百的患者蒋女士又一次来到瑞金医院看望王鸿利。

王鸿利第一次接诊蒋女士是在40年前,她还是个十四五岁的小姑娘,月经比一般人多,经常肚子疼,但没有关节或肌肉出血等血友病典型症状。王鸿利仔细询问她家人的情况,听说她弟弟经常"大腿痛",再进一步询问,原来她父亲和母亲是姨表婚姻,属于近亲结婚。王鸿利让她把弟弟也带来,结果一看,她弟弟大腿皮肤紧绷、红肿发亮,一摸就能感到皮温升高,"这属于大腿肌肉出血"。

蒋女士一直在王鸿利那里随访,后来结婚生子。要知道,这类女患者生育,不仅自身高危,还会影响后代。王鸿利联系医院妇产科接收蒋女士,分娩当天,他在产房陪了她24小时。孩子一时生不下来,王鸿利先为她补充凝血因子制剂,再由两位产科主任上台为她行剖宫产,最终以最小程度出血,换来母子平安。幸运的是,这个男孩未见血友病症状。

如今40年过去,蒋女士当上了奶奶。她对王鸿利说,当时她已想好,如果生下来的孩子不幸患病或是携带者,那么她一定把这个孩子再"托付"给他诊治。事实上,王鸿利诊治的血友病患者中,50%~60%有家族史,他们大多有这样的想法。年轻的患者由父母介绍前来求诊,而这些年轻人又对将来自身婚配与生育充满忧虑,不约而同求助于王鸿利。

医生要攀两座高峰,"医德峰"在前

王鸿利总是教导他的学生们:"医生要攀两座高峰,一是'医德峰',二是'医术峰'。其中,'医德峰'是第一位的。"

"做人、做事、做学问,尽心、尽力、尽责任"是王鸿利的原则。血友病患者手术,输注凝血制剂是必不可少的治疗措施之一,但凝血制剂价格昂贵,必须精心计算所用剂量。

"作为医生,不仅要考虑患者安危,还要考虑治疗效果;不仅要考虑如何为患者解除痛苦,还要考虑如何为患者节省开销……总之,要站在患者一方,千方百计为患者着想。"他创建了以即时检测凝血因子Ⅷ或Ⅸ的活性水平为依据、决定使用凝血制剂剂量的方法。这一方案被国际血友病联盟和原卫生部纳入《血友病治疗指南》。

多年来与血友病作战,他立志要将这种疾病"斩草除根",他认为切断遗传锁链,是目前预防血友病最好的办法。

为此,他带领课题组在国内率先对血友病的诊断进行深入研究,历时二十多年,终于使瑞金医院成为国内第一家常规进行以血友病为代表的出血病、血栓病基因诊断的医疗机构,迄今已对500余个血友病家庭实施基因诊断,诊断率和准确率均为100%。

同时,瑞金医院牵头与国际血友病联盟携手,在我国16个大城市设置16个点,每一个点有一家医院负责血友病的防治工作。"加强对医生、护士与技术人员的培训,以及对患者、家属的普及教育,目前已基本形成了一个相对完善的网络。"王鸿利说,"我们只希望能尽我们所能,尽力争取社会的关注,尽量减少血友病患者的痛苦。"

线索推荐:上海交通大学医学院附属瑞金医院

点评

面对随时会因出血而死的血友病患者,王鸿利勇于担当,他领导的瑞金医院血友病诊治中心,率先在国内开展了常规的血友病基因诊断,并为血友病并发症患者开展手术治疗创造条件,为他们带来生的希望。王鸿利用一腔热血对患者全力相助,甚至管起了因遗传累及的后代,不愧为血友病患者之友。血友病是伴随患者终身的,而"尽心、尽力、尽责任"的王鸿利也实至名归地捧回了医院终身教授的奖杯,更赢得了患者心中的"大医"丰碑。

——中国工程院院士 王振义

凌锋

知音互雅 精诚合作

文 / 周寰

在探索中经历痛苦，在发现中回味快乐；在救治中承受压力，在康复中享受快乐；在合作中体会宽容，在理解中尝到快乐；在研究中耐受寂寞，在成就中升华快乐！

这是中国医师协会副会长、首都医科大学宣武医院神经外科主任凌锋教授从医数十年来的深切体会。

2012年12月18日，北京宣武医院神经外科和神经介入中心的会议室门口，贴着醒目的布告："做可以让患者托付生命的医者——神经外科人文讲座"。科内医生、研究生们和来自各地的进修医生们，下班后聚集在会议室中，跟《重生手记》的作者、人民日报资深记者凌志军老师座谈。凌志军患病后就医的心路和经历，像一面镜子展现在大家的面前，让所有人思考和检讨。像这样的医学人文和哲学研讨会，宣武医院神经外科每季度都要举行一次。

> "抢救患者，像从井里往外拉人。你使劲，他就会慢慢沿着井壁上来；你松劲，他就会掉下去。把握生命的瞬息变化，取决于医生的责任和意志。"

凌锋、论坛负责人鲍遇海与著名哲学家金观涛先生等，还共同创建了"CHINA-INI哲学小组"，定期就现代医学的问题，进行系统医学理念的探讨，还出版了一本"现代医学的困惑"的哲学集刊。

诚信和厚德的品质就这样渐渐产生。

让人文精神闪光方可厚德载物

"假使我有一丝松懈的表情，整个抢救工作就会崩溃。但我不能松手，因为看到还有一线希望。"

凌锋所在科室里流传着这个团队的一个著名故事。

一个8岁的儿童患脑干巨大动脉瘤，在做完双侧椎动脉闭塞手术后的抗凝过程中，发生出血和缺血两种情况交替出现的状况，情况异常凶险。7天7夜，凌锋和她的同事们一刻不离，守在床边时刻调整抗凝剂量。尽管如此，患儿的情况仍未见好转，大家也都已疲惫不堪，无望的情绪弥漫在每个人心头，连孩子的父母都坚持不住了，说："大夫，我知道你们尽力了。不行就别救了，我们也实在熬不住了，放弃吧！"

凌锋说，"那时我真实地感觉到在与死神拔河。假使我有一丝松懈，整个抢救工作就会崩溃。但我不能松手，因为看到还有一线希望。"她鼓励家长："还不到山穷水尽，再坚持7天吧！"

凌锋的意志坚定了整个医疗小组，坚持、坚持、再坚持的努力中，奇迹真的出现了：医生苦苦坚守到第十五天，孩子苏醒了！

在这个科里每年救治过的3000多例患者中，有多少是这种用顽强的意志夺回来的生命，他们自己也记不清了。救治凤凰卫视主持人刘海若，使宣武医院名扬海内外，其实不过是该科抢救的危重患者之一罢了。

这种为患者勇于担当的精神，已化为一种深刻的思想力量，潜移默化在凌锋团队的每位医护人员身上——患者哪怕有1%的希望，每位医生都会去尽100%的努力。全科每天早晨7：30上班，用英文报告当天准备手术的病例，举全科之力讨论定案。凌锋这时不仅是作为科主任在把控医疗质量，同时也作为有专业知识的患者家属在与术者讨论。看在眼里的家属们，就是亲人故去也会表达谢意。

宣武医院神经外科每年都会出版一本《年鉴》，上面详细地记录着该科自2001年起收治的患者人数，各种疾病和手术的分布，以及每位医生的心路历程。每一个数字都是各方仔细核对而来，每一个数字都是向全国同行们捧出的心血：供大家监督和交流！

该科副主任医师焦力群博士谈到自己来科十年前后的表现："十年前，我曾不止一次在办公室抽着烟跟家属交代手术安排，随意的语调、傲慢的态度、冷漠的眼神，那恐怕是当时很多医生的特点；十年后，我的每一次门诊都会看到下午2点多，加号加到50号！对每名患者，我都会尽量平心静气地解释清楚。"

"十年前看到监护室医生推着患者去检查，我很惊讶，这是医生该做的事吗？十年后，我已把这视作责任的代名词，如果一名医生没有推过危重患者做检查的经历，那他一定不是有责任心的临床大夫。"

"十年前，神经外科发展到哪一步与我何干，尽量跟上不掉队就是了；十年后，我会想如何处理手术和介入的关系，如何发展不被人重视的颈动脉内膜切除和颅内外动脉搭桥技术，我会把发展的责任主动放在自己肩上，我觉得那就是我的责任。"

技术精湛方可治病救人

"资料如果不让使用就是废纸一堆，越多人使用、发表文章或取得经验治疗患者，都是好事！"

虽然十年来，这个集体创造了手术量持续增长、特大手术量前后翻11番的骄人成绩；共获得科研基金2600多万，发表512篇统计源期刊文章和30篇SCI论文，获得了国家科技进步二等奖。这都不是最值得称赞的，让所有的进修生和研究生难以忘怀的是这个团队的开放精神和每位老师的诲人不倦。

科室里和介入中心里的所有资料都对学生开放。他们可以查阅和复印所有造影片、手术录像、手术预案以及讨论会的实况。科里每名医生都不厌其烦地给学生讲课。杜建新、张鸿祺、鲍遇海、焦力群、叶明等都是学生们最喜爱的老师。

2009年，有位从黑龙江来的学生在介入中心学习一年。他放弃了很多休息时间，把所见到的疑难杂症和典型病例一一记录下来，足足有3000 GB！3年后，他用这些资料写成了一本《宣武进修笔记》出版，获得了广大进修生的好评。有人会说：你们就不怕别人抄了你们的资料、侵犯了你们的知识产权？

凌锋则认为：这些知识产权和商品不一样。治病救人的本事，多一个医生学会，就能多救一名患者。资料如果不让使用就是废纸一堆，越多人使用、发表文章或取得经验治疗患者，越是好事！这与有些地方"方圆500公里不教真本事"，把患者的资料像守财奴一样死死地守着，自己不写文章，也不让别人用，有多么的不同！这种境界恰是来源于充分的自信和无私。

寻找大医精神

该做手术的，即使有再大的风险，凌锋团队都会通过术前集体讨论，周密准备，全力一搏。而能不做手术的，凌锋团队都会尽力指导患者保守治疗。

医生围着患者方为仁医

"要针对疾病设置专业，每个专业都要掌握显微外科、内窥镜、介入等多项技术。让医生和技术围着患者转！"

现代医学的科室都是按技术分科，如外科、内科、放射科、介入科等，很少有按疾病分科。患者为寻找一个最佳的治疗方法，科科挂号，处处求人！而又往往会因为医生只会某种单项技术，而被选择了不恰当的治疗方法。患者求医如此艰难，真让人唏嘘不已！

凌锋教授从刚进宣武医院那天起，就提出要针对疾病设置专业，每个专业都要掌握显微外科、内窥镜、介入等多项技术。让医生和技术围着患者转！

如脑血管外科的张鸿祺主任、焦力群主任就是既能开刀又能做介入治疗的多面手。如果遇到患脑动脉瘤或血管狭窄的患者，医生可以根据患者的年龄、病变位置、经济状况等因素综合考虑选择开刀还是介入的手术方案。又如脊柱外科的菅凤增主任，也是既能做固定矫正脊柱的大手术，也能做内镜下的微创手术，同时还可以在CT导引下为患者做神经根封闭注射。颅底外科的鲍遇海主任在手术中可以同时使用显微镜和内窥镜，以确保颅内的每一个角落都没有肿瘤的残余。

像上面这样的医生要经过更加长期和艰苦的训练，其中的枯燥和煎熬可想而知。但每当看到患者能获得满意的治疗效果，一切辛劳都将化为乌有！医生们也感到所有付出都是值得的！

正如凌锋教授在2005年的《年鉴》中写到：是什么在鼓舞着这一群攀登者，沿着这一条到达科学顶峰的崎岖小路执着不舍？是这种对科学的探索，使得他（她）们苦中求乐，乐此不疲。正是这种"欲解救天下苦难为己任"的大医精诚，使得他（她）们在经历了精神和体力的煎熬之后，痛快淋漓地享受了患者康复后的快乐。

在凌锋的倡导下，同级之间，知音互雅；每有难症，精诚合作；下级医生对老师们，则是由衷地表现出欣赏和尊重。一群身怀绝技的人和谐地工作在一起，全科共同创造着"技求精，术求实，质必高，人必和"的氛围。

线索推荐：首都医科大学宣武医院

点评

"看到患者受伤或是死亡，那是我最痛苦的时候"。凌锋在一例例不轻言放弃的抢救实践中，铸就为出类拔萃的名医高手。她带领团队，不执迷于自家技术的一城一池，广吸博纳，相互欣赏，为患者打造出全新的医疗模式。无欲则刚，功到名自成，只有在人生境界挥洒自如，才能和同道一起纵横驰骋神经外科的疆场。

——中国医师协会会长 张雁灵

白书忠

高举健康管理大旗

文 / 张雨

当记者敲开白书忠办公室的门时,一个儒雅的身影迎上前来,"小张来啦,路上挺堵的吧?刚才我从窗户看下去,水泄不通啊,先喝点水。"没有丝毫距离感。他的一举一动带有明显的军人印记,飒爽、坚毅,难以想象,他已年近古稀。

这就是白书忠,解放军总后勤部卫生部原部长、中华医学会原副会长、现中国健康促进基金会理事长。青春年少时,两场战争对其一生产生了深远影响;仕途顶峰时,突如其来的SARS再次将其带回战场;退而不休时,他毅然肩负起我国健康管理事业发展的重任。此时的白书忠已将一切看得甚是淡然,一碗粳米粥、一碟小咸菜,便可成为他一顿丰盛的午餐。

退而不休

"如果问我将什么作为自己的事业,我会毫不犹豫地回答:健康管理。"

在白书忠看来,健康管理是他一生的事业。他一直说我国的保健体制、保健制度以

> "医者的职责并不应该仅仅停留在治病救人,更有责任让大家健康地生活。"

及保健效果在世界上可谓一流,但美中不足的是,我国早期保健仅限于医疗保健范畴。医院里人满为患,有些医院的患者甚至常年住在医院。"当时给我的触动便是,保健不应是在得病后给予治疗,而是要少得病、晚得病甚至不得病,这才是高层次的保健。"

2001 年,白书忠开始在军队系统试水以预防为主的健康管理思想,成立解放军健康促进医学专业委员会。当时保健办的文件都已起草好,还没来得及实施,便遭遇了 SARS 的飞来横祸。

但白书忠并没有就此作罢。SARS 结束后,他先后访问了美国、欧洲、古巴、日本等国,了解学习那里的健康管理工作。"退休后,我有了更加充裕的时间参与到这项工作中。第一步,我主动申请加入中华医学会,因为要想发展健康管理事业就必须团结国内致力于该专业的专家。"经过白书忠多方游说,最终中华医学会健康管理学分会于 2007 年 7 月 28 日在北京成立。

"第二步,开办《中华健康管理学杂志》,为学术交流搭建平台。然而,推动一个学科的发展,最大的问题莫过于资金。于是第三步,我们借助社会力量,成立中国健康促进基金会,着力推动学科发展,最终实现服务社会的目的。"退休前他是一名少将,现如今,他仍然是一名真正的将军,运筹帷幄,全盘布局。业界许多专家都认为,这是白书忠对我国健康管理事业发展所做的最重要的三件事。

"实际上,'三步走'战略是一项整体工程,杂志是学术交流的阵地,学会是组织专家的形式,基金会负责开展一切活动的财务支持。由此,健康管理专业才能够蓬勃发展,至今我们已经组织了 7 届中国健康产业论坛和四次中华健康管理学年会。"谈及此处,白书忠脸上洋溢着喜悦。

时至今日,中国健康促进基金会已组建 38 个专项基金,其中"健康管理社区行——城市社区全科医生公益性培训"项目最为有声有色。5 年来已组织近 2000 场次培训,超过 19 万人次社区医生从中受益。今年预计有 42 个城市的 6 万余人次的社区医生将参加到新一轮的培训之中。

在白书忠的倡导和努力下,中华医学会健康大讲堂已进入第六个年头。包括王陇德、钟南山、高润霖、陈君石院士在内的数十位专家分别围绕"健康奥运,健康生活"、"预防慢病，管理健康"等，进行了40场精彩演讲，所讲内容基本涵盖了当前公众最为关心的相关健康问题。

在白书忠看来，2000—2010年，我国健康管理还处于初始阶段，大家还在逐步探讨、认识、接受。但从2010年至今，健康管理已进入新的发展阶段，由健康体检向真正意义上的健康管理转化。白书忠信心满满："我认为再经过5~10年，一定会发展成为一个新的学科、新的专业，并进入国家的学科目录以及教育体系。"

白书忠指出，加强健康管理学科建设要实现三个转变：从辨病体检向健康体检转变；从一般性体检向个性化体检转变；从单纯体检向检后服务转变，做好高危人群的提前干预工作。

例如有些人因肠癌不幸去世。白书忠谈到："这些人往往有家族病史，通过基因检测很容易便能发现其肠癌遗传基因倾向。类似这种患者，首先，每年应做一次胃肠镜检查，如果早期发现病变应尽快采取措施。第二，调整饮食结构，多纤维饮食，少吃肉。第三，保持大便通畅。如果预防干预措施得当，生命延续10年是不成问题的。这也正是健康管理的目的。"

健康不仅是个人的事

"健康不仅关系到个人的生活质量，更关系到国家经济社会发展问题。"

他是一位将军，始终擎着中国健康管理的大旗驰骋在保卫国人健康的疆场。他又是一名儒将，拥有以柔克刚的力度和海纳百川的气量。

白书忠说，健康看似是个人的事，实则不然，它其实是每个人的社会责任。不健康会让一个家庭在经济上有额外的开销，会使父母、爱人、孩子担忧，家庭气氛也会因此受到影响。健康同时又是重大民生问题。它不仅关系个人生活质量，更关系国家经济社会发展问题。目前中国有2亿老年人，如果个个都患慢病，那么对于国家经济的消耗是不可想象的。

健康管理的实现能够大大减少医院的患者数量，医院可以说是健康管理的末端。白书忠如此比喻："如果一条自然流淌的河流，仅希望通过水利工程来治理污染、决堤等问题是十分困难的，必须做好整个流域的水源涵养，这才是治本之策。"

"修身岂为留名，做事唯有敬天爱人。"这是白书忠一直以来的座右铭。从最初的军医、医务队长，到后来的医务处主任、院长、校长、卫生部部长，几十年的行医之路让他将健康看得比什么都重，同时也让他将人生的名利看得更加淡然。

"我不去逐名，更不去逐利。战争时期，我亲眼目睹一批批战士在我面前倒下；抗击SARS，我几乎整日与危重患者接触。人生是一个过程，能否为社会做些有用的事决定了一个人的人生是否有意义。在当前这个物欲社会中，钱多钱少只是一个相对概念。全家住8平米房子、用煤油炉做饭的日子我也过了，当时也没觉得不好。人的欲望需要节制，不能任其发展。谁都希望生活越来越好，钱越多越好，房子越大越好。但这些都是外在的，能为社会做些什么，才是重点。"

活着就要懂得感恩

> "战争中，很多人为了祖国而英勇捐躯。作为活着的人，我们更应该学会感恩。"

在白书忠的人生中，两场战争对其一生产生了深远影响，它们分别是1972年的援老（挝）抗美战争和1979年的中越边境自卫反击战。

白书忠当时还只是一名普通的军医，其所在汽车团的主要工作是运输物资，因为在当时的运输条件下，几乎所有物资都要通过汽车运输来完成，实可谓战场的"铁血大动脉"。

"平时我们和其他的运输兵没有差别，但当受到敌人炮火袭击时，我们就要显示出作为一名医疗兵的职责——保障每一名作战士兵的安全，对他们进行救治。除此之外，在老挝医疗所驻扎的都是我国的战士，我们除了要做好本国战士的卫勤保障工作，还要为老挝士兵服务。"

1979年的中越边境自卫反击战，白书忠所在的汽车团依然主要负责运送物资，而这次的"物资"则是以弹药为主。"当时没有专门的救护车辆，我们去的时候运送弹药，回来运送的则是前线下来的伤员。为了防止坑洼土路形成的颠簸对伤员造成更加不利的影响，我们将车辆底层铺上厚厚的一层沙子，这样一来车辆增加了重量就会'稳重'一些，伤员躺在沙子上也会舒服一些。"

"我亲眼目睹了战争带来的伤亡和代价，这对于我之后的人生有很大影响。我并未因此萎靡不振，反而使内心更加豁达，因为已经见过太多生死。也没有恐惧、忧虑或者麻木，而是超脱。战争中，很多人为了祖国而英勇捐躯，由此，作为活着的人，我们更应该学会感恩，没有他们的牺牲就没有我们今天的生活，对祖国、家庭、周围的朋友，也会因此而更增添一分热爱。作为一名医者，我也更加真切地体会到，生命健康对于一个人、一个家庭甚至整个社会都有着至关重要的意义。医者的职责并不应该仅仅停留在治病救人，更有责任让大家更健康的生活。"白书忠感慨道。

线索推荐：中国健康促进基金会

点评

他是我国健康管理及相关产业的主要创始人及领军人物。在近半个世纪的职业生涯中，始终心系军民健康，致力于健康医学的理论创新和实践探索。花甲之年，他毅然高举健康管理大旗，率队驰骋在没有硝烟的"上医治未病"战场。为加快创建健康管理医学新学科与健康产业发展的步伐，他以海纳百川之气度、外柔内刚之风范，身体力行与百折不挠之精神，凝聚正能量，开拓新天地，收获新硕果。

——中华医学会健康管理学分会候任主任委员 武留信

胡大一

走在健康中国的长征路上

文 / 陈惠

一个人走长征是什么感觉？

他常常自嘲为播种机、播火机，是遍撒火种的人。

2006年7月15日，胡大一与崔永元，以及其余24位"我的长征"队员登上驶向成都的火车，从成都转乘汽车奔赴四川中部——雅安市辖区的宝兴县，从当年红军翻越的第一座雪山开始，重走红军长征的艰苦征程。

胡大一喜欢走长征，重走在长征路上，思考人生的方向和自己的长征。

遥想红军长征爬雪山、过草地，强渡大渡河，强攻腊子口……

很难说，胡大一在健康中国的长征路上，攻克了多少堡垒。简单回望一下，留下了一路火种，细数一下，依稀记得：循证医学、推广射频消融治疗心律失常、推广绿色通道、倡导肺栓塞的识别和救治、举办中国胆固醇教育计划、戒烟、多学科共同管理动脉粥样硬化疾病、双心医学、康复医学、健康从心做起……

寻找大医精神
XUN ZHAO DA YI JING SHEN

> "作为医生,一定要以患者利益、公众健康利益为己任,才会觉得活得有价值,觉得医生这个职业有成就感。"

健康中国从基层做起
绝大部分基层医生对"胡大一"这个名字都不陌生。

周三,北京大学人民医院,胡大一的专家门诊。

一个浓眉大眼的内蒙古小伙子进来,满脸都是疲惫,眼睛布满血丝。

他把一摞材料递给胡大一,原来是给母亲看病。母亲因为腿脚不便,没有来北京。小伙子讲述完母亲的病情,掏出手机,点开视频。胡大一凑过来,摘下眼镜。视频里,一个老太太弓着腰,低着头,拄着拐杖,一步一步向前挪,视频里一个声音叫道:您抬个头。老太太慢慢把头抬起,冲着录像者"啊"了一声,脸上的皱纹像菊花一样绽放。

胡大一一边翻看病历和检查结果,一边给小伙子讲病,他的语速很慢。在听到他说"经过康复训练,老太太是能够恢复到从前样子"时,小伙子总算松了口气。他说:"家那边的医生让我找您,他们说得没错,您是最好的大夫。"

可以毫不夸张地说,"家那边的"绝大部分基层医生对"胡大一"这个名字都不陌生。

胡大一则对基层怀有深深的忧虑。

一项针对100名乡村医生的调查显示,90%的乡村医生靠看病行医维持生计。但由于医疗服务收入不济,一些乡村医生又不得不另谋兼职,或干脆另谋他职,导致乡镇卫生所人去楼空。

胡大一看到了基层医疗的困境,他把帮助基层解决困境当成了自己的责任。2012年,胡大一专门邀请了十余名基层医生来北京参加"长城会",听他们诉说基层医疗的困境,为他们出谋划策。

针对这一社会问题,他的思路是:走下去,做"加减法",就近就地筛查救治,降低医疗费用。针对基层开展医疗技术培训,为当地留下不走的医疗队。

胡大一说,到目前为止,中国的心血管病患者至少有2.3亿,不能单靠几家三甲医院来解决。高新技术集中在大医院,小医院没有技术保障,没有培训机制,无法开展关键技术治疗,广大心血管病患者仍然看病难。只有提高基层医院的水平,才能解决由于学科发展的薄弱,导致医疗资源垄断的问题,使患者与公众都获益才有希望。

健康中国从医生做起
医学问题从来就不单纯是医学问题,而是社会问题。

"长城会"是胡大一发起并成立的心血管领域最有影响力的会议,但在"长城会"初期,也遭遇过"尴尬"。一个中国医生,曾问参加完"长城会"的美国专家,在中国看到了什么?专家说:到处是吸烟的人和废纸堆。

这成为胡大一的心伤。吸烟的危害众所周知,而戒烟工作开展得好坏,医生的劝解和宣传起着重要作用,如果医生自己也是"烟民",如何说服患者戒烟?

然而在当时,很少有医生认识到这个问题的重要性。从2004年开始,胡大一每到一个地方,每参加一个学术会议,都在会上"苦口婆心"地宣传戒烟,带领大家宣读《戒烟宣言》,并提出"被吸烟我不干"的响亮呼吁。

很难说这些努力激起了多大的波澜,但胡大一并不放弃。2011年,一家主打戒烟药的药企将销售战略从心内科医生转向呼吸科医生。有人说,戒烟药之所以在心内科卖不好,是因为心内科医生不予支持。胡大一的回应是:我从来不会以企业战略目标来决定我要做的事,我看到的是现在已有改观,而且我每年都在推戒烟典范,只要有推动就有转机。

2007年以前,"长城会"两个最冷门的分会场,除了戒烟,还有D2B项目(急性心肌梗死"绿色通道"服务模式)。

D2B,是急性心肌梗死患者从到达医院门口到开始第一次球囊扩张的时间。从患者家里到医院门口,再到导管室,时间越短,患者获益越多。这不仅与医术有关,更与团队、科室衔接有关,没人意识到这是医生的职责。

胡大一请来国外著名专家,在"长城会"上主讲D2B。当时参会人员有上万人,但到D2B分会场听课的只有十几人。可在此后每一届长城会,他还会邀请国外专家,强调D2B的重要性。

此时的医疗界,已经习惯了以经济指标来衡量医学技术,支架植入的数量成了经济指标。加速患者运送,是无法评估经济收益的,但可评估的不一定重要,无法评估的恰恰是非常重要的。2010年,胡大一在一个研讨会上,发言呼吁规范使用介入、搭桥或药物,注意避免介入技术的过度不适当使用。这次讲话被媒体断章取义,报道他说"内科乱支架、外科乱搭桥"。随后,网络上充斥着对他的攻击言论。多方责难,胡大一并未出面澄清,只是一直坚持反对过度的趋利性、不顾适应证、不顾患者利益随意造影、介入的做法。

此后,胡大一干脆旗帜鲜明地反对过度医疗。"我国滥用支架现象严重""中国一半支架都不靠谱"的媒体报道,将他卷入一个又一个"风波"。无论外界如何评价,胡大一始终坚信,面对心脏病患者个体情况的差异,医生应该提供最适合的治疗方式,而不是简单地植入支架了事。"滥用支架,看起来受伤的是患者,最终最大的受害者还是医生,因为这样人们会失去对他们的信任。"

健康中国从我做起
如今年过花甲的胡大一仍然身体力行自己所宣扬的理念。

胡大一始终认为,作为医生,一定要以

患者的利益、公众健康的利益为己任，才会觉得活得有价值，觉得医生这个职业有成就感。

很多年过去了，胡大一仍然难以忘怀他第一次开展健康大课堂科普讲座活动的情景。

1994年6月3日，胡大一在劳动人民文化宫给老百姓讲疾病保健知识，当时只能坐100来人的小礼堂，最后竟然来了4000人。小礼堂坐满了，后来的人干脆就在广场上席地而坐。"我们也没法在小礼堂里讲了，就到公园广播室通过大喇叭开讲。广场上、树荫下、路两旁、长廊边的人们都听得津津有味、鸦雀无声。"

老百姓对于健康知识的渴求给了胡大一非常大的震撼，从此，无论工作多忙，他都要投入到健康教育中去。几年来，他笔耕不辍，陆续编写和出版了《登上健康快车》、《有氧代谢运动》、《从心做起》、《健康秘诀》等科普专著，同时在报纸网络上发表科普文章。"管住嘴、迈开腿、不吸烟、好心态"等健康语录被老百姓记住了。

如今的胡大一已经年过花甲，但他仍然身体力行自己所宣扬的理念：走路是最好的锻炼方式。有时，他从医院走回家，已经是凌晨2点，看看腰间别着的计步器，发现还差2000步，就围着自己床边来回走动，直到满1万步为止。

这种"固执"可以追溯到他年轻的时候。那时他是一名住院医师，正在学英语，遇到外国专家来讲课，他主动申请给专家做翻译。翻译得很不好，被听课的人轰下台。但下一次，胡大一又冲了上去，"我要做翻译！"

30多年来，胡大一走过北京大学第一医院、北京朝阳医院、北京同仁医院、北京垂杨柳医院、北京军区总医院、北京大学人民医院，他身边的人换了一波又一波，有的人留在曾经的地方成为了骨干，有的人还在随他不断前进。

2012年12月27日，胡大一卸下中华医学会心血管病学分会主任委员的行囊，继而挑起中国康复医学会心血管病专业委员会主任委员的重担，不畏艰难险阻，仍旧带头走在健康中国的长征路上。

线索推荐：北京大学人民医院

点评

胡大一教授一直是我尊敬的师长。他不断引领学科和挑战自我，在心内科界，他的各种理念，总能让人耳目一新或振聋发聩。无论是提倡"三个回归"、高举"四面旗帜"，还是对滥放支架等业内病的直言不讳，都有点"精神领袖"的味道。如果说，推进心内科向预防、康复延伸是他打的纵向牌，与内分泌等多学科联手，直至与国际医药大家携手，便是他的横向牌。辗转在不同的战场，游走在现实与精神的空间，他用大写的一，不甘人后，努力前行。

——北京大学人民医院院长　王杉

朱晓东

60年不懈的坚守

文/许奉彦

如果要在这个喧嚣的时代，倡导一种敬仰医学、专注医学的态度，还原医疗本质真实的面貌，拉近医患和谐的距离，那么注定需要有这么一批坚守者。

作为共和国培育的第一代本科医生，阜外心血管病医院朱晓东院士是新旧社会对比的体验者和见证者，他说："我这一生体验了祖国伟大的发展历程，经过几代人的努力，我国已经赢得了全世界的广泛敬仰，我倍感自豪，我深爱自己的祖国。"

80载的生命历程，60年的从医生涯，朱晓东对于取得的各项荣誉非常珍惜，他说："虽然有我的一份努力，但首先是祖国给我提供的机遇和帮助以及各方面的支持。要感恩所有帮助我们的人。"朱晓东践行了一种无悔的坚守，而这种坚守蕴含了满腔的"爱国、爱岗、爱患者、爱家"。

坚守最初的理想

"毕业分配填写'服从组织分配'完全出自真心。"

1950年，我国为抗美援朝而设立军事干部学校（军干校）。朱晓东积极响应号召，

> "做力所能及的事，做有益于社会的事，做自己喜欢的事。"

报名参加了军干校。这个从河南开封教师之家走出来的热血男儿，从此踏上了追寻理想的人生路。朝鲜战争后，按照军委的决定，朱晓东这批学员成为哈尔滨医科大学正式的大学生。

"毕业后，一句'服从组织分配'，就在阜外干了整整57年，所以我是阜外医院的同龄人。"朱晓东在阜外心血管病医院既受到军队作风的熏陶，也受到了协和医风的浸染。置身于良好的工作氛围中，朱晓东心情愉悦地投入工作。在冠脉外科开展初期，为了改进冠脉吻合技术，他不停地琢磨、练习缝合，回到家也不休息，仍埋头在乳胶心脏模型上一遍遍练习缝合技术。

尽管临床工作繁忙而艰苦，但朱晓东并未就此放弃学习和科研。为适应学术需求，大学里学俄语的朱晓东开始突击英语。有一次，朱晓东走在从医院回家的路上，由于只顾低头背生字，一头撞在电线杆的钢丝绳上，额头留下一片血肿。

"我亲身经历的两件事，让我的思想得到震撼、净化，并铸成了为之奋斗的重要激励。"朱晓东说。

1968年，朱晓东积极参加青海高原藏族牧区防疫医疗队，在海拔3200—4000米的游牧山区，朱晓东和医疗队队员勇敢地闯过了生活关、语言关和技术关。他们把一间约20平方米的破旧房子改装成简易手术室，因陋就简地开展起普外科、口腔科和妇科等简单手术。

这段工作经历，让朱晓东更想为边区少数民族患者服务。1990年，朱晓东率领医疗小分队赴西藏，在拉萨人民医院协助开展心脏外科手术，成功开展了体外循环下心脏直视手术。这是在我国西藏地区开展的首例心脏体外循环手术。

"第二件事情就是出国留学，接触西方文化，增强了我的民族自强感。"1975年，朱晓东被公派到英国利兹市留学。作为当时该城市的唯一一名中国留学生，朱晓东在与西方人交往中体会到他们眼中的"中国形象"，那就是贫困、落后。他能感觉出西方人的傲慢态度。这一切激发了他强烈的民族自尊心，"我是憋着一口气发奋学习，努力工作，要用自己的实际行动给祖国争光，给中国人争面子。"

"这两次经历，让我见到了最艰苦和最优越的医疗环境，见到了最贫瘠和最优厚的生活条件，让我的思想不断被震撼和净化。"自强不息、淡泊名利与荣辱不惊从此渗入到朱晓东的骨子里。

朱晓东经常鼓励年轻医生：首先要珍惜机遇，奋力拼搏。有机遇不等于能成功，机遇随时可能从身边溜过，只有奋力拼搏才不会错过机遇；其次是要对患者有爱。对患者的爱是医生忘我劳动的永恒动力；最后是做好临床。第一线的艰苦实践是最重要的基础，医生的知识、经验和医风均可得到锻炼。

坚守不懈的事业
"创新是医生的永恒追求，我乐在其中。"

朱晓东永远记得老师吴英凯的教诲："年轻人应成为一个有开创精神的外科医生，而不是一个照葫芦画瓢的手术匠"。

在1976年7月22日这天，44岁的朱晓东，用自主研制的生物瓣为1例左心衰竭、严重主动脉瓣关闭不全的患者成功实施了主动脉瓣替换术，这标志着我国乃至亚洲的首例牛心包生物瓣替换术成功了。时隔近40年，朱晓东仍记得当时的情景。"术后第三天，就是7月26日，唐山大地震了！而这名心衰患者术前不能下床，但在地震时却出人意料地自己跑下了四楼，这说明手术效果很好。"让朱晓东更为欣慰的是，这名患者身上的生物瓣正常工作长达21年。

为了让生物瓣膜造福更多的心脏病患者，朱晓东毫无保留地向外传授新技术，无偿地向全国推广。此后朱晓东不断研究改进技艺，制成了新一代Perfeot生物瓣，获得国家发明奖并投入市场。

与此同时，朱晓东开创众多首例新技术：最先采用"主动脉－左心房联合切口"成功施行双瓣置换术；研制出主动脉无缝线金属吻合环并成功用于临床；成功开展同种主动脉根部替换术；成功完成我国首例"心脏瓣膜置换同步冠脉搭桥术"……1993年，朱晓东被授予"中国医学科学院名医"称号。1996年，他当选中国工程院院士。

一系列成绩之后，现在，他给自己定了三个原则："做力所能及的事，做有益于社会的事，做自己喜欢的事。"

坚守永恒的梦想
"重大的成就都来自非功利的追求。"

1992年，朱晓东被任命为阜外心血管病医院院长，经过几年的摸索和磨砺，医院的发展脚步实现了跨越式迈进，并形成了全国大协作的氛围。他说，"医院发展的关键在于人才，一定要发现、培养和大胆使用年轻学术领军人物。"1996年底，许多年轻骨干选进了领导班子，这时的朱晓东觉得自己圆满地完成了本职，卸去了院长职务。

"是不是可以休息一下了呢？"1997年，朱晓东作出大胆之举，探索和创新新型心血管病医院。他参与创办武汉亚洲心脏病医院（简称亚心），作为我国第一家被厅局批准的民营三级心血管病专科医院，亚心医院在1999年成立时，被称作"荆州大地跃起的一条鲶鱼"。

当时有些人认为，朱晓东到亚洲心脏病医院就是为了挣钱，并且外界对他颇有非议。事实上，10年前他在访问美国克利夫兰医院、梅奥医疗中心时就盼望着我国能创建一家技术先进、环境优美、医风高尚的世界一流心脏病专科医院。因为"我国是13亿人口大国，而医疗资源远远不能满足要求，我们需要更多的高水平心脏中心。"

作为武汉亚心医院的首任院长，朱晓东首先是把握医院的发展方向，调整内外科的工作和布局，采取了"一条龙服务流程"，还亲自带领年轻医生做手术，帮助他们提高业务水平。奔波于北京、武汉两地之间的他，"每月有一半时间在武汉，另一半时间还得在北京，因为还有学会和阜外医院的工作。"2002年亚心步入正轨后，朱晓东随即离开亚心，回到北京协助北京协和医院心脏外科工作。而此时，他已年近七旬。

坚守为公的服务

"患者能够得到幸福，是医生最大的安慰。"

朱晓东总是对年轻医生说，"医生的经验教训，往往以患者的痛苦甚至生命为代价，因此我们没有理由不爱患者。"朱晓东对患者的关心，众人皆知。当患者病情不稳时，他几天几夜不回家，一直守在患者身边。在给每一名患者做手术前，他都要去病房看望。当院长后，亦是如此。

当得知自己挽救过的患者多年后仍安好，他说这是他最大的安慰。1992年，68岁的朱晓东给医院一位60多岁的老人进行了冠脉旁路移植术和瓣膜置换术。那时，冠脉旁路移植术在我国刚开展，而同时完成这两项手术，在国内算是首例。"做完手术后，我才知道，老人在术前一天，把遗嘱都写好了。"事隔20多年后，老人的身体还很硬朗，还特意写了"德艺双馨"的字幅送给朱晓东作为他80岁的生日礼物。

"目前的医疗医患关系紧张，和当前的社会风气有关，但不能排除某些医生的个人素质问题。如果本着'为人民服务'的思想，我想患者都是通情达理，理解医生的。"朱晓东说。

如今，乐享晚年的朱晓东喜欢听音乐，喜欢赏花拍照，喜欢看老舍、梁实秋和钱钟书等人的作品。他和夫人还时不时去"星巴克"喝喝咖啡，聊聊天，享受一下浪漫，之后再逛逛大商场，当做锻炼身体的一部分。

线索推荐：阜外心血管病医院

点评

朱晓东院士是共和国的第一代大学生，经历了战乱、饥荒、下放、文革等不同寻常的历程，但凭着对人民卫生事业的忠诚以及不懈的努力而终成大家。在他行医的60年里，始终以强烈的事业心和执着的精神进行了大量科教研工作，做出了骄人的成就，并为阜外心血管病医院的发展壮大奠定了坚实基础。面对今天医疗界的不少困局，我们应该从老一辈阜外人不平凡的人生历程中汲取精神力量，那就是忠诚于事业，甘于寂寞，勇于奋斗。

——阜外心血管病医院院长 胡盛寿

管忠震

在化疗与毒效的辩证中求索

文 / 黄金娟 杨萍 黄慧强

他的容颜已不再青春，但精神依旧矍铄；他的背影不算高大伟岸，可头脑仍睿智通达；他视名利淡如清水，看事业却重如泰山。他已是耄耋之年，却依然坚守着、奉献着、耕耘着……

他就是肿瘤界有名的"北孙（中国工程院院士孙燕教授）南管"中的"南管"——中山大学附属肿瘤医院管忠震教授。他一直坚守的信条是：仁爱之心是每一个从医者必须具备的素质，而真实、客观、严谨、中立，以及团结协作是从事科学工作必不可少的要求。

机遇只给有准备的人

"名师们的一言一行，深深地影响了我未来的从医从教生涯。"

1954年，管忠震从岭南大学医学院（后更名华南医学院、中山医学院）毕业后，被分配到中山医学院第二附属医院（以下简称"中山二院"）内科，先后担任住院医师、

> "一名优秀的肿瘤专科医师，应该对追求新知学而不倦，对救治患者充满热忱。"

住院总医师以及主治医师。在那里，他接受了严格的专业医师训练，也遇到了众多令自己终生受益的老师。他们是真正一流的学者，个性鲜明，严谨治学却又爱徒如子。

半个多世纪过去了，管忠震回想当年仍记忆犹新：大内科主任陈国桢教授是我国消化病学创始人，非常注重体格检查，他甚至可以发现辅助检查没有发现的疾患，从而对一些疑难病例做出诊断。受陈国桢影响，管忠震后来遇见了一例不明原因的高热患者，X线检查无阳性发现，当时尚无CT和B超等检查设施，经过仔细的体格检查，他发现该患者右季肋下深部压痛，拟诊为"肝脓疡"，后经穿刺抽吸证实。著名的内分泌专家周寿恺教授，有一次查房，查到一个营养不良、腹泻的患者，问当时还是住院医师的管忠震，患者每天进食多少卡路里？管忠震当时未能答出，虽然受到了批评，但此事让他受益终身：一名内科医师分析、思考病情务必周全细致。"名师们的一言一行，深深地影响了我未来的从医从教生涯。"管忠震感慨。

1963年，管忠震被选送到中国医学科学院血液学研究所进修，进修后便担任了中山二院血液室负责人。1964年，华南肿瘤医院（今中山大学附属肿瘤医院）成立，曾在中山二院工作的首任院长谢志光教授物色肿瘤化学治疗的人选，所谓慧眼识英才，他相中了当时还是主治医师的管忠震，遂先后找到陈国桢教授和管忠震本人，做沟通说服工作。管忠震深为谢志光院长的远见卓识折服，1965年，他从中山二院正式调入华南肿瘤医院，医院还给他配备了两名得力助手。从此，华南肿瘤医院内科化疗三人小组成立，并开始书写充满艰辛与荣光的历史篇章。

医术精良，心怀患者

"不光要用精湛的技术为患者治疗病痛，还要以人文关怀照顾患者。"

20世纪60年代，肿瘤的治疗主要以手术与放疗为主，药物化学治疗在世界范围内均处于起步阶段。目睹了各种肿瘤患者的疾苦，管忠震苦苦探索治疗肿瘤的临床化疗方案。

当时，国内三尖杉类植物生物碱属于全国攻关项目之一，被广泛应用于临床治疗肿瘤，管忠震通过临床病例分析发现，三尖杉类植物总生物碱中酯类生物碱为主要有效成分，而其他的生物碱中含量最高的"粗榧碱"

并无明显治疗肿瘤作用。这一发现为研发肿瘤药物指明了方向。

20世纪80年代初，管忠震到美国 MD Anderson 癌症中心做访问学者，这也使他获得了探求真知的良机。他查阅文献时发现，美国儿童急性淋巴细胞性白血病的治愈率可达70%，但当时国内真正治愈者并不多，为什么会有如此大的差距？通过查阅美国大量病例资料，管忠震发现他们的治疗模式近乎是"置之死地而后生"：以大剂量的化疗药物杀灭肿瘤细胞并发骨髓抑制出现严重感染后，再以强有力的抗生素支持使患者得以康复。这种治疗方式让管忠震得到极大启发，也让他对化疗的疗效和毒效的辩证关系有了更深切的理解。回国后经过探索，他提出了具有中国特色的儿童急性淋巴细胞性白血病治疗模式并应用于临床，治愈率很快得到提升。

为了取得多种肿瘤的最佳治疗效果，管忠震边治疗、边观察、边总结。他在国内首先报告阿霉素的临床应用经验，并率先进行顺铂及长春花碱的临床研究，主持了包括卡铂、异环磷酰胺、长春瑞滨、吉西他滨等十余种重要抗癌药物研究，创造性地提出在中国这样的发展中国家，对霍奇金淋巴瘤的治疗应首先选择全身化疗为主的治疗模式，突破了当时世界通用的 Stanford 模型。

"一名优秀的肿瘤专科医师，应该对追求新知学而不倦，对救治患者充满热忱。为人谦虚谨慎，好学上进，对患者关心爱护，慈悲为怀。"管忠震不仅是这么说的，也是这么做的。

一次病例查房，管忠震一边查看病历，一边关切地询问患者病情，做完体格检查后，他还细心地为患者披上外套，并嘱咐"注意保暖，别着凉了"。这份真诚关爱深深感动了患者及周边的同事，"管教授让我意识到对待患者，不光要用精湛的技术为患者治疗病痛，还要以人文关怀照顾患者。"中山大学附属肿瘤医院化疗科护士长邹本燕说。

一次，一名患者不停地咨询疾病的情况，已经快中午两点了还在"缠着"管忠震，但是管忠震丝毫没有厌烦的样子，一直解释到患者满意而归。管忠震本来胃就不好又耽搁了吃饭时间，学生赵洪云特别心疼他，管忠震却认真地说："这个人是有点儿啰唆，但得了这么重的病，心情可以谅解。"随着时间的流逝和工作阅历的积累，如今，赵洪云体会到了管忠震内心深处对患者深切的悲悯之心，她也明白了为什么老师从医60余年，从未和患者发生任何纠纷。

言行引导，体会先苦后甜
自始至终，管忠震对年轻人都抱着提携之心。

管忠震是一名济世良医，更是一名热衷于传道、授业、解惑的老师。20世纪60年代，他编写的国内第一本普及肿瘤化学治疗基本知识的小册子，成为那个知识极度匮乏时代里最珍贵的读本；他还是国内肿瘤专科人才培训的先行者，首次开办全国肿瘤内科医师培训班，昔时培训班的学员，今日大多已成长为全国各地肿瘤专业领域的中坚力量。

尤其令学生们感动的是，管忠震虽然事务繁忙，却总是以最温暖、最细致的言行去引导、帮助、鼓励身边的学子，帮助他们寻找研究乃至人生的方向。他的第一个博士生林桐榆教授回忆说，"1992年，我在肿瘤医院，每月收入200多元，这对刚刚有了孩子的我来说经济压力不小。偶然的机会，德国一家知名制药公司让我做中国区经理，底薪每月有1000美金，这在九十年代简直是天文数字！我动摇了，甚至打算放弃从医路。当我和老师谈起这个打算时，老人家果断地指出这是不明智的选择。他对我说，'你已经读了六年的医科大学，并做了五年的临床医生，在医学这条道路上已经走了11年，现在放弃，你不觉得太可惜了吗？！'他苦口婆心地鼓励我不要太看重眼前利益，从医，从来都是先苦后甜。"就这样，管忠震把林桐榆从放弃的边缘拉了回来。"现在回想起来，当时如果真的放弃了，这世上无非多了一个商人，而社会却少了一个救死扶伤者。"林桐榆庆幸地说。

自始至终，管忠震对年轻人都抱着提携之心，他更是以各种方式创建知识传播的平台。上世纪，他率先创办《癌症》杂志化疗专辑和创办《肿瘤化疗通讯》。新世纪，他和弟子们又创办了国内首个肿瘤化疗专业网站。管忠震总是以自己力所能及的方式，传播知识，培育英才，将肿瘤化学治疗的种子播撒。由他主笔起草的抗肿瘤药物研究指导原则，成为指导我国国内肿瘤药物临床研究的第一个蓝本。在他的带领下，中山大学附属肿瘤医院组建成为我国首家国家级抗肿瘤新药基地。1995年，他被美国人物传记中心（ABI）授予"肿瘤内科学突出贡献奖"。1999年起，他接任中国抗癌协会化疗专业委员会主任委员。2007年获得第三届"中国肿瘤内科杰出贡献奖"。

时至今日，管忠震依然活跃在国际肿瘤学的舞台上，他将每一年的美国临床肿瘤学大会（ASCO）视为一场知识的盛宴，同时还与多国学者保持着紧密的学术联系。不久前结束的瑞士Lugano国际淋巴瘤大会上，留下了管忠震孜孜不倦的身影，"知之者不如好之者，好之者不如乐之者"，大概他已抵达做学问的最佳境界了。

莫道桑榆晚，红霞尚满天。管忠震在他挚爱的临床肿瘤事业上继续踏浪前行。

线索推荐：中山大学附属肿瘤医院

点评

作为一名医者，他心怀大爱；作为一名师者，传道、授业、解惑，他乐此不疲；作为一名学者，他的眼光从一开始就是世界性的。他行医、为师、做学问六十余载，一直是在解除患者痛苦的欢欣中获取动力，在探索与求知中获得快乐。从始至终，管忠震教授以热爱与执着投入事业，并让自己时时保持着学术敏感性，准确把握学科发展的方向。时至今日，他依然活跃在国际肿瘤学的舞台上，熠熠生辉，照耀着领域，引领着后人。

——中国科学院院士 曾益新

禤国维

"皮肤圣手"的中医情结

文 / 胡延滨 李雪

早上5:30起床，7:10赶到医院，马上就开始工作，经常中午也不能休息，往往到晚上10点以后才能回家。在禤国维的作息时间表中，这并不算安排得最满的一天。禤国维今年已经76岁，每周出诊5天，奔波于广东省中医院大德路总院、二沙岛分院、大学城分院，每天接诊患者少则三四十人，多则上百人，精力之旺盛，令年轻人也望尘莫及。

按理说，这样的年龄应该在家安享天年。可是禤国维却始终坚持认为，只要自己还能走得动，看得清，就要尽力为患者提供治疗。

作为广州中医药大学博士研究生导师、首席教授，中医皮肤病领域的权威专家，禤国维拥有很多荣誉和光环，第二批、第三批全国老中医药专家学术继承指导教师，"和谐中国十佳健康卫士"，广东省"白求恩式先进工作者"，"高等学校师德标兵"，"全

> "医生笔下的处方可以救人，也可能误人、杀人，不可不慎；没有医德者不能为医，没有高尚医德者不能成为良医；为人不可虚假，做学问更不能有半点虚假，不可图虚名，求浮利。"

国优秀教师"……光环背后，是他50年来在中医药医疗、教学、科研工作中的不懈奋斗。

"皮肤圣手"悬壶岭南
"即使只有千分之一的希望，我们也要尽万分的努力去挽救患者，这是医生的神圣职责。"

"只有攻克一个又一个皮肤病学上的难题，才是真正为患者服务，才能实现一个医生的人生价值。" 禤国维常常这样告诫他的弟子。

2012年，广州的一位黄先生得了皮肌炎，由于合并心肺系统损伤及严重双下肢静脉栓塞，呼吸困难，全身消瘦，双下肢高度水肿。其家属抱着一线希望，将黄先生送到广东省中医院做安慰性治疗。禤国维对他身边的弟子说："即使只有千分之一的希望，我们也要尽万分的努力去挽救患者，这是医生的神圣职责。"

禤国维仔细检查了患者，发现患者尚能少量进食，胃气未绝，或可逆流挽舟。

于是从调整脾胃开始，每一味方药，每一份量及患者是否用药，用药后的反应，禤国维都细致观察，亲自过问。经过一段时间的治疗，病人的病情明显好转。接着，禤国维为患者调肝补肾，从整体上提高患者的生存质量，直至完全康复。黄先生出院时感激地说："是禤教授给了我第二次生命，他是我的救命恩人。"

中医药的优异功效，也使一些外国人为之折服。一位法国工程师R先生，为治好6岁儿子小查理的顽固性湿疹，跑了法国许多著名的医院，但始终反复难愈，令小查理寝食难安，痛苦不已。

当R先生得知禤国维是皮肤病的专家，便把小查理带到广州治疗。禤国维诊断，小查理的病属慢性湿疹，当以养心健脾、活血祛风为主，治疗期间忌食海鲜、牛肉及煎炒油炸辛热等易过敏有刺激的食物，并给小查理开了三个星期的中药，其中包括内服药、外涂药和洗浴药。两个月过去了，小查理湿疹消退，未见反复，皮肤光洁，

寻找大医精神
XUN ZHAO DA YI JING SHEN

食物无忌口。R先生感叹："中医药实在效果突出。"

命悬一线仍惦念患者
一直在身旁照顾他的妻子虽然早已习惯了丈夫以患者为重的思维模式，但还是震惊了：危在旦夕，你怎么还在想着患者？直到16年后的今天，她依然感慨地说："我现在仍旧不理解……"

从1986年开始，广东省中医院增设夜诊，禤国维立刻带头参加，每周两晚，一直坚持到现在。风雨无阻20年，他总共参加了2000次夜诊，每次看60个患者以上，仅仅夜诊就诊治患者12万人次！

如此超强的工作量，就算年轻的医生都吃不消。但谁又曾想到，禤国维脑部竟然受过严重创伤，生命曾经危在旦夕，还留下了后遗症，但仍不忘患者，坚持工作。

1990年，时任副院长的禤国维在他负责医院总值班的一个夜晚，在医院走廊遭遇几名盗窃的歹徒，搏斗中，歹徒用羊角锤狠狠地敲击他的头顶，一连十几下，造成他颅骨广泛性、粉碎性骨折，脑挫伤，脑血肿……

昏迷了7天的禤国维醒来后开口的第一句话竟然是："今晚夜诊，我去不了，快去停号……"一直在身旁照顾他的妻子虽然早已习惯了丈夫以患者为重的思维模式，但还是震惊了：危在旦夕，你怎么还在想着患者？直到16年后的今天，她依然感慨地说："我现在仍旧不理解……"

正因为这次的夺命之灾，禤国维头上少了一块头骨，工作一阵之后就会头晕。上了年纪的禤国维还患有颈椎病、糖尿病。每次颈椎病发作，痛到他晚上辗转反复睡不着，第二天仍然照常上班看诊。"有时候我也想放弃啊，但是既然自己选择了这一行，就要坚持走下去。现在你看，坚持下去颈椎也好了。"禤国维总是这样乐观。

轮椅上的医生
"医者必具仁道、仁义、仁人之心。"这是禤国维常对年轻医生说的话。

在禤国维50年的从医生涯里，更多的是那一幕幕并不为人所知的感人情景。

有一次，他右足趾骨不慎粉碎性骨折，因骨折处难以固定，上药固定后医生要求他不要走动，以便于骨头的愈合。儿子把他背上8楼，没休息两天，他就对儿子说："很多外地的患者不知道我的脚骨折，肯定照样跑来挂我的号，如果停诊，他们不是要白跑一趟？我要马上回去上班。你有时间就背我过去，没空我就自己慢慢下楼。"

妻子和儿子苦劝无效，只好无奈地把禤国维从8楼背下来，好在家就在医院附近，家人就用轮椅把他推过马路。进到医院门诊部，弟子们一见轮椅上的他，眼圈都红了。

禤国维把解除患者疾苦作为自己的天职，力求在医术上精益求精。他认为，在临床实践中，应注重中医基础理论的应用和中医传统疗法的使用；应在前人认识的基础上，结合当代疾病因素等方面有所发挥和发展。他在中医皮肤病治疗上也达到一个新的水平，无论对痤疮、脂溢性皮肤病或是皮肌炎、红斑狼疮等疾病在认识和治疗上都有着独到的见解和显著的疗效。"医者必具仁道、仁义、仁人之心。"这是禤国维常对年轻医生说的话，经他治疗痊愈的患者遍布国内外许多地方。

恩师的礼物
师从禤国维教授，不仅能学到中医药学知识，更重要的是懂得了怎样为人、处事。

禤国维还为培育中医人才沥心呕血、甘当人梯。他对学生要求严格，同时言传身教，把学术经验毫无保留地传给学生。

来自越南的留学生谢文平是禤国维的博士生。毕业回国后，他逢人便说，师从禤国维教授，不仅能学到中医药学知识，更重要的是懂得了怎样为人、处事。谢文平回忆，毕业回国前夕，老师对他说："你就要毕业出师了，我送你三件小礼物：第一件是一支笔，医生笔下的处方可以救人，也可能误人、杀人，不可不慎；第二是一条领带，领带代表一个人的形象，希望你终身保持为医者的仁心仁德，没有医德者不能为医，没有高尚医德者不能成为良医；第三是一双皮鞋，我希望你踏踏实实做人做事，为人不可虚假，做学问更不能有半点虚假，不可图虚名，求浮利。"这段话令谢文平终生难忘。

如今谢文平已是越南河内医科大学教授、硕士生导师，他不仅时刻铭记恩师教诲，还把此视为"秘笈"传授给他的学生。

禤国维的辛勤耕耘，换来了累累硕果。得他真传的弟子，都已成为中医界的骨干力量，活跃在祖国大江南北及东南亚、北美各地。

也是在禤国维的努力下，广东省中医院皮肤科从一个不起眼的小科室飞速发展成为临床、科研和教学处于广东省领先水平的专业科室，并成为国家中医皮肤科高层次人才的培养基地，每年门诊量近30万人次，是全国中医皮肤门诊量最大的单位之一。

线索推荐：广东省中医院

点评

禤国维教授年过70仍奋斗在临床一线，他时刻以患者需要为幸福，一生以应用中医药防治病痛为快乐。他用50年的行医生涯、20余载的夜诊经历无声吟唱，他的生命之歌正是悬壶济世、造福于民！

——中国科学院院士 陈可冀

丛玉隆

小检验做成大学问

文/张艳萍

33年前的一个夜晚,北京永定路医院检验科,一个刚刚工作的20岁小伙做了一份非常普通的血液检验,但结果引起了这个有心人的注意:患者既没有炎症的临床表现,也没发现白血病特有的白血病细胞,但白细胞总数却高达3万多。

这个年轻人陷入了深深的沉思中,终于想起前几天在国外文献中看到,有一种十分罕见的"慢性中性粒细胞白血病"的血象特点便是如此。

他顾不上休息,做了一系列的细胞化学染色,证实与文献报告吻合,他立即帮患者联系了专科医院,请专家进行会诊。

几天后,患者家属找上门来感谢:"血象变化快一年了,去了好多家医院都没有查出原因,这次偶然的牙疼,竟然被你化验时找到了病因,太厉害了!"

这个年轻小伙叫丛玉隆,那时刚刚20岁,是北京永定路医院检验科一名中专毕业、入职不到3年的"新兵"。

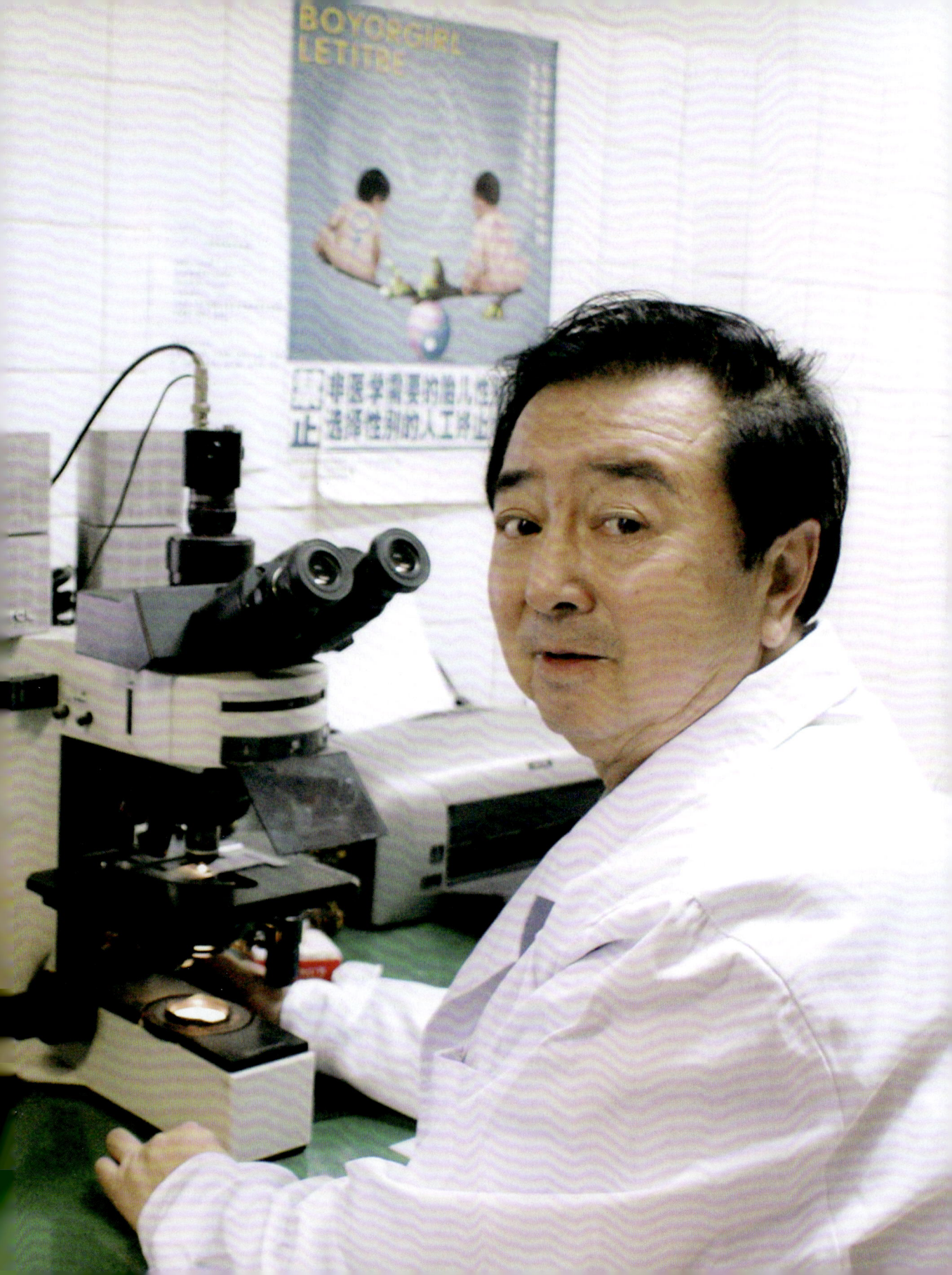

寻找大医精神

> "我是踩在检验界众前辈的肩膀上前进的,今天,我希望通过我的努力与行动,让年轻的检验医师能踩着我的肩膀前进得更快些。"

时间如白驹过隙,一晃几十年过去了。当年的这个年轻人已成为誉满全国的知名检验医学专家,最多时,他同时担任6个全国检验学术组织的主委,在诊疗环节中看似微不足道的检验工作中做出了举足轻重的大学问。

2月8日,记者采访他时,他刚刚获得了由国家主席习近平签署的三等功,获奖的消息还上了央视新闻联播。

面对采访,丛玉隆感慨地说:"检验医师常年与血、尿、便为伍,以显微镜和瓶瓶罐罐为工具,其工作看似可有可无。殊不知,医师诊断依据70%的信息量均来自检验科。我的获奖,不仅是检验界的荣光,更有力地证明了检验的重要。"

向临床诊断迈进
小检验里有"大学问"

在赞叹一个成功者时,我们往往会先去考量其"天时地利人和"的因素。对于丛玉隆来说,这些实在没有什么值得炫耀的。

1963年,受家庭条件等限制,初中毕业后,成绩优异的丛玉隆不得已上了医学中专,学的是不被人看好的检验。

他常常为透过血、尿、便的表象,通过用心和思考而发现各种潜在的疾病信息而兴奋不已,并认识到这个不被重视的工作,恰恰是通往准确判断病因的大门,是一个潜藏着大学问的工作。

丛玉隆基因里喜欢"探求的种子"开始萌芽,并茁壮成长,推动他去探索检验的奥秘。

在门诊化验室时,丛玉隆结识了一个常来查尿常规的老病号,经多家医院诊查,只得出"肾病待查"的模糊诊断。几次聊天后,丛玉隆发现患者的病史、体征、临床表现和实验室检查与几年前在北大医院实习时看到的红斑狼疮患者情况很相似。他主动给患者做了检查,仔细观察三张涂片后,找到典型的狼疮细胞,患者狼疮型肾炎的诊断确立了。

端坐在显微镜前,细胞的姿态万千⋯⋯喜欢观察、琢磨和研究的他,钟情、忘情、陶醉于其中。

检验与临床结合
小检验成就大专家

丛玉隆认为，检验报告的发出只是标本在实验室内检测程序的完成，而非检验科任务的终结。检验结果能准确用于临床，患者能及时得到救治，才是真正的价值所在。

对于检验科医生而言，除了每天出具各种检验报告，有多少人会深入研究报告对于临床的意义？又有多少人会进一步思考，一定量的检验后，能得出什么样的规律？能为临床提供哪些具有普遍意义的建议？可以通过怎样的流程控制，进一步提高检验质量甚或在全国推广？这些，似乎都是检验本职工作之外的事，但自丛玉隆跨入检验界的那天开始，便深深地刻入了他骨子里。

丛玉隆教授抓了最核心的两项工作：密切联系临床，让检测结果在临床得到合理应用；倡导循证检验医学，合理使用检验项目。

"由于知识的快速更新和专业的细分，许多临床医生只知'划勾选项目'，不知结果如何分析。"丛玉隆教授指出，医院每天要做几百甚至上千个标本血常规，究竟有多少医生能把报告单上仅有的十几项参数准确完整地解释清楚？有多少医生了解RDW（红细胞体积分布宽度）在贫血鉴别诊断和疗效分析的价值？有多少医生会使用MPV（血小板平均体积）辅助血小板功能分析？又有多少医生能通过细胞体积直方图判别检验报告的"真伪"？答案是否定的。

"这正是实验室的价值所在，即把与临床交流和沟通作为常态工作，积极向临床宣传项目选择、结果解释和质量控制的专业知识，提供咨询服务。"丛玉隆教授为此身体力行。

在合理使用检验项目方面，丛教授也有自己独到的见解：一定要用循证检验医学的理念，通过评估，找出最直接、最有效、最合理、最经济的检验项目和组合，使其既能满足临床诊治的基本要求，又能将成本降到最低。

"如现在血细胞分析仪市场，把网织红细胞分群计数试验炒得很热，但文献报道其临床意义仅限于在肿瘤放（化）疗、骨髓移植等患者或贫血疗效的观察。故目前将其与血常规检验捆绑在一起作为门诊和入院患者必查项目的做法显然是不妥的。"

常规＋特色
小检验做成大科研

检验医师不被看好，和其常年与血、尿、便为伍不无关系。殊不知，恰恰是这些看起来最常规的检查，却解决了临床中的大部分问题。

"应该说，做好常规检验是每名检验医师起码的'看家本领'，但要做出色的检验医师，仅仅做好这些是绝对不够的。"丛玉隆的科研之路正是从这里开始的，但却又不止步于此。简单概括，可以用"常规＋特色"来总结丛玉隆的科研特色。

"特色"即体现学术价值，也就是学科带头人与时俱进，结合科室水平、医院特色以及学科发展趋势等，做出全国领先、与世界接轨甚至引领世界检验医学发展的科研成果。

还是在1987年6月,丛玉隆调入解放军总医院临床检验科之初,作为科室的学科带头人,他就准确地将科研的特色与医院的特色、科室的中心任务进行了有机融合与"绑定"。

循着血常规、尿常规的思路,丛玉隆做出了《血液学自动化临床应用价值与质量管理》(其中包括他的40多篇论文)、《尿液自动化检测临床价值与质量控制》(其中包括他的30多篇论文)两个课题,并获得了军队科研二等奖。

仅血细胞分析研究课题,丛玉隆就获得了解放军医疗成果二等奖3项、中华科技成果三等奖、军队科技成果三等奖5项,研制的质控物连续12年被北京市检验中心选为用于北京120多家医院血细胞分析仪室内控制物。

他还在国内首先建立"激光扫描共聚焦显微镜进行单个血小板钙浓度、钙波动及钙流检测技术",探讨在冠状动脉硬化时的诊断意义,观察了服药前后血小板激活状态及其治疗价值。通过系列研究,建立了凝血试验全面质量管理体系,受到同行专家的高度评价。

如果说丛玉隆学术地位的奠定,与他倾心临床、科研有关,那么其学术理念的推广与传播,却也得益于他利用一切可以利用的时间著书立撰。近年来,他带领解放军总医院出版了30多部专业书籍。而在丛教授看来,他写书的另外一个目的是提携更多的年轻人,例如一本书的出版,他当主编,但同时还优选2~3名主编,历经这样一次次锻炼,使之成为检验界的重要力量。

丛玉隆说,"我是踩在检验界众位前辈的肩膀上,取得今天的成绩的。今天,当我作为检验领域的前辈时,我也希望通过我的努力与行动,让年轻的检验医师能踩着我的肩膀前进得更快些。"

线索推荐:中国医师协会

点评

他不遗余力地呼唤检验与临床的结合,创新地在全国领导了一场实验室标准化的革命。30多年春华秋实,他把被很多人认为"不起眼"的检验医学推向了一个又一个新的高度。标本在他眼里是生命,化验单中融入了他对患者的深情。他姓丛,两个人结合在一起诠释的是"仁"。

——解放军总医院院长 李书章

李宗浩

不遗余力拓展急救事业

文 / 武亚莉

"咚咚咚……"楼道里的脚步声急促而有力。"不好意思,耽误大家时间了。"推门而入的中国医学救援协会常务副会长李宗浩教授连声歉意,略显疲惫的脸笑容可掬。

4月20日下午,记者事先与李宗浩约好采访。但不想,20日四川雅安突发7.0级大地震。整个上午,央视特别报道都能看到李宗浩讲解地震医学救援知识的身影。想到他筹备节目十分疲劳,记者准备改约时间,却不想他这么守时。

也许因为多年奔波在急救现场,李宗浩皮肤黝黑,但精神矍铄,而且思维清晰。好像急救医生就是这样,集热情与冷静于一身,高效而有力。50多年,李宗浩只专心做了一件事——拓展急救事业。为让现代医学"大救援"理念深入民心,几十年来,他撰写了《现代急救医学》、《第一目击者——一个急救医生的手记》及《生命在自己手中——一个急救医生的笔记》等十余部科普书,被中国科协誉为"解放以来有突出贡献的科普作家"。他开垦了中国现代化急救体系,也是急救科普领域的开拓者。

"生命不该终止,必将重现辉煌!"是他情之所至、发自肺腑的自然流露,也是他

"生命不该终止，必将重现辉煌！"

从事救死扶伤事业的鞭策。

突破思想的围墙
偌大的北京城，一个小急救站怎能满足群众需求！

20世纪50年代末，李宗浩被分配到北京急救站（北京急救中心前身）工作，当时急救不受重视，站里条件非常简陋：简易的急救仪器，几个急救箱，30名临时安排的医务人员和一部"55678"急救电话。

常有路途遥远的患者呼救，但当他们赶到时，一些危重患者已失去最宝贵的抢救时间。为此，李宗浩常常扼腕叹息，也让他陷入忧思。那时，他心底便播下理想的种子——建一个急救中心。

也许是"初生牛犊不怕虎"，1963年李宗浩给当时的中华医学会会长、卫生部副部长傅连暲写信，表达了急救的重要性并谈了自己的看法。傅连暲亲自为他安排了7位指导老师，并鼓励："宗浩啊，我国现在还未形成急救医学学科，你能意识到急救事业必然要发展我非常高兴，也希望你能在这个领域做出贡献。"此后，在北京大学医学部谢荣教授等7位老师指导和帮助下，他开始迈入急救医学的大门。

而真正让他奠定信念的是1976年那场惊心动魄的唐山大地震。当时李宗浩负责"检伤分类"工作，转运伤员期间，看到气性坏疽、破伤风患者生命岌岌可危的场景，他终身难忘。这两种厌氧菌类所致的严重感染，在地震期间发病率极高，气性坏疽发病时大腿伤口处会散发出一阵阵难忍的"恶臭"味，破伤风伴有角弓反张等症状。这类疾病需要及时处理，否则死亡率很高。最让他伤心的是，在挪动患者的过程中，随意拉、托造成了大批的截瘫患者。这不仅让他认识到急救的重要性，同时看到面对群体伤害时，医院管理者及医疗人员理念、知识技能的局限。痛心疾首的同时，也激发了他建立现代化急救系统的决心。

首开先河建急救中心
"急救工作是个实实在在关乎百姓民生的大问题！"

为建立急救中心，李宗浩到处奔走呼吁。终于，机会来了。1982年，意大利向中国提供一笔10亿美元的政府贷款，趁这个机会，李宗浩建议北京市政府成立北京急救中心，"这不仅对首都发展，对其他城市也有很大促进作用，是我国急救发展的里程碑。"建议被采纳后，由李宗浩负责谈判。

谈判中，李宗浩感同身受地指出，"现

在的急救站条件极差、救护车破旧，根本起不到应有的作用。北京亟需一个现代化的急救中心，在'中心'下有众多星罗棋布的急救站、点，形成一个急救网络……"他心里没底，但言辞从容而睿智，"美国在中国建了协和医院，前苏联建了友谊医院，日本正在建中日友好医院，如果贵国建立急救中心，比医院的影响力要久远……"意大利的谈判代表立刻被他的言论所折服，当场表示愿以赠款方式资助北京急救中心的建设。

随后，李宗浩被任命为北京急救中心项目主任，并负责起草执笔《北京急救中心可行性研究报告》。报告上交北京市卫生局后，很快被北京市政府、外经贸部批准。几年后，北京急救中心终于建成。它的建立，对改善北京城市急救服务，发挥了重要的作用。

推动急救体系建设
当代灾难的定义早已今非昔比，医务人员的急救传统理念却未与时俱进。

2001年，美国突发"911"事件，居安思危的李宗浩不禁联想到，"如果发生在中国，会怎么样？"2001年12月7日傍晚，一场并不算太大的雪，竟使北京的交通瘫痪了。2003年的春天北京突发"非典"流行病，引发社会不安与恐慌……

从一系列灾害事故可以看出，我国急救制度改革已迫在眉睫。带着沉重的责任感，他给时任副总理的李岚清同志写信，后来也上书建言温家宝总理、吴仪副总理，都坦陈加快北京急救体制改革步伐之必要，急切之情溢于笔端。

2004年，国务院开始制定应对突发事件应急预案，李宗浩又"按捺不住"了，多次在国办应急小组等地方坦言，急救体制与国际EMS的不接轨，急救理念、知识、技能严重滞后等。不仅如此，在原卫生部、北京市政府的应急工作会议上，李宗浩也会提出相关问题。2005年，李宗浩一直盼望的事情终于实现了，北京急救中心开始转型，关闭了急诊室和病房，将全部医疗力量转向院外急救。随着时间的推进，急救中心的力量也在不断壮大……

不建空中急救非好汉
尽管通向空中急救的路历经坎坷，李宗浩的信念从未动摇。

具有前瞻性眼光的李宗浩并没有满足于现有的急救体系，他将眼光放在更具开创性的空中救援上。早在1983年，李宗浩到前联邦德国参观考察，当时空中救援（DRF）让他眼前一亮。他亲身感受了一次救援任务，患者被固定在特别的担架上，无论在起飞、降落或飞行时都很稳当，不像在救护车里可能会受到剧烈震荡，从而导致骨折加重或进一步损伤。灾难时见惯了患者二次受伤，他不由感慨空中急救的重要性和急迫性，李宗浩暗下决心"不建空中急救非好汉"。

功夫不负有心人，1988年，卫生部部长和北京市长等领导支持中德空中急救中心项目建设，DRF派出了高级代表团访华，双方在进行实质性的商谈后，计划除在昌平建立医疗救护直升机场以外，还选出杭州、常州、广州3个城市，形成中国空中救援的雏形，通过摸索经验，然后再扩展。

好事多磨。关心空中急救中心建立项目的部门和人越发多起来，然而由于急救理念及体制等因素的制约，空中急救项目步履维艰，但李宗浩的信念从未动摇。

科普民众急救知识
"不要再让那些得不到急救的人们，付出生命和血的代价了！"

"一名医生，悉心诊治他的患者，只是他工作的大部分；而如果能把他的医学知识，通过各种途径普及给民众，才是尽了医生的全部责任。"这是李宗浩的良师益友、我国科普事业奠基人高士其先生生前对他的教导，也是他努力和实践的信条。

几十年来，李宗浩利用各种机会向公众普及急救知识和技能。首次"舞台"演出现场急救是在央视《家庭急救》，与坐在演播室里照本宣科不同的是，李宗浩现场在模型上"操作"心肺复苏场景，边做边讲解如何口对口吹气，动作如何掌握……

为更广泛普及急救知识，李宗浩开始策划科普书籍。1997年，《第一目击者——一个急救医生的手记》首次面世，李宗浩以一个工作40余年的急救医生身份，用通俗易懂的文字和充满感情的故事，结合心肺复苏等医学知识，讲述路上、办公楼房及其他公共场所中，如何紧急救护各种突发急症、意外伤害。

此后，《急救ABC》、《首席专家谈急救》等一系列科普书源源不断面世。他说，如果第一目击者能现场立即为"猝死者"进行有效急救，约1/2生命可以被挽回。

采访接近尾声，记者想了解的还很多，包括他建立中国医学救援协会、搭建国际应急医学救援交流平台等。但实在不忍心再为这位已经年逾花甲、两天仅休息8个小时的老人徒添劳累。匆匆道别之际，书桌上一副主人与臧克家互勉的字画映入记者眼帘——"气日时多流年换，青春血汗化成霜。霜打红叶叶更醉，晚霞更比朝霞好。"脑海中，突然浮现出一匹桀骜不驯的千里马，晚霞中仍不知疲倦驰骋天涯的画面。

线索推荐：中国医学救援协会

点评

32年的时光，可以改变一个人的容颜，却无法动摇他拓展急救事业的信念。开先河，为了那些亟待救援的患者，他多方奔走，终于促成了北京急救中心的建设；面对大灾大难、重大疫情，他满怀深情，不遗余力；致力科普，他被千家万户的百姓所熟知。李宗浩教授的事业心、责任心和奉献精神，给社会带来的是多一分的温暖，给医卫界带来的是多一分的责任与信心。

——国务院应急管理专家组组长 闪淳昌

周良辅

绝地刀锋 一路纵深

文 / 宋琼芳

一面鲜红的锦旗铺展开来，上面绣着四个字：东方神刀。

这四个字，是对他高超技术的褒奖，更是对他悲悯医德的礼赞。

每年近百封感谢信和锦旗，数以万计的患者家庭视他如神。

医生本是人，而不是神。但很多时候，在很多医生身上，不知不觉闪现出神一样的光彩。那薄薄的柳叶刀在一双双灵巧的手中，出神入化，而隐隐透着光芒的刀锋，蕴含着生命的千言万语。

就像他，携着冷冷的刀锋，怀着炽热的仁心，一次次冲破生命的禁区，无限纵深……因为他知道，每个人，都只能活一次。

他，就是我国著名神经外科专家、中国工程院院士、复旦大学附属华山医院神经外科主任周良辅。

刀之"魅"
"面对渴求的眼神，医生是没有退路的。"

传扬开来的"东方神刀"之称，源自一

寻找大医精神
XUN ZHAO DA YI JING SHEN

> "我最开心的时刻,就是看见患者向我挥挥手,然后步履矫健地走出医院。"

个故事。

舌下神经鞘瘤,一种罕见的疾病。广州的一名患者,不幸遭遇此病,从此踏上漫漫求医之路。东南西北,国内多家著名大医院均因手术难度太高而将其拒之门外。的确,万一术中影响脑干,引起患者呼吸停顿,后果不堪设想。

怀着最后一丝希望,患者在家人陪伴下,来到上海。复旦大学附属华山医院神经外科,这艘神经外科学界的"航母"成为患者一家最后求救的对象。而这艘"航母"的掌舵人,让他们绝处逢生。

周良辅仔细研究患者的情况后,制订了详细而周密的手术方案,采用"枕下后外侧入路"的新技术,经过十多个小时的高难度紧张手术,最终将肿瘤完全切除。守在手术室外的家属,经历了那么多日以来的担惊受怕,看到周良辅走出手术室,摘下口罩,向他们点头微笑时,他们心中的激动难以名状,眼泪瞬时流下。

康复后,这名患者回到广州,念念不忘周良辅的大恩。怀着深深的感激之情,向周良辅赠送了一面特别的锦旗——"东方神刀"。患者说,除此之外,实在不知应该如何给予周良辅更好的评价。

于是,"东方神刀"四个字不胫而走,伴随着周良辅神乎其神的技艺和敢为患者冒险的品德,传遍大江南北。对此,周良辅却说:"这其实没有什么,我只是尽我的本职而已。锦旗交给了医院,我还是开好我的刀。"

脑部肿瘤手术令人胆战心惊,因为脑肿瘤的部位与其他部位的肿瘤相比,所处位置较深,而且与重要的神经、血管结构关系密切,解剖复杂、风险大、死亡率高,使许多医生望而却步。在周良辅心中,什么都比不上手术的成功与患者的再生更重要:"外科医生手中的一把刀,维系着多少人的生命,刀开得好不好,会影响患者的一生和整个家庭的幸福。"

一直以来,他的严肃与严厉,他的内敛与内省,常常令不熟悉的人望而生畏。然而,只有他的同事、他的学生才知道,他淡漠的脸庞只因患者而微笑,他行走的速度只因患者而放慢,他说话的语气只因患者而温和。

多年来,他碰到过无数次疑难杂症,而每一次,越是困难、惊险的手术,越是"迫使"他去动脑筋,去把压力化为动力。他说:"我没有想太多,面对患者渴求健康的眼神,医生是没有退路的,只能不断地朝前走。"

刀之"醉"

"选择做医生,就选择了不断追求与探索。"

周良辅小时候生过一场病,但很快被医生治好了,小小的他觉得:穿着白大褂,能治病救人,这是多么好的一件事!

1959年,他考入上海第一医学院(即现在的复旦大学上海医学院)。1965年,他进入华山医院普外科。5年后,"因为医院里的脑外科门诊与病房缺少医生",他被调至脑外科工作。这一去,就是一生的事业与使命。

周良辅曾回忆:"当时的脑外科,没有CT、磁共振等检查设备,对脑肿瘤患者来说,连检查都是一件非常痛苦的事情,更别说做手术了。医生在患者几个小时大喊大叫的检查过程中,才能判断出肿瘤的定位。当时,我开始琢磨在手术器具上做些改进,试验出新的止血钳。这些小成功也激发了我的热情,更坚定了我留在神经外科的决心。"他认为,科室"年轻"不可怕,因为他同样年轻,有着一往无前的决心与永不厌倦的耐心。"既然选择做医生,就选择了不断地追求与探索。能掌握最新、最高难度的技术,解除患者痛苦,挽救患者生命,是我最大的奋斗目标。"

在他40多年从医生涯中,除了看门诊、做手术,他几乎将所有时间都扑在查阅资料、做实验上。简陋的实验室里,他忍受着福尔马林刺鼻的怪味,一次次在尸体标本上解剖,寻找手术刀进入病变部位的最佳路线。总结经验、潜心研究,他孜孜不倦寻找着最佳"入路",力求使肿瘤部位充分暴露,便于切除干净,避免和减少对神经的损伤,最大程度地减轻对患者生命的威胁。

成功自然垂青于有准备的人。他的辉煌成就接踵而至:国内外首创桡动脉移植颅内动脉吻合术、动脉瘤切除后脑血管直接吻合重建术、一次开颅经一侧入路切除左右大脑深部5个动脉瘤;开创扩大前颅底硬膜外新手术入路,改良传统的翼点开颅术,提出前颅底骨缺损修复的新观点,使肿瘤全切率高达70%、并发症降低至17%、手术存活率高达98.5%;研制扩大中颅底硬膜外新入路、颅底神经血管定位技术和岩骨尖切除范围,治疗位于中颅底、海绵窦或骑跨中后颅底肿瘤,无一例手术死亡,肿瘤全切率超过90%;率先引进伽玛刀设备和技术,开展神经放射治疗和研究,为晚期无法手术治疗的脑肿瘤患者开辟新治疗途径……

他的成就,不仅在于个人的技惊四座,更在于他带领整个团队并使之焕发出前所未有的勃勃生机。自担任华山医院神经外科主任以来,他把神经外科从仅有50张床位、10名医生的小科室,建设成为国家重点学科、"211"工程重点建设学科,被世界神经外科联盟誉为"世界上最好的神经外科之一"。该学科的发展成就,还入选"上海改革开放医学十大成果",而他,也理所当然被称为"国内顶尖级的学科带头人"。

他不仅凭一己之力拯救无数患者的生命,更将自己一生所学毫无保留地传授给全国各地有志于攀登神经外科高峰的医务工作者。他主编的300万字《现代神经外科学》,被专家评价为:"代表新中国成立以来我国神经外科从无到有,从初创、发展、成长至国际先进水平历程的历史见证。总结近半个世

寻找大医精神

纪单个医院神经外科临床和其他研究的高水平经验,在国内外实属绝无仅有。"

刀之"味"
"我的生活,就是一名普通医生每天的生活。"

2007年1月,由于操劳过度,周良辅生病住院,可他心中始终牵挂着马上要以志愿者身份参加的上海第一家以医疗救助为主的某基金会成立仪式。身边的人都劝他养好身体再说,可最终,他还是带病出现在会场。作为一位蜚声海外的专家,能对志愿者活动如此重视,对社会中最弱势的人群充满关怀,使得每个参会人员都对这位特殊的志愿者肃然起敬。而这也充分体现了他的格言:"好医生关注的永远都是患者。"

一名14岁女孩住进华山医院神经外科病房。她有脑出血史,术后右半身瘫痪,并伴有间歇性失忆症。病情虽复杂,但不能让这个年轻的生命就此逝去,周良辅亲自为她进行血管畸形脑部探查手术,并在B超定位下,将其脑内病灶处的囊肿行蛛网膜下腔引流。手术非常成功。可女孩家境贫困,无力承担医疗费用。周良辅听说后,立即向全科成员发出募捐倡议。而女孩的情况经电视节目报道后,也引起巨大的社会反响。许多善心人士为女孩慷慨解囊,让她安然渡过人生危机时刻。周良辅倍感欣慰的是,女孩康复后,把所有剩余善款都捐给了其他更需要帮助的患者。

在"东方神刀"的光环之下,周良辅觉得一切一如往常:"我的生活,就是一名普通医生每天的生活。"5点半起床,7点到医院;周一在浦东分院查房、开刀;周二在院本部查房、开刀;周三看门诊;周四在创伤中心查房;周五参加科里的大交班……

"是不是有些枯燥?可我乐在其中。"周良辅说,"我最开心的时刻,就是看见一位又一位患者手术成功,顺利康复,然后向我挥挥手,步履矫健地走出医院。无论他来自哪里,无论他是名人还是平民百姓,在我的眼中,他都是一样的。只要需要我,我都会尽心尽力。"

线索推荐:复旦大学附属华山医院

点评

他的手术刀,像尖刀上的舞者,在头颅内豆腐脑样的组织上、在复杂交错的神经组织中穿梭挥舞。一次次头颅手术路途的创新,是对一次次高难度手术的挑战,使一位又一位患者的手术获得奇迹般的成功,从而书写了中国神经外科史上的辉煌,于是他有了"东方神刀"的称号。更让人敬佩的是他志向高远,创医改之先河,打造了东方神经外科的"航母"——华山神经外科集团医院。作为德高望重的医学大师,他甘为人梯,培养了一批有胆有识、高技术水平的优秀团队,救死扶伤,维系健康,成为百姓心目中敬仰的生命守护神。

——复旦大学附属华山医院党委书记　顾小萍

侯凡凡

始终执着于当一名好医生

文 / 黄治才 谭琳玲

在医患关系紧张的当下,侯凡凡以40余年的医者仁心谱写了一曲动人的医患和谐之曲,不仅自己被患者称赞为"贴心人",还使科室保持着多年"零投诉"的纪录。

从养猪女兵,到工农兵学员,再到40岁读博、45岁留学,年过半百后终成中国科学院院士的她用扎实的努力不断演绎着人生的精彩。如今,面对各种荣誉,她只淡然地说:"我还是要当好一名医生。"

既然当医生　就当好医生

在侯凡凡看来,做一名好医生,最重要的是把患者的利益放在首位。

"能在门诊解决的问题,就不要让患者住院;能用一种药解决问题,就绝不用两种药;能用便宜药就绝不用贵的。"这是侯凡凡始终恪守的行医信条。

1999年5月的一天,一名已在外院透析一年的患者找到侯凡凡,要求替他修复已经

> "做科研 99% 是失败，坚持下来的只有 1%，而成功就在这 1% 里面。"

堵塞的血管内瘘以便进行血液透析。侯凡凡检查发现，引起患者肾功能减退的病因是能够治疗的，完全不用透析。当她把这一诊断结果告诉患者时，患者却责怪她不负责任。侯凡凡恳切地对患者说："我可以为你继续透析，但是你想想，我们为什么到手的钱不赚而要你选择药物治疗？因为你不需要透析！"一个月后，这名患者甩掉了透析的包袱，重返工作岗位。

作为肾内科主任，侯凡凡还给科室医务人员拟定了两条铁律：一是对患者态度好，绝不允许对患者发脾气；二是决不能为牟利而开"大处方"，不该用的药绝不能用。

侯凡凡经常对科里的年轻医生说："当医生首先要有关爱之心。患者患病难免心情不好，尤其是农村患者，有很多因病致穷，我们要理解他们的难处。"她还告诫年轻医生：要学会站在患者的角度与他们沟通，学会用通俗的语言向患者解释复杂的病情，理解患者的焦虑，体贴他们的困难。自 1989 年至今，南方医院肾内科多年来没有一起医疗纠纷，保持着多年"零投诉"的纪录。

近年来，找她看病的人很多，不仅南方各省的患者络绎不绝，我国港澳台地区和美国、澳大利亚等国家的患者也慕名而来。侯凡凡在门诊经常要连续工作 12 小时，常常忙得顾不上吃饭。她说："患者奔波劳累找我看病，我没有理由让他们失望！"

科研不容丝毫私心杂念
为了诺贝尔奖去做科研是危险的，为了发文章去做临床研究就更加危险。

慢性肾衰竭的治疗是世界难题。目前，我国近 90% 的慢性肾衰竭患者得不到透析治疗。侯凡凡决意通过临床研究去攻克这一难题。

通过临床实践和阅读资料，侯凡凡注意到，肾素-血管紧张素抑制药已被证实对早、中期慢性肾病患者有肾脏保护作用，但传统观念认为，对于血清肌酐水平 $>264\mu mol/L$ 的晚期患者，这类药物是禁用的。这个禁区能不能闯？能否用该药延缓晚期慢性肾病患者的病情发展？为了回答这个问题，侯凡凡带领团队展开耗时 5 年多的随机对照临床试验。研究结果发现，如果应用方法得当，这类药物可使晚期慢性肾病发展至肾衰竭的风险降低 43%，使患者进入透析的时间延缓 3~5 年。这一研究结果发表在《新英格兰医学杂志》，并引起海内外学术界的关注。国外专家评价这项研究结果"改变了当前慢性肾脏病治疗的传统理念"。2007年，美国内科学年会在总结"内科学进展"时，称这项研究是"近年对内科学临床实践最重要的研究"之一。侯凡凡也因此两度成为国家科技进步二等奖获得者。

当被问及科研的动力来自哪里时，侯凡凡不假思索地回答："做科研的目的是为了患者，是为了解决临床的问题！丁肇中说过，为了诺贝尔奖去做科研是危险的，我再加一句，为了发表论文去做临床研究更加危险，因为医疗活动直接面向的是人，医学研究内容和结果事关患者的诊疗选择和安全，这样的责任决定我们不能有丝毫私心杂念。"

人生的两个重要拐点
科学道路上每前进一步，都要花费十年光景。

侯凡凡十年一跃的生命轨迹，有两个重要的人生拐点。1990年，已过不惑之年的侯凡凡考取中山医科大学的博士研究生。因为没有正规本科学历，她还要补修几乎全部硕士课程。3年中，侯凡凡居然"拼"过了20多岁的年轻人。她的题为《Tamm—horsfall蛋白在肾小管间质肾炎免疫发病机制中的作用》的博士论文，用实验结果平息了国际上一项学术争论，证实间质性肾炎是一类由单核、巨噬细胞介导的免疫性炎症反应，并于1995年获国家教委科技进步一等奖。45岁时，她远渡重洋，留学哈佛大学医学院，这是她人生的又一重要拐点。

侯凡凡非常珍惜这来之不易的留学机会，争分夺秒地学习，不是做实验、参加学术交流，就是在图书馆查阅资料。偶然间，侯凡凡发现国际肾脏病学会(ISN)的一个资助基金，"如果得到那个基金资助，我能在哈佛再学习2年，做出更漂亮的研究成果。"她立即发出申请，很快就得到了ISN的回复，"各项条件都很优秀，可惜年龄比要求大了1岁"。侯凡凡急了，拿起电话给国际肾脏病学会秘书长打了越洋长途，她说，"我的经历决定我没有机会在正常的年龄段接受教育，但这并不妨碍我以自学的方法达到您的要求。"秘书长疑惑地问，"你只接受了3年正规英语教育，是否妨碍你在美国的交流？"侯凡凡反问："我正在和你交流，我们交流有困难吗？"电话那头的秘书长笑了。或许是被这个执著、聪慧的中国女人打动了，秘书长最终承诺："我会尽力帮助你。"

得到国际肾脏病学会破格的基金资助后，侯凡凡对这次机会倍加珍惜。通过在哈佛大学医学院3年半的研究，她对慢性肾病致残性骨关节并发症——透析相关性淀粉样变的发病机制提出新观点，揭示了淀粉样蛋白质在关节部位选择性沉积的机制，提出的"$β_2$微球蛋白原位修饰"学说被载入6部国外教科书。

临近回国时，侯凡凡的导师力挽她留下。面对"年薪10万美金，有房有车"的许诺，她不为所动，带着她自费从国外购买的研究试剂回到祖国。

传承"拼命三郎"精神
跟着她，你可能得不到别的好处，可你能学到东西。

如今，侯凡凡已年过六旬，她"拼命三

郎"的精神仍旧不减当年。办公室几乎成了她生活的场所，毯子就卷放在长沙发的一角，中午累了的时候她就在那儿打个盹儿。她几乎没有节假日，从早上6点到晚上9点都在医院。即便外出开会也很匆忙，早上飞机去，晚上飞机回。

严格，是侯凡凡给学生最深的印象。讲起师从侯凡凡读博的经历，谢迪说："整个过程都很难。第一关是选题，你的选题不但要有创新性，要能解决中国患者的实际问题，还要经得起推敲。开题报告，至少得过两次，有的甚至是三四次。第二关是做实验设计，各个问题都要论证好，每个实验要具有可重复性。再就是写论文，每项数据都要验证才能通过。当我们有些泄气时，老师鼓励我们'做科研99%是失败，坚持下来的只有1%，而成功就在这1%里面。'受她的精神感染，当遇到挫折时，我总告诉自己一定要坚持下去！"

对于导师的严格，郭志坚博士也深有体会："她太严格、太认真了，决不允许把一项研究拆成几块到处去发表。她说不能帮我们去院里要求什么，但可以在科研上帮我们。我们几个同学的论文都在国外权威杂志上发表了。跟着她，你可能得不到别的好处，可你能真正学到东西！"

侯凡凡对学生的指导既有高屋建瓴的一面，也不乏细节上的亲力亲为。让谢迪记忆尤深的是，"论文写好后，她会字斟句酌地修改，包括半角全角符号她都要改过来。在投稿时，她会认真给我们编辑稿件，包括文章怎么排版等细节，还指导我们选择合适的期刊。"

侯凡凡的严格来自于她严谨的治学精神和务实的科研态度。对待科学研究，侯凡凡容不得半点马虎，更不允许有丝毫造假，她的团队完成的所有研究结果在发表前均要经过至少3位从事不同研究领域的专家审查，以确保研究结论的可靠性和准确性。面对时下学术界的某些浮躁风气，侯凡凡坚信，"用5年、10年时间做一项对临床有价值的研究，远远比写20篇只为发表的论文有用得多。"

线索推荐：南方医科大学南方医院

点评

侯凡凡以她惯有的严谨，把敬畏生命放在首位；她带领团队，严格执行医疗规范，才取得了患者的信任，最大限度保障患者的生命安全。她的治疗方案是为患者量身定做，科研也是为了解决患者的问题。正如她所说，为了诺贝尔奖做科研是危险的，为了发表论文去做科研更加危险。因为医疗活动直接面向的是人，医学研究内容和结果事关患者的诊疗选择和安全，这样的责任决定我们不能有丝毫私心杂念。

——南方医科大学南方医院院长 耿仁文

于长隆

实现运动医学的强国梦

文 / 邢远翔

年近古稀的于长隆教授，红光满面，步履轻盈。坐在解放军总医院全军骨科研究所的办公室，听他讲述人生历程和各种宏伟计划，不由心生敬佩。仿佛，他依然是当年那个朝气勃勃的北医研究生帅小伙，依然是屡屡为奥运夺冠保驾护航的青壮年运动医学专家，依然是在国际学术舞台闪亮登场的中华医学会运动医疗分会主任委员。

细数于长隆几十年从医生涯，他先后在三个相关领域开疆拓土。从懵懵懂懂迈进运动医学的大门，到领军运动医学；从为发展康复医学摇旗呐喊，到担任北京奥运会首席康复师；从在交叉学科苦苦探求，到加盟解放军总医院牵头骨科组织工程学等前沿科学研究。他的每一次转身，都透着坚定与执着。而变中不变的是学科间的一脉相承，是对伤病员的责任心，是他那不服输的心劲儿。

幸运地成为运动医学大师的开山弟子

他戏称阴差阳错地闯入了运动医学的大门，考上才知是为运动员和特技演员服务。

"文革"期间，于长隆作为北京医科大

寻找大医精神
XUN ZHAO DA YI JING SHEN

> "作为医生，我需要对患者负责；作为'两会'代表，我有责任为社会医疗体系的不断完善建言献策。"

学67届的毕业生，被分配到甘肃基层医院干了10年。35岁那年，他凭借手头仅有的临床骨科和人体解剖等几本复习资料，选择了运动医学，并从43位考生中脱颖而出，幸运地成为北医运动医学研究所曲绵域教授的首届研究生。谈起当初的选择，他戏称阴差阳错地闯入了运动医学的大门，考上才知是为运动员和特技演员服务。

"曲大夫影响了我一生"。在恩师严谨的学术态度和不畏艰难的敬业精神引导下，于长隆在关节软骨损伤、肌腱修复、末端病防治等研究领域不断探索，先后获得10多项国家及省部级科技进步奖。其中"骨关节训练伤微创治疗的系列研究"获国家科技进步二等奖。

1997年，他接过曲教授的担子，挑起了北医运动医学研究所所长的重任，一干就是12年。这期间，是我国运动医学大发展的时期，也是于长隆厚积薄发的黄金年华。在他的领导下，我国对关节软骨的损伤机制、末端病的解剖生理基础及病制、无腱鞘肌腱修复机制、应用关节镜微创治疗运动医学常见病等研究，均步入国际先进行列。美国匹兹堡大学、哈佛大学医学院等国际骨科和运动医学的顶级人物，也在国际学术会议上，与侃侃而谈的"中国于"相拥握手。

运动创伤的特点首先是慢性伤多，小损伤多。功能评定是治疗前的重要步骤。如果运动员正在巅峰期，治疗应尽一切可能不影响其成绩的发挥，一些不可能很快恢复的治疗应尽可能延缓进行。这个处理原则，在既往我国运动员参加各种世界大赛，特别是奥运会的实践中得到了充分的科学应用。一位著名羽毛球运动员，外侧半月板损伤，专家没有为她手术，而是通过加强肌肉训练等方法，结果连拿三届奥运会冠军。

常常有一些医师，为了追求解剖的完美复位进行治疗，结果解剖上看是100%复位了，但患者的功能不但没有恢复，反而有所损失。他们有过患者由于腰椎的Ⅰ度滑脱进行手术复位内固定后不能再从事原来训练的例子。因此客观地对运动创伤病患者的病情进行评定，衡量患者功能丧失的程度，是运动创伤医师决定治疗方案的关键所在。

应用关节镜可以对许多运动创伤进行更为精确的诊断、更微创的治疗，于长隆最早开始为这一国际先进的微创诊治技术大力推广。为此，他举办各种进修班、学习班，召开大大小小的学术会议推广关节镜技术，使我国关节镜的年手术量由此迅速攀升，水平不断提高。

为了避免更多的运动损伤，于长隆带领团队甚至把"战场"前移到了训练场。改变运动员踝关节的起跳角度，可降低运动员的跟腱断裂发生率；改变举重运动员提杠铃起时的并膝动作，可预防髌股关节软骨病的进一步恶化——当一面面五星红旗在国际赛场升起时，于长隆的心里总是甜滋滋的。

给温总理写信力陈康复医学之重要

"一个国家的医疗卫生工作，应该至少包括三个环节：即预防医学、临床医学和康复医学。"

1985–1993年，于长隆曾远赴美国、加拿大，在纽约州立大学、渥太华大学做访问学者。8年的海外见闻，他看到了我国与发达国家医学的巨大差距。国外许多患者是通过社区中心得到康复支持的，而国内医学院校的专业设置中，基本没有康复医学专业，更缺乏培养康复医学高级人才的硕士及博士点。这样的差距让他不安。

每年参加"两会"，担任全国政协委员、北京市人大常委的他都会提交有关康复的提案。2006年，于长隆提笔给时任国务院总理的温家宝写了封信。信中说："到今天为止，政府尚未考虑到康复医学的建设，即使在意识到社区医疗工作重要性的今天，仍然没有赋予社区医疗康复功能。"

他形象地说明，预防医学好比是一条河的上游，如果把握不好，产生大量患者，必然会对处于中游的临床医学产生很大压力。而处在下游的康复医学，则是承接中游的经过临床治疗需要进行功能恢复的患者。如果医院治疗后的患者能够及时转到康复中心，效率就能得到发挥，就不需要投入更多去建设新医院。

他告诉总理，为什么在国外根本不需要住院的患者到中国都要住院，并且时间很长？因为患者在医院费用可以报销，但是康复治疗却不能报销。而在国外，一些病如果没有康复干预，政府连医疗费都不予报销。他认为，康复医学的建设主要在社区，只有预防、临床、康复三位一体，功能齐全，社区医疗才能真正发挥作用。

这封情真意切的信，温总理很快就批阅了。随后，有关部委等一行七人专程到北大运动医学研究所征求于长隆关于医疗改革的意见。2008年4月，温总理在中南海召开医改座谈会，作为参会专家，于长隆又向总理面陈了康复医学发展在医改中的重要作用，总理当场回答："看来我们的医疗体制光有'防'和'治'还不够，应该加个'康'字，成为'防、治、康'体系。"从此，康复医学正式成为我国医疗体系的一个重要部分。

2008年，于长隆担任北京奥运会首席康复师。时至今日，建设一批以疾病康复为目的、与国际接轨、针对健全人而不仅是残疾人的医学康复中心，依然是他的梦想。

让组织工程学助梦骨科腾飞

"都说关节软骨一旦损伤是不能自行修复的，我就是要挑战这件事！"

2010年11月，在运动医学、康复医学一线摸爬滚打了几十年的于长隆，被解放军总医院慧眼识中，作为特聘专家担任该院全军骨科研究所副所长，辅佐所长、著名骨科专家卢世璧院士在更高的医教研层面奋战。

21世纪，临床各学科要想快速发展必须依靠前沿和交叉学科，而运动医学、骨科学与力学、材料科学、移植生物学、组织工程学息息相关。以发病率高的运动创伤为例，因创伤组织多数为致密结缔组织结构或分化程度很高的组织，一旦损伤，目前治标不治本的手段难以在组织结构和功能上达到原有水平。因此，运动创伤被业内称为"难治性疾病"。

看到大量的膝关节半月板和前交叉韧带损伤、跟腱断裂、末端病、骨性关节炎的患者，他那不服输的劲儿又来了："都说关节软骨一旦损伤是不能自行修复的，应该根据损伤程度有所区别。不论损伤范围或程度，都告诉患者无法治疗是不对的。我就是要挑战这件事！"

在对干细胞移植、基因治疗、脂肪干细胞关节腔内注射等新方法认真分析后，于长隆和骨研所的团队认为，以上所有方法，都还无法达到关节软骨完全再生的目的。他们将目光瞄准了组织工程技术。关节软骨的组织工程修复技术在运动医学领域应用最早。20世纪90年代，瑞典学者首先报道应用于临床。令人骄傲的是，由解放军总医院全军骨科研究所研制的第四代软骨移植技术，经5年多100多例手术临床验证，已初现其优越性，被国内外公认为当今最先进的组织工程修复关节软骨缺损技术，并正式批准用于临床。其中用于软骨细胞复合的新支架，最大程度保留了关节软骨内胶原纤维的排列及黏多糖蛋白，结构仿生的优点使之具有更好的力学功能。由于新支架完全除去了供体细胞，又最大程度上避免了免疫排斥反应。

尤其是3D打印技术的应用，使构建原始形状的组织工程半月板不再遥远。于长隆说，他们制备的半月板浆料经初步研究已经可以作为打印材料用于半月板打印。当然，必须结合组织工程才可能形成形态和功能结合的半月板。

于长隆很忙，但他似乎游刃有余，乐在其中。也许，这正是他生命和事业之树常青的原因。

线索推荐：北京大学医学部

点评

他用广阔的视野、前瞻的思路，摘得了一项项医教研成果；他以对国家、社会的责任感，挺身为中国医疗体制的改革建言献策；他穿梭在国内外、基础与前沿、临床医疗与康复各领域，为的是实现运动医学的强国梦。他不愧是金牌背后的无名英雄，患者身边的医技高手。

——中国工程院院士 卢世璧

曾光

守护公众健康的"卫士"

文 / 武亚莉

"雾霾对北京居民健康伤害程度尚未可知,采取治理措施的科学证据也不充分……对此,我建议:政府应尽快组织卫生、环保、气象等部门开展调查,通过科学论证设计,组织实施……"

2月10日,中国疾病预防控制中心首席流行病学专家曾光伏在桌上,一字一句地斟酌着这封即将邮至北京市政府的建议信。2013年1月以来的雾霾天气,堪为北京市自2003年SARS之后又一重大公共卫生事件,着实让曾光着急。

着急是因为疾控和自己工作相关,更与自己的责任相关。网上搜索"曾光"二字,他的名字总是和公众健康连在一起。每当出现重大疑难公共卫生问题,特别是原因不明的公共卫生事件,他就会"领军"出战。

这个年逾花甲依然超期服役的公卫专家,曾被冠以无数的荣耀,而他却一直说,"我毕生只做一件事——当好守护公众健康的公共卫生医生。"

从群众中走来

"只要给我医治患者的机会,我就会全心投入工作。"

年轻时的曾光并不顺。中学时代的他在

> "很多人夸我'老骥伏枥，志在千里'，我觉得很不贴切，因为我还带着小马们一起奔跑。只要能动，我就不会停下奔跑的脚步。"

数理化专业很有天赋，并立志于此。然而，由于父亲的历史遗留问题，即使在1965年那场高考中他成绩优越，也被一流理工科大学拒之门外。庆幸的是，河北医学院看中了他，破格承担风险录取。从此，他走上了医学之路。

毕业后，他被分配到河北的一个贫穷小乡村。刚到时，大家看他年轻，没人找他看病。因此，曾光至今难忘收治的第一位患者。那是坐了一周冷板凳后，他第一次出诊，一位小学老师来请医生，说他妻子病得很重，大医院的医生告诉他：听天由命，回家准备办理后事吧。他抱着最后一丝希望，想请乡村医生再去诊治。很多医生都委婉拒绝了，这时有人推荐"让曾医生去吧，他是我们这儿唯一的大学生。"

走到患者家中，那幕场景让他陡然心酸：屋里一贫如洗，炕上瘦骨嶙峋的妇女已神志不清，屋外一帮人正叮叮当当忙着为她打制棺材。经过1个多小时的问诊和检查，曾光判断是药物累计中毒，后来，他连续一周上门为她解毒治疗。6天后，患者竟然活过来了！一阵欣喜后，曾光感到一种莫名的悲痛和压力——虽然贫困无法改变，但他有责任担负起村民的健康！

从此，曾光开始边干边自学。他深得群众信任，方圆几十里的乡亲都找他看病。由于工作出色，县里曾有重视人才的领导提议调他到卫生局和县医院，但都被政审否决了。诸此种种，都未让他灰心，反而促使他更加努力。不论何时，心中理想的火焰从未泯灭，他说"只要给我医治患者的机会，我就会全心投入工作。"

无知者无畏

"我感谢上天的眷顾，也庆幸自己'出生牛犊'的胆量。"

机会总会眷顾有准备的人。20世纪70年代末，国家恢复研究生考试。曾光毅然选择报考研究生。

但在闭塞的农村，想凑齐几本考研书非常艰难。经过四方寻求，曾光终于把书凑齐了，并确定报考流行病学方向！之后，他便开始选择报考学校和导师。那是第一次，他在中国医学科学院流行病学微生物学研究所的导师名录里，看到了"何观清"教授的名字。

尽管对这位教授一点都不了解，曾光却毫不犹豫地填报为第一志愿。不曾想，正是这一选择，从此改变了他的命运。

万事俱备，只欠"复习"东风。但这东风谈何容易。几年的工作经历让曾光离课本越来越远，而且统计学、政治经济学等在大学压根没学过。仅剩的两个月内，曾光需要完成从头学习到理解再到牢固掌握三个过程。回想那段日子，他脑海中只有一个场景：白天忙医疗工作，晚上为避免影响家人休息，一个人坐在外屋灶台旁借着两盏油灯通宵看书。塞北的二月，即使穿着皮袄仍旧很冷，他索性把脚伸到灶膛内取暖……

功夫不负有心人。他以第二名的成绩成功进入面试阶段。但曾光又陷入忧虑中：一旦面试，自己的短板就会显露无遗。因为他的成绩是突飞猛进而得，而非长久积淀所获。幸运的是，当时何观清教授在国外，无法进行面试。他有幸按笔试成绩被录取。进师门后，当知道何观清声名远扬，是国内流行病学双雄之一时，他感谢上天眷顾，也庆幸自己"初生牛犊"的胆量。"如果我事先得知，一定没有报考的胆量。"曾光至今想起仍不禁自嘲道。

乱世出英雄
抗击SARS不仅"成就"了曾光个人，还"成就"了他带领的那支团队——CFETP。

2003年，SARS肆虐中国。曾光被任命为广东联合调查组的流行病学组组长，带领团队（以下的CFETP）到广东"前线"调查。经过深入一线调查，曾光总结出："只要掌握SARS的流行规律、控制传染源并切断传播途径，即使原因不明，也可防控。"

"战火"从广州一路烧到北京。曾光又被聘为首都非典防治指挥部的顾问，与团队进入感染严重的北京大学人民医院工作。他根据自己的研究观察，提议立即封闭该院，并将SARS患者转移到远郊区集中收治。北京市政府果断采纳，并迅速建立了小汤山医院，从而有效控制了疫情传播。

4月下旬曾光接到特殊任务：4月28日去中南海给中央政治局领导们做"非典型肺炎的科学防治"讲座。会议由时任国家主席的胡锦涛主持，其他政治局委员也几乎悉数到场。讲稿事先由原卫生部（现国家卫生计生委）领导审核过，但读完讲稿后，曾光又脱稿讲了几段，其中最重要的就是呼吁疫情公开化。"之前领导不希望我去说这个话题，但我想这应是讲座最重要的内容之一，因此我告诉政治局领导，老百姓有权利知道国家发生了什么传染病，才能采取保护措施。"SARS过后，国家提高了公共卫生体系建设，公共卫生进入了空前绝后的发展阶段。

其实，抗击SARS不仅"成就"了曾光个人，还"成就"了他带领的那支团队——CFETP。

曾光此前就曾不止一次讲过，"我们应该在平时就着手开展现场流行病学人才培训，形成自上而下的人才网络。需要时就能拉出合格队伍。"

2001年10月，在世界卫生组织和联合国儿童基金会的赞助下，原卫生部决定开启中国现场流行病学培训项目（CFETP），以打造中国公共卫生应急人才，并委任曾光负责该项目的谈判和筹备工作，出任项目执行主任。

十年间，这支队伍成功应对了370多起突发公共卫生事件，参与和承担了大量国家重大复杂公共卫生事件的调查，并为国家决策提供了依据，化解了危机。CFETP学员们的出色表现甚为瞩目，被称为"中国公共卫生黄埔军校"。

宝刀未老
"只要能动，我就不会停下奔跑的脚步。"

2013年1月，北京上空长期被雾霾笼罩；2月，上海首发H7N9禽类疫情，并迅速传到华东、华中、华南等地，死亡人数逐日增加……

这个"多事之春"，曾光格外忙碌。经深入研究，曾光发现，H7N9禽流感病毒"藏在暗处"，既不同于SARS，又不同于高致病性H5N1禽流感病毒，总体防控很难套用后两者的应对之策。而且，H7N9禽流感疫情、雾霾与常规公共卫生工作交织在一起。他便通过媒体呼吁，"一种传染病的流行，不会因另一种传染病来袭而停止。应对H7N9禽流感的同时，也不可放松对其他疫情的警惕。"

十年前的4月28日，曾光受命去中南海怀仁堂去讲SARS；十年后的4月28日，针对H7N9疫情防治工作，李克强总理到中国疾控中心听取包括曾光在内的公共卫生专家防治H7N9禽流感的建议。当天下午曾光又参加了雾霾治理的专家论证会。他建议政府要像抓经济那样高度积极地治理雾霾，建议政府开展雾霾与健康的流行病学调查。针对严重的雾霾，政府还需对老百姓做引导工作，确保室内空气清洁，并希望各学校和机关单位安置PM2.5监视仪等。

这天一直忙到晚上9点，曾光才能稍作休息。翻开笔记本，他把今天的工作做了记录和总结，同时感慨，"公共卫生工作和重大疾病防控是整个社会的事，更是公共卫生学者的事。作为一名流行病学医生，理应为公众健康向政府建言献策，为调查疫情深入疫区一线。很多人夸我'老骥伏枥，志在千里'，我觉得很不贴切，因为我还带着小马们一起奔跑。只要能动，我就不会停下奔跑的脚步。"

线索推荐：中国疾病预防控制中心

点评

他是流行病学首席专家，在与SARS决战的关键时刻，深入疫区、病房，到中南海激情宣讲；他是出色的医学侦探，多次侦破错综复杂的公共卫生事件；他是中国现场流行病学事业的奠基人，为打造一支国家队呕心沥血12年；他是风度翩翩的著名学者，经常走上国际讲坛。为了人民健康，他用生命的火花照亮了公共卫生的尊严。他永不疲惫，面对禽流感和雾霾，又出征了。

——中国工程院院士 沈倍奋

窦科峰

勇于探索 创造医学奇迹

文 / 徐锋 任伟锋 吴瑞东

从战士到医学博士，从男护士到肝移植领域权威，从国内首例活体肝部分移植术到世界首例劈裂式"双人异位"肝移植手术……中华医学会外科学会副主任委员、中国医师奖获得者、第四军医大学西京医院肝胆外科主任窦科峰数十年如一日，在神秘浩瀚的医学海洋执着探索，如同他的名字一样，"斗"志昂扬，攀登科学之峰。

从护士到医生的"蜕变"
从男护士到临床医生，不变的是他对医学事业的热爱。

1970年，来自陕西乾县的窦科峰成为部队一名光荣的军人。他当过通讯员、勤务员，甚至到部队煤矿挖过煤。表现突出的他，入伍第二年成为所在部队唯一一个三等功获得者。

> "做一名让患者喜爱和信赖的好医生没有诀窍，就是始终将患者放在心中。"

由于是个热心肠，平时战友们有个磕碰，窦科峰都主动为他们换药擦洗，而且比卫生员还专业细致，为此他被调到了卫生队。从普通战士到卫生员的转变，让窦科峰开始重新审视自己，喜的是自己可以多学一门专业，忧的是自己没有专业的医学知识。为此，窦科峰虚心请教同行，省下钱购买医学书籍，练习各项专业操作，并在边学习边工作的过程中，不断总结创新。

1973年，第四军医大学护校到部队招生，部队首先推荐的就是窦科峰。平时对业务的钻研，让他轻松通过考试。同年他就来到了第四军医大学在重庆的护士学校进行专业学习。

"那时候除了上课和睡觉，剩下的时间基本上就是看书，吃饭时也在看笔记，仿佛时间都不够用……"回忆起当时的情景，窦科峰至今仍历历在目。1975年，年仅19岁的他以优异成绩从护校毕业，后来被安排到西京医院普外科。就这样，在20世纪70年代中期，窦科峰成了西京医院一名男护士。也许是因为男护士少见的原因，窦科峰有了继续向临床发展的想法。他说："我护理也会，要是临床也懂，处理起业务来，不是更精通了。"

1977年，国家恢复高考的政策给窦科峰提供了机会。在第一批学校推荐的10人中，他脱颖而出，考入第四军医大学。

本科毕业后，窦科峰再次回到了曾经做护士的普外科，这一次他是临床大夫。1988年至2001年，他先后获第四军医大学外科学硕士、博士学位。1991年至1992年，窦科峰赴香港大学玛丽医院外科研修，系统掌握了肝脏肿瘤、肝移植及胆道肿瘤等国际前沿领域知识。

知识的累积和临床经验的日益丰富，让窦科峰迅速成长为一名优秀的肝胆外科专家。不到35岁他便取得副高级职称，不到37岁就取得正高级职称。1997年，41岁的他担起了肝胆外科主任的重任，带领团队开始向一个个学科制高点发起冲击。

追求精湛医术
他有8项国内外首创技术，但不变的是对精湛医术的追求。

在窦科峰看来，要占领制高点，就要另辟蹊径，披荆斩棘，敢为人先，于是，8项国内外首创技术由西京医院肝胆外科孕育而出。

1997年,当时年仅10岁的女孩于发琴被查出先天性弥漫性肝内胆管囊性扩张症、复发性胆管炎,并出现肝硬变。要挽救生命,唯一有效的方法就是进行肝移植。

在当时,我国全肝移植起步于20世纪70年代,而活体肝移植还处于探索阶段。没有经验可以借鉴,没有教训可汲取。那段时间,窦科峰早上7点出门,晚上12点以后回家,中午就在办公室沙发上眯着休息,妻子说窦科峰为了工作"玩起了消失"。

1997年6月30日7时40分,小发琴和父亲分别被推进两个手术间,供体和受体两台手术依次同时展开。窦科峰与其他教授携手将小发琴的1480 g病肝全部切除,同时切取其父亲全肝的1/4,精心修整后植入孩子体内。13个多小时,手术顺利结束,一项填补国内空白的术式在西京医院肝胆外科诞生。

作为我国首例活体部分肝移植手术完成者,窦科峰没有停止攀登国际学术前沿的脚步。继此例手术成功之后,窦科峰及团队又先后开展国内首例原位血型不同辅助性活体肝移植、世界首例异位辅助性活体部分肝移植、世界第四例肝胰肾联合移植、亚洲首例心肝肾联合移植、世界首例劈裂式两人异位辅助性肝移植术等高精尖手术,用一个个首例和第一证明了在国际学术舞台,中国学者也可以精彩亮相。

"我们要做的不仅是国内的领先,更要朝着国际领先的方向大踏步迈进,做到敢为人先。"窦科峰说。一句"敢为人先"谈何容易,窦科峰还就是认准了这条路。异种肝移植,一直是当前国内外器官移植的研究热点与难点。难上加难也要大胆一试,窦科峰带领团队瞄准异种肝移植研究长达4年。针对防治超急性排斥反应、急性排斥反应以及纠正凝血功能紊乱等难题,创新性地提出应用中草药丹参灌注供肝,调节凝血系统功能的新理念。

今年6月7日,窦科峰及其团队联合相关科室,施行的国际首例转基因猪-藏酋猴异种异位脾窝辅助性肝部分移植实验手术,切除受体猴的脾,将供体猪的部分肝放在猴的脾窝部位,受体猴成功存活14天,一举打破此种高难度移植手术动物术后存活9天的世界纪录。

在窦科峰看来,临床、科研不可分割,科研可以服务临床,临床可以反哺科研。近年来,他先后主持国家863计划"异种器官及组织移植关键技术研究"、国家自然科学基金重点项目"肝损伤后肝细胞与非实质细胞协同再生的分子机制"等科研项目17项,发表学术论文598篇,SCI收录99篇,其中以第一作者和通讯作者发表62篇,影响因子总和286.3,单篇最高被引68次。

践行"肝胆相照"
成就再多,不变的是他对患者的关怀。

数十年从医路,窦科峰积淀了众多的医学成就:担任国际肝胆胰外科协会委员,中华医学会外科学会副主任委员,中华医学会外科学会肝移植学组副组长,陕西省普外专业主任委员,陕西省器官移植专业副主任委员,全军科学技术委员会普外专业主任委员,中国抗癌协会胰腺癌专业委员会常务委员;兼任《中华外科杂志》、《中华消化外科杂志》等18种高

寻找大医精神
XUN ZHAO DA YI JING SHEN

水平专业杂志的副主编或编委，主编国内首部《活体器官移植学》等专著7部；获国家科技进步二等奖1项，国家教学成果二等奖1项，军队医疗和教学成果一等奖各1项，省部级一等奖1项、二等奖2项，军队育才奖"金奖"、"中国医师奖"，荣立二等功两次。

窦科峰坦言，医者的荣誉再多、头衔再大，最自豪的，还是看到患者康复那一刻。在肝胆外科，窦科峰一直倡导"肝胆相照"文化理念，不仅是科室内部的团结一心，更是医患间的和谐温暖。

窦科峰说，做一名让患者热爱和信赖的好医生其实没什么诀窍，就是始终将患者放在心中，为他们多想想还能做些什么。

肝胆外科医生几乎没有节假日。从医多年的窦科峰养成一个习惯：只要不出差，每天下班前都要下科例行查房。查看患者各项检查指标，询问患者愈合情况，倾听患者主诉……

肝移植患者术后管理对于恢复至关重要，在窦科峰的倡议下，肝胆外科建立了肝移植患者群，300余名术后患者相继融入了这个大家庭，8名主治医生轮流担当群主，解答疑难、指导用药、心理辅导。此后，窦科峰又组织成立了肝友会，每年邀请肝移植术后患者一起交流探讨，讲授最新康复理念。也正是这份温暖，给了术后重生的患者更多信心。

作为中华医学会外科学会副主任委员，窦科峰一直在推动一项以点带面的工作，通过规范治疗的形式，带动学科发展，扩大技术辐射，以此提升诊疗水平，使更多偏远贫困地区患者受益。近十年来，西京医院肝胆外科多次举办全国、全军、省级培训班，累计上万名专科医师参会，10批次专家团队到海岛、上高原、下乡村，帮带基层医院医护人员，100余名进修医生从西京肝胆带回学科新理念，为当地百姓留下了不走的医疗队。

巩固完善以肝移植为基础的多器官联合移植技术和临床研究异种移植的动物实验，拓展深化肝癌基础研究及临床综合治疗研究，加快推动肝移植基金造福更多患者……窦科峰在科室三年计划中这样思谋发展。对于57岁的他而言，创新仍在路上、患者永在心中、医学任重道远。

线索推荐：第四军医大学西京医院

点评

变与不变是相对的。从医之路，窦科峰教授数十年如一日追逐心中的科学梦想，在医学海洋以创新求突破，紧跟瞬息万变的医学发展。而在他心中，同样有很多东西从未改变，并将一直秉承。对于事业的执着、对于医术的追求、对于患者的热爱、对于生命的敬畏，让他在喧闹浮躁中竖起了医者的淡然风范，还原了人生的自得心境。窦科峰教授行在其中，乐在其中，医者本应如此。

——第四军医大学西京医院院长 熊利泽

吴一龙

内外通达 攻坚肺癌

文 / 王欣

2013年2月3日,腊月二十三,小年,人们正沉浸在祭灶除尘盼新春的喜悦中,他却乘飞机前往伦敦。候机厅、机舱内,间或传来的"祝您生日快乐"的声声祝福警醒他,于癌症患者而言,每一天都如"生日"般弥足珍贵。16点抵达伦敦,入住机场附近旅馆。20点,与数位优秀肺癌学者进行研讨。次日,整整一天头脑风暴。4日深夜登机返穗。7日一早,在无影灯下直面肺癌。

这是他全年无休生活的一个剪影,"有时候别人只是打了个盹,我已经在国外转一圈回来啦!"

国内著名肺癌专家廖美琳教授评价:"他的成功,是因为他的才气、霸气和义气。"他是广东省肺癌研究所所长吴一龙,饮茶闲暇,与记者分享30余年从医路上至今仍令他动情的往事。

临床决策应全面考量
临床决策应考虑现有最佳证据、医生技能和患者需求,三者缺一不可。

吴一龙认为,"作为医生,面对已有临床诊断的患者,第一需要勇气,第二需要获取第一手材料,第三需要甄别病史细节,第四需要医患有效沟通。恰如循证医学的主旨,

寻找大医精神
XUN ZHAO DA YI JING SHEN

> "一个能将科研成果转化为人群获益的医生，才能更有效地造福社会。我要做这样的医生！"

临床决策应考虑现有最佳证据、医生技能和患者需求，三者缺一不可。"

这一感慨源于 2002 年的一次会诊。当年，吴一龙应孙燕院士之召到京会诊，患者是时任国外某战区的司令官，此前曾辗转美国、新加坡和中国香港诊治，病情均无起色。在北京熬过数周化疗，病情仍每况愈下。

吴一龙看到的是羸弱的身躯和强烈的求生期盼，"无论什么方法，只要能帮我活下去，即使把肺全切了，我也愿意！"

国内外专家一致认定患者患肺癌伴骨转移（IV期肺癌），"我要看完整的病历资料。"吴一龙发现患者骨病变与癌症骨转移的影像形态学似有出入。"一旦排除肺癌骨转移，治疗方法将大相径庭。经仔细询问，患者回忆起此前曾因打高尔夫球过猛挥击球杆致胸部剧痛，我的推断得到初步佐证。"阴霾的天空似乎透出一缕曙光。

早期肺癌的推断一出，立即引发质疑与批评。"我支持你！"孙燕院士的话如冬日暖阳。

一味坚持恐难逃夭折宿命，智慧地坚持才可能抵达成功彼岸。吴一龙与孙燕院士想出折中之法：患者身体状况无法经受化疗和手术，回家修养一个月再决定。

一个月后，患者来到广州，"我是自愿的，就是死了，谁也不许追究吴一龙的责任！"这让吴一龙倍感信任与责任。亲自坐镇 CT 室，反复阅读超过 300 张 CT 片，他如释重负，"排除肺癌骨转移，立刻安排手术。"这名被从死亡线上拉回来的患者，现仍健康地享受着生活。

吴一龙常问科室医生和学生："你到工作站阅片了吗？没有的话，一切免谈！"他要求，"医生必须浏览患者的每张影像片并做出判断，再阅读报告。一旦发现不符，提请组内讨论，在辩论中探寻真理。"这在广东省肺癌研究所已蔚然成风。

为惠及患者奔走协商

只有具备将科研成果转化为人群获益的理念和能力，造福全社会，才是医生的最大价值。

2000 年，一名肺癌晚期患者的维持治疗方案困扰着吴一龙。彼时，正值他参加第 36 届美国临床肿瘤学会年会，肺癌晚期患者口服吉非替尼治疗收益的报告令他茅塞顿开。该药未上市，为救治患者，他多方咨询，终得偿所愿，切实的疗效鼓舞他继续为千百万肺癌患者奔走。2001 年底，他联合国内数位专家率先在国内发起肿瘤领域首个记名赠药项目，收效颇丰，迄今为止已为100余名患者续写生命传奇。

"除了让患者重获新生，我还发现一个有意思的现象：女性、不吸烟和腺癌患者效果理想，吸烟、鳞癌患者收益有限。"他一边潜心积累与总结病历，一边实时追踪文献。

2004年7月，《科学》和《新英格兰医学杂志》刊发研究，吉非替尼疗效与表皮生长因子受体（EGFR）突变有关。"我豁然开朗，令所有研究生停下手头工作，全力开展中国肺癌患者的EGFR突变研究。"

成功总是眷顾有准备的人。早在1999年，吴一龙已创建全国首个生物标本库，并完整存留所有患者资料。正是基于此，2005年，吴一龙在美国肿瘤学会年会作报告：中国肺癌患者EGFR突变率超过30%，有异欧美人群（约10%）。恰在此时，欧美开展的吉非替尼Ⅲ期临床研究以失败告终，FDA一纸限令让该药前途渺茫。

"面对中国的数据和实践经验，我不能放弃！"吴一龙会同数个亚洲国家专家完成"IPASS研究"，证实吉非替尼对EGFR突变肺腺癌患者的疗效超越化疗，耐受性更佳。该研究结果刊发于《新英格兰医学杂志》，引发业内轰动，肺癌治疗呈现新格局。

吉非替尼在中国上市后久久未能纳入医保报销范围。"要让我们的研究成果惠及广大的中国患者。"这一信念让吴一龙奔协商，广州市医保局终于在2012年2月，开始了医保覆盖"吉非替尼"的尝试。

岁月流逝使他笃定一个信念，"一个医生能力是有限的，只有具备将科研成果转化为人群获益的理念和能力，造福全社会，才是医生的最大价值。我愿意做这样的医生！"

事业积淀助他升腾一个梦想："5年后，让60%肺癌基因突变患者接受最佳靶向药物治疗，这是我的梦想和奋斗目标！到那时，我就可以安心退休啦。"

外科医生的"四级跳"

入门级手术匠 – 成熟级手术匠 – 专家 – 大家，这是外科医生的"四级跳"。

很多人会问："你是一名外科医生，为什么要涉足内科学研究？"吴一龙回答："作为一名外科医生，能完成手术，只是入门级手术匠；别人能做的手术你也能做，甚至更出色，是成熟级手术匠；有一天能拒绝会做但不该做的手术，你已荣升为外科专家；拒绝不该做的手术同时能提供更适宜的治疗策略，你堪称'大家'。这感悟来自1700多份病历总结带给我的震动。"

吴一龙认定，"身为肿瘤科医生，必须对每种治疗手段的利弊了然于心，扬长避短，将各自所长发挥到极致，才能'量体裁衣'地救治患者。"

1988-1999年，吴一龙有幸到德国作访问学者，他天天泡在手术室，不分昼夜，手术水平日趋精湛。回国后，面对二十世纪八九十年代国内肺癌手术治疗预后数据匮乏的现状，吴一龙决定自力更生，利用中午手术间歇从病案室调阅病历资料，建立数据库。两年时间转瞬即逝，1700余份病历的分析结果令他汗颜：甘冒风险为几乎丧失生存机会的肺癌患者成功手术，但他们却鲜少有人能活过一年。

"症结何在?"吴一龙不断自省。"手术或许并非此类肺癌患者的最佳选择,该为不适合手术治疗的患者提供哪种治疗?"一个结论和一个疑问同时涌现。为解除心中疑惑,他开始涉足肺癌内科治疗,用多年坚守与创新务实换来今天的"内外兼修"。

"吴一龙现象"
一旦确定人生目标,还要敢于在巅峰舍弃。有所取舍,才能成功。

2002年12月,正值事业稳定期的吴一龙,毅然辞去中山大学附属第三医院院长职务,调任为广东省人民医院副院长、广东省肺癌研究所所长。这种不执著仕途、潜心学术的行为被广东省医疗界称为"吴一龙现象"。

"重举'学术大旗'基于我对自己的判断:我能胜任管理岗位,但更适合做学术。我更看重当时广东省政府对广东省人民医院的大力扶持,以及广东省人民医院肿瘤学科几乎空白的现实需求。"

10年光阴荏苒,他如愿践行由他首先提出的单病种诊治,昔日非议蜕变为今日全国学科发展的重要举措。

10年岁月打磨,由他执掌的广东省肺癌研究所集国家重点专科、广东省重点实验室于一体,临床和转化医学融会在一起,在国内实属少见。

10年悉心培育,他组建肿瘤科室,一支由20余人组成、贯通实验室与临床的创新型研究团队在国际肺癌领域享誉盛名。

吴一龙坚信:"一旦确定人生目标,还要敢于在巅峰舍弃,有所取舍,才能成功。"以致多年任职广东省人民医院院长的林曙光感叹:"我在任期间最值得称谓的两件大事之一就是成功力邀吴一龙加盟。"

为推进中国肺癌研究国际化进程,2007年,吴一龙创建和领导"中国胸部肿瘤协作组(CTONG)",凝聚北上广的志同道合者,摒弃个人得失,相互扶持,硕果频出,成为被国际肺癌领域称道的"中国力量"。

对广东省肺癌研究所,"我要在白纸上成就最美的蓝图!"吴一龙已经、正在、还将用事实印证承诺。

线索推荐:广东省人民医院

点评

医生的成长离不开刻苦学习及传承老师的敬业和经验,也必须永不满足现状勇于创新。我和一龙相识多年,大部分时间都是探讨如何处理疑难病例,特别是挽救一些已经被其他同行,甚至境外权威认为无法救治的患者。我感到十分欣慰,因为在我国临床肿瘤学领域内有一批以一龙为代表的能如孙思邈在《大医精诚论》中说的:"凡大医治病,必先安神定志,无欲无求,先发大慈恻隐之心,誓愿普救含灵之苦;亦不得瞻前顾后,自虑吉凶,护惜身命"的中青年专家。

——中国工程院院士 孙燕

王岩

运筹帷幄的骨科战略家

文 / 武亚莉

他让身体已成180°鞠躬姿势的"折刀人"挺起脊梁，让高位截瘫的卧床患者扔上双拐站立，让部分晚期股骨头坏死患者不换关节就大步流星；为让患者方便找到自己，他特地开通"301王岩"官方网站；为将中国骨科推向世界，他发动一切力量将骨科联合起来；地震降临时，他又不顾个人安危主动请缨……

这个创造和经历过无数奇迹的人，就是中国骨科领军人、中华医学会骨科学分会（COA）主任委员、中国医师协会骨科医师分会会长、解放军总医院骨科主任王岩。

王岩是忙碌的，每日超负荷的工作让未达花甲的他已双鬓斑白。王岩又是骄傲的，他用双手改变了无数患者的命运，以开创性的思维带动了一个行业的发展，更在国家需要的时候义不容辞，不遗余力。他是患者心中的"魔术师"，是灾民眼中"救命的稻草"；他是一名开拓创新的医学科学家，更是运筹

"福荫患者，是每名医生的愿望！"

帷幄的战略家。

魔术师的双手

"患者眼中流露出的哀求和期盼，永远令我不安。"

医者，救死扶伤本职所在也。但如果跳出日常工作的局限发现问题，并通过发明创新（技术或治疗等）解决临床难题，或能改变更多患者的人生。这个理念支撑着年轻的王岩，让他突破了一个又一个医学难题。一名脊柱严重畸形患者腰弯成180度，奇异的身形像一把折刀（称为"折刀人"）。由于手术风险巨大，20年间求医无果，最终找到了王岩。经过仔细研究病情及多次会诊，2011年12月1日，王岩及其团队成功为"折刀人"实施了独创的新型脊柱截骨矫形手术。术后，他的身体奇迹般地舒展开来……

当国际盛典上演这个"神话"时，全场掌声雷动。美国纽约HSS特种外科医院脊柱外科专家阿杰伊·博阿奇教授观摩了整个手术后不禁感叹，"太神奇了！简直是魔术师的手！"

这名充满创造力的医生早在1990年，就开始挑战医学难题。在骨科，股骨头缺血性坏死可谓"不死的绝症"。为找出最好的治疗办法，20年来，王岩及其团队年复一年钻研，经历了无数的不眠之夜，也经历了无数的失败之痛。人体的206块骨头的参数性状，数以万计的典型病例，早已印刻在王岩的脑海中。

功夫不负有心人，一系列付出终于获得回报：针对股骨头坏死早期治疗难题，王岩设计的"微创化髋关节镜下滑膜切除并小孔多道股骨头减压技术"大获成功，被广泛采用；国际首创的"颈椎前路可吸收板和椎间融合器治疗颈椎病"技术、国际领先的三维矫形记忆合金棒椎弓根内固定系统、亚洲领先的"人工颈椎间盘植入术治疗颈椎病"技术，接连问世，震动医疗界。

随后，擅啃硬骨头的王岩又将目标对准脊柱畸形矫形。这是全球脊柱外科领域的顶尖方向，手术风险很高。但王岩"不忍心看患者的眼神，他们眼中流露出的哀求和期盼，永远令我不安。"又一番艰苦磨砺与钻研，王岩率先提出了创新的第四种脊柱截骨方式脊柱去松质骨截骨，不仅提高了矫形效果，还降低了脊髓损伤风险。

随着一系列重大创新和发明，王岩2005年以来两次以第一完成人的身份获得国家科技进步一等奖。2010年12月，胡锦涛主席亲自签署通令，授予他个人一等功。与此同时，一篇篇苦心孤诣、见解独到的学术论文，也把王岩推到了国际学术的前沿，被国际骨科领域权威期刊《Spine》及《Journal Of Arthroplasty》分别聘为主编。

创造性的头脑
科研创新、技术创新要"敢为天下先"。

不想当将军的士兵不是好士兵，同样，不善于思考的医生也不是好医生。在王岩看来，医生必须经历四种境界：善于动手的医生等同于科研人员，动手操作的同时思考可称为研究员，如果手脑心同用的便可称为科研创新型科学家，而手脑心身合一是医生的最高境界，是为哲学科学家、战略家。

王岩当之无愧是第四种。2005年，很多器械都依赖进口，一方面增加了患者负担，另一方面国外产品是否和中国人匹配也无从考究。面对这些问题，王岩不断思索，如何根据问题进行科技创新及科学研究，再来解决这些临床问题？又如何转化，将创新成果开发为新产品、新技术，真正服务于临床？

想法很快转化为行动。从医30年，王岩创造了20多项发明，其中40%已在国内外200多家医院投入使用。王岩说，当前是转化医学的时代，科研创新、技术创新要"敢为天下先"，把科研创新成果应用于临床，并将科研创新产品与医疗市场对接，科研火花才能迸发出最亮的光芒。

在团队建设上，王岩也有自己独特的方式。一个单位大到医院小到科室应有两个方向：学科方向和学术方向。学术方向要有自己的"品牌"，学科方向应建立人才阶梯培养方式。王岩针对每一名医生的特长进行培养，科里每次开展新手术，他会带领大家一起上手术台；每次研发技术、总结经验，也充分给他们展示才华的机会。

郑国权感慨地说，作为一名年轻医生，他不仅能得到王岩主任亲自指导，还可以与所有的主刀医生一起上手术。他曾提出了一个小的科研课题，医院为他提供了资金，科里也给了他大力支持。这种管理理念让王岩带领的团队迅速崛起。如今，这个团队在国内骨科学专业领域内已经声名显赫，为全国首批"重点学科"，并在多年全军所有医学专科中心的评比中位居全军"重中之重"学科之首。

坚挺行业的脊柱
"其实我国医生有很多创新，但没有机会展示出来。"

走进王岩办公室，感觉像走进一间艺术家收藏室，是一个宽阔的展示平台。其中最引人注目的就是地球仪。站在巨型地球仪前，王岩所看到的，是全球化的交流与融合；所思考的，是共同面对的医学与经济难题。

为达到行业甚至国际学术交流，王岩发动一切力量将骨科联合起来，并成功举行中国骨科国际学术年会（COA）。在行业内，COA已经成为骨科医生最大的继续教育和知识更新平台及国际交流平台。

之所以费心举办会议，王岩出于三方面考虑。首先，规范骨科医生的职业操守以及医疗行为；其次，完善我国的继续教育体系，逐步消除区域发展的不平衡，让更多的医生

受惠；最后，把中国推向国际。"其实我国医生有很多创新，但没有机会展示出来。"

王岩清晰地看到，只有带动所有医生，尤其是基层医生发展，才能服务于更多百姓，医学价值才能得以体现。未来中国骨科的发展将更加趋于多元化、人性化。同时也要承认，中国骨科的整体水平与国际先进国家还存在一定差距，还需不断加强自身学习。

奔波不息的脚

"海拔再高我也要上。我有救治地震挤压伤经验！"

养兵千日，用兵一时。当国家需要的时候，自当义不容辞，军人出身的王岩忠肝义胆。2010年4月14日中午，刚下手术台的王岩得知玉树地震，明知自己会有严重的高原反应，仍主动请缨："海拔再高我也要上。我有救治地震挤压伤的经验！"

王岩所说的经验是2008年的汶川地震，他参与了一线的大量救治工作。还牵头主编了《地震伤救治手册》，在第一时间送发汶川灾区20万册，成为灾区第一本地震伤救治工具书，还指导数十个部队医疗队及医院的伤员救治工作……

随即，王岩的要求被应允，被任命为解放军总医院抗震救灾专家医疗队队长，带领13名骨科专家奔赴玉树。王岩的到来，让很多命悬一线的伤员看到希望。4月17日夜，已经昏迷85小时的藏族青年斯塔全身多处重伤，挤压综合征导致急性肾衰竭。王岩立即为他进行挤压部位切开减压清创，并用血滤透析等治疗，保住了这个年轻的生命。为防止意外，他连续守候36小时……鉴于在抗震救灾中的突出贡献，王岩被中共中央、国务院、中央军委授予"抗震救灾英模"称号。

尽管头顶诸多显赫的头衔，尽管经常成为各大媒体追捧的"明星"，尽管一个个奖杯将书架占满，王岩仍淡然地说，自己不过是一名普普通通的骨科医生。"骨科是我的事业，事业为天！我们站在巨人的肩膀上，要重塑脊梁；福荫患者，是每名医生的愿望；为后生提供平台，更是我们的职责！"

线索推荐：中国医师协会骨科医师分会

点评

从医三十多年，这位骨外科勇士在中国骨科道路上不畏艰难困苦，勇往直前。他为那些深受疾病折磨而身形特殊的患者撑起一片蓝天，也为晚期股骨头坏死患者送去缕缕阳光，更为这个学科的发展付出青春华年。沿着他从医的历程，作为全国的学科、学术带头人，我们感受到他对骨科学事业的无限崇敬、对医学难关的艰苦探索和执着钻研，更难能可贵的是他对患者的深深怜悯和医者仁心的责任。

——中国医师协会代秘书长、中华医学会副秘书长 杨民

贾立群

守护儿童的健康卫士

文 / 刘永　侯晓菊

3月5日，由北京市卫生局、首都卫生系统精神文明建设协调委员会组织开展的第四届"首都十大健康卫士"评选揭晓，北京儿童医院超声科主任医师贾立群入选"首都十大健康卫士"。贾立群从医30多年，接诊10万名患儿，被誉为B超"神探"。

"B超神探"贾立群
"这台机器加上我就能叫'贾立群B超'了。"

在北京儿童医院，家长们经常对医生提出这样的要求：我们要做"贾立群B超"！他们以为"贾立群B超"是一种特殊的B超检查。其实，这是一个小误会。由于贾立群的B超检查结果十分精准，所以很多外科医生在遇到疑难杂症时，会在B超单子上简单注明"贾立群B超"，一来二去就有了"贾立群B超"。很多家长带孩子做完B超后，感觉B超机并无特别，就满腹疑云地问他："大夫，您做的是'贾立群B超'吗？"贾立群笑着说："这台机器加上我就能叫'贾立群B超'了。"家长们这才恍然大悟，贾立群不是一项特殊检查，而是B超医生贾立群。

> "我要对手术一线的同道们负责，更要对患儿的一生负责。"

贾立群曾经诊治过一名来自甘肃的8岁女孩，患儿肚子断断续续疼了6年，在当地两次开刀都没有找到病因。在给孩子做B超检查时，贾立群发现她的肠子上有一个黄豆大小的小囊肿，由此确定病因。可进行手术时，外科大夫给他打来电话：腹腔打开了，怎么什么也找不到？他赶到手术室，将B超检查探头经切口放入患者腹腔内仔细查找，发现小囊肿的位置在胰头后面，被胰头包着。外科大夫为难地说："难度太大了！万一损伤，形成胰瘘，太危险。"贾立群沉住了气，凭着经验，借助探头影像，引导外科医生一点儿一点儿地用手术刀划向深层组织，2个小时过去了，刀尖终于碰到了囊壁，手术成功了！孩子的父亲激动地跪在主刀大夫面前表示感谢。主刀大夫说："你还是感谢'B超神探'贾立群吧。"自此，贾立群又多了一个名号。

"火眼金睛"破奇疾

"火眼金睛缉病祸，孪婴奇疾被侦破，求实进取讲奉献，医术精湛称楷模。"

一天，医院里来了一名2个月大的重度肝肿大患儿，肝上布满小结节。外院的检查结果是：良性肝脏血管瘤，但是治疗后未见好转。贾立群认为患儿的病有两种可能，一是良性的肝脏血管瘤；二是恶性的肿瘤肝转移。可要命的是，这两种病在B超图像上的表现几乎没有区别，唯一不同的是，如果是恶性肿瘤肝转移，会有一个原发瘤。贾立群拿着探头一遍遍地在患儿的腹部划过，终于发现一个黄豆大小的小结节，不随肝脏移动。他意识到，这就是元凶：左侧肾上腺神经母细胞瘤合并肝转移。最后的手术和病理结果证实了他的诊断。医生的及时治疗，挽救了孩子的性命。

可没过多久，孩子的父母抱来了孪生妹妹，两个孩子病情一模一样，可怎么也找不着妹妹的原发瘤。一连几天，贾立群埋在文献堆里，终于找到了答案。这种肾上腺的小肿瘤不但本身肝转移，还通过胎盘转移到另一个胎儿的肝脏。换句话说，小姐儿俩得的是一个病，只是元凶在姐姐身上。这种病情在中国仅此一例，世界上也非常罕见。后来，他们的父母送来锦旗："火眼金睛缉病祸，李婴奇疾被侦破，求实进取讲奉献，医术精湛称楷模"，以表达对他的感激之情。

对患儿的一生负责
"每一个生命都是最宝贵的，每一个孩子都是一个家的希望。"

一名4个月的女孩生下来肚子就大，就诊时腹部高度隆起似球，肚皮撑得发亮，静脉曲张清晰可见，孩子平躺时张着嘴都喘不过气来。一放上探头，肿瘤确定无疑，但反复探查就是找不到右肾。孩子右上腹受压移位含气的肠管干扰较大，俯卧位又会加重呼吸困难，半小时过去了还是"超"不清楚，难道就此罢休？绝不轻言放弃的贾立群让孩子趴着，妈妈托住孩子的肩膀和大腿从后背再"超"，终于发现右肾被压成"扁片"推移横置于右膈下，像婴儿头一样大的畸胎瘤最终被定性诊断——肿瘤两侧紧贴左右腹壁，上边直顶剑突，下缘达耻骨联合。手术病理结果和他的诊断一模一样，最后经过手术，患儿肚子里的"大山"终于被挪走了！

"每一个生命都是最宝贵的，每一个孩子都是一个家的希望，我要对手术一线的同道们负责，更要对患儿的一生负责。"这是贾立群一直恪守的信条。

2008年2月22日深夜，牡丹江一位47岁的父亲乘当日最后一班飞机，抱着肾衰"病危"的3岁儿子赶到北京儿童医院，孩子数日无尿，先天又只有一个肾，牡丹江、哈尔滨三家大医院先后住院诊断"肾实质损害合并肾积水、急性肾衰"。深夜从家中赶来的贾立群详细询问病史，B超荧光屏上显示为肾后性梗阻所致肾衰，探头沿着唯一的一根输尿管向下移动，不断排除着一个又一个病因……突然，他发现输尿管远段堆成柱状的砂砾样结石。这种结石过去在婴幼儿身上非常少见，他明确地告诉绝望的父亲，肾脏本身没有病变，只是因为输尿管堵住太多的结石"排不动了"，尿路完全堵塞使得孩子无尿肾衰。抱着"来最后一站赌一把，死也死在北京"念头的父亲听罢长跪不起，不停地念叨"真没想到，到了北京能捡一条命"，直叫"救命恩人"，没走出B超室就向老家的亲人报平安："孩子整明白了，咱们这棵独苗能活了，有救了！"一家人悲喜交加，按照家乡风俗，集体把头向着南墙碰了三碰，行了千里之外一个普通农家最隆重的大礼。

孩子经过腹膜透析后被送进外科手术室，泌尿外科医生通过膀胱镜逆行插入输尿管支架管，疏通结石解除输尿管梗阻。"哗"，结石和蓄积已久的尿液俱下，孩子的肾积水、肾衰和全身中毒状况迅速改善……在这段婴幼儿泌尿系结石日渐增多的时期，他和同道们仔细地询问每一名患儿的喂养史，几乎不约而同，得到了众多家长说喂养的是"三鹿"奶粉的结果。

后来，他成了卫生部奶粉筛查专家组成员，负责制定B超检查诊断和鉴别诊断标准，不断在电视电话会议上培训各地医生，为大规模筛查提供技术支持……

德艺双馨的"缝兜大夫"
"看到他们期盼的眼神，我于心不忍啊！"

医术精湛是医生的本分，德艺双馨更是

贾立群永恒的追求。他对患者许下了"24小时服务、随叫随到"的承诺。曾经有一名肾积水患儿需要做B超检查。由于看诊人数多，B超检查需预约好几天，无奈下，一位家长"尾随"贾立群到厕所，一把抓住他的胳膊说："贾主任，我孩子的病情比较重，请您加个号吧！"他左右为难，因为晚上已约好去探望住院的妻子。可看着家长充满期待的眼神，他不忍拒绝："只要你愿意等，晚上7点给你加。"家长为表感谢，提出给贾立群买点水喝，可当往他的衣兜里塞钱时，却塞不进去。他安慰家长："您放心，我肯定给您做。把钱用在看病上吧，我的兜都缝着呢。"家长感慨地说："还真是第一次见您这样的缝兜大夫！"

为了少让孩子因为B超检查挨饿，贾立群经常挤出吃午饭的时间连续工作，由于长期作息不规律，疾病找上门来。有一次，他肚子疼得直不起腰来，可是看到诊室外那么多远道而来的患者，他用一只手捂着肚子，另一只手拿探头，硬撑着做完了一天的检查。直到晚上门诊结束才就诊。医生给他做了急诊手术，术后毫不客气地说："亏得自己还是医生呢！来这么晚，阑尾都穿孔坏疽了，太危险了！"贾立群对医生说："看到他们期盼的眼神，我于心不忍啊！"

多年来，贾立群经常收到家长送来的感谢信和锦旗。还曾获全国医药卫生系统先进个人、北京市先进工作者、群众心目中的好党员、第三届首都道德模范提名奖、全国医药卫生系统创先争优活动先进个人等荣誉称号。

线索提供：北京儿童医院

点评

如果说，"贾立群B超"的患者口碑，让人在忍俊不已后由衷钦佩的是他精益求精的医术，那么，"缝兜大夫"的家长感慨，则是对他的高尚医德肃然起敬。在父母眼中，孩子是天；而在患儿全家眼中，守护他们的贾立群，就是天使。多希望这样的"神探"名医、不为金钱所动的大医多些，再多些！

——中国工程院院士 张金哲

刘晓程

心怀梦想的起舞者

文 / 杨萍　陈惠

　　年过四旬的甘肃农妇杜某是泰达国际心血管病医院（以下简称"泰心医院"）心脏重症监护病房（CCU）的一名护工。她曾照顾一位90多岁的老年患者，老先生患有脑萎缩，安装了心脏起搏器之后要卧床休息一段时间。当晚，患者突然吵闹着要出院。当班的杜某好言相劝不能奏效，当老人家要强行起身时，杜某死死地按住他装有起搏器电极侧的肩和胳膊。老先生更加狂怒，拿起不锈钢杯子一遍又一遍地砸她……直到医生护士赶来稳住患者后，杜某才松了手。事后，浑身青一块紫一块的杜某因胳膊疼去检查，才发现手臂骨已被打裂。是怎样的一种责任感让这名护工全然不顾自身安危，把患者的生命安全看得比自己都重要？

　　对此，泰心医院院长刘晓程的解释是，"泰心人热爱这份工作，有共同的价值观，并愿意为之付出。"

　　这样一种医院文化，让刘晓程引以为傲。他一直怀揣的理想正是"建一座好医院，做

> "建一座好医院，做一个好院长，带一支好队伍，当一名好医生。"

一个好院长，带一支好队伍，当一名好医生。"

建一座好医院
"医院要体现人性化，以患者为中心，需要从细节着手。"

1987年，38岁的刘晓程放弃了北京优越的工作和生活环境，离开阜外心血管病医院，直奔家乡黑龙江。在东北边城牡丹江，他创建了我国第二所心血管病专科医院——牡丹江心血管病医院。"当时医院的旧址只有2000平方米，70张床位。我们边建新院，边开展手术，条件极其艰苦。就在那种条件下，我带领着200多名职工做了600多例心脏手术，包括黑龙江省第一例冠脉搭桥手术。我的长征始于那时！"刘晓程感叹。

在牡丹江工作期间，刘晓程培养了大批心血管专业的优秀人才。也是在那里，他在6天中连续为两名晚期心脏病患者进行了心脏移植手术，还完成了我国首例心肺移植手术。

1994年，刘晓程奉调回京，先后担任中国医学科学院副院长和中国协和医科大学校长和党委书记等职。在常人眼中一切都按部就班，刘晓程却感到，"中国医疗体制中的矛盾太深，我所做的工作其实只是隔靴搔痒，

凭一己之力根本推不动中国医改沉重的车轮。既然自己推车力不从心，索性去做一块铺路石！"于是，他带着"彭德怀种实验田"的心情，毅然再次离京，到天津种下了"泰心医院"这颗种子。

2003年9月，泰心医院建成，这所国内唯一参照现代企业制度运营的公立医院，探索着一套与众不同的新的管理体制。

建院之初，泰心医院就建立了所有权与经营权分离的治理结构。医院从根本上切断开药、检查等项目与医生收入之间的联系，还下大力度、出狠招消灭医生拿红包、收回扣现象。这所医院还处处闪现着以人为本的理念：自动叫号免除了患者排队的辛劳，自动包药机在国内首次为患者提供顿服的药品……"医院要体现人性化，以患者为中心，需要从细节着手。"刘晓程说。

时逢SARS，刘晓程仅花了一年半的时间建设这家医院，而此前，他用近十年的时间在想一个问题："当今中国理想的医院究竟应该是什么样？"为此，他不断在脑海里"建构"着他心仪的医院。"不能说我有什么本事，但我绝不盲目、绝不盲从。" 时任国务院医改办主任的孙志刚三访泰心后感慨地说："泰心医院是中国公立医院改革的样板。"

做一个好院长
"这里是一个和谐的大家庭,我只是一个'大家长'。"

不久前,泰心医院精心"饲养"的一只绵羊"天久"引发了整个医学界的震动。它的身上植入了具有完全自主知识产权的可植入第三代心室辅助装置——磁液双悬浮血泵。这个血泵创造了多项国内第一,这标志着我国人工血泵的研究取得了突破性进展。

一位辽宁营口的老大爷打电话到泰心医院,说自己每天都受病痛折磨,家庭经济条件不能负担心脏移植的费用,本来都等死了,但是看了"天久"的新闻后看到了希望,希望成为第一个"试验人"。

"这是患者对医院的认可,更是刘晓程院长重视科研所带来的积极效应。"医院办公室张文彬主任为之感慨。

泰心的另一项重要工程就是爱心救助。从2004年9月至2013年7月底,泰心医院通过多个慈善项目,已成功救助5844名孤贫患儿。一家医院开展一次救助容易,但十年如一日地开展下去的医院却为数不多。

"救助工作很复杂,涉及很多环节。幸运的是,泰心医院工作方式简捷,各部门都积极配合,不必通过繁琐的层级。"泰心医院爱心救助办公室曹娟主任说。

谈及如何成为一名优秀的院长,刘晓程坦率地讲,"我从没有学过管理和MBA,但我认为管理者有两个任务,一是做决策,二是管好人。管人是管心,不是压制,而是感召。管理者要带头、做榜样,要公平带人、公平处事。"正是因为这种成熟的管理理念,使得泰心医院的人际关系"简单而健康、融洽而和谐"。"这里是一个和谐的大家庭,我只是一个'大家长'。先进的管理体制,一定会催生出健康的医院文化。"

带一支好队伍
"我所做的,只是闯一条路、搭一个舞台、种一棵梧桐树。"

大家都说刘晓程是一个理想主义者,这体现在他对自己和团队的要求上。"刘院长要求我们在做事情之前和过程中,都要把目标和评价定在100%。要对自己严格要求,否则结果很可能一塌糊涂。"张文彬说。

有一次,张文彬向刘晓程汇报工作,刘晓程问:有问题吗?答:没问题。又问:真的没问题吗?张文彬有些骄傲:"哪有不存在问题的。咱们再有问题,也比其他医院强。"刘晓程批评了张文彬,他认为,"我们做任何事情,首先要知道国家的标准是什么,先进国家的标准是什么。了解标准,才能知道我们现在是什么水平!怎么能盲目自大!"

这种对己对人的严格要求,不追名逐利只踏实做事的心态,让众多志同道合者自愿加入泰心的队伍。

泰心医院常务副院长董军,曾任北京全军医院管理研究所常务副所长。她在病案管理、质量控制、单病种控制、信息化建设等方面非常有研究。刘晓程知道后前去拜访。他言辞恳切:"你有那么多想法,哪一个是真正实现了的?像个空对空导弹。还不如我们共同建一块试验田,把你的科研化为现实。"这深深地打动了董军。他们搭伙一干

寻找大医精神
XUN ZHAO DA YI JING SHEN

就是十年。

副院长刘志刚曾是刘晓程的博士生，毕业后就到阜外心血管病医院锻炼。他早就向师父承诺过，练好了就来给师父当助手。就这样13年磨一剑，终于在今年1月9日兑现承诺、如愿以偿。

在泰心，像董军、刘志刚这样的骨干还有很多。刘晓程说："我所做的，只是闯一条路、搭一个舞台、种一棵梧桐树。"他坚信有共同价值观的人聚集到一起，让有志者来泰心同台表演，让同道的"凤凰"栖于"泰心"同一梧桐。开放包容的纳贤氛围使想实现自我价值的人，汇到了泰心医院。

就是这样的一支团队，在国内首次为欧美发达国家重症冠心病患者实施冠脉搭桥手术；完成国内首例第三次冠脉搭桥手术和第二例长期存活的心肾联合移植术；研发出磁液双悬浮人工血泵，圆了几代人几十年的梦。

当一名好医生
"手术既是救人的过程，也是教人的过程。"

作为一名心外科专家，刘晓程34年来从没离开过临床。他说，"心外科是一门技术，更是高超的艺术，没有任何一台手术是完全雷同的。"他总结，心外科有三大特点：特殊性、时间性、全局性。

"刘院长告诫大家，手术中所有人都应严肃认真。手术既是救人的过程，也是教人的过程。跟他同台手术的年轻医生成长都很快，因为他把技术毫无保留地教给年轻人。"从建院之初就在泰心医院工作，现任七楼病区护士长的任晓玉说。

许多人都说，刘晓程将救助项目坚持这么久、这么好，实属不易！是怎样的仁爱之心和坚强毅力能让人十年如一日？这大概就是他作为医生的崇高理想吧。他做医生的初衷就是关爱生命、尊重生命，对弱势群体他更是倾注了全部的爱心。为了这个理想，他做了许许多多实实在在的事，热度自始至终从未衰减，炉火正红。

他用大半生的时间挽救了无数人的生命。当记者问到，会不会特别有成就感时，他笑着说，"我从来不会有成就感。我是一头只顾低头拉车，不会回头看路的牛。"他只享受奋斗的过程，而不在乎奋斗的结果。"把任何事都看得淡一些，人就会活得轻松一些。"他的精力、心思都给了理想和未来。

线索推荐：泰达国际心血管病医院

点评

他放弃名利、放弃仕途，就为了打造一所理想中的医院；他身先士卒，亲切又严厉，营造着简单健康的人际关系；他闯一条路，搭一个舞台，种一棵梧桐树，聚集了相同价值观的人共同守业；他敏锐创新，开创一个个新术式，挑战心外科手术的最高难度。完美主义者的他，每件事都要做到极致。他享受着奋斗的过程，义无反顾。他在崇高的梦想世界里翩翩起舞。

——天津市卫生局局长 王贺胜

温浩

半生执着 演绎治"虫"传奇

文 / 唐玲

"包虫病"——这个曾经像魔鬼般缠绕新疆百姓尤其是农牧民的疾病,新疆医科大学第一附属医院(以下简称"新医大一附院")院长温浩已与它打了半辈子交道。多年来,他用"滴水穿石"的执着,用博大精深的专业知识,一步步攻克着包虫病顽疾,为众多包虫病患者解除了疾病折磨,重塑了生活的信心。

初遇包虫,他坚定抗"虫"决心

他"自找苦吃、自加压力",养过愈千只"包虫鼠",经管了数百名包虫病患者,参与多项包虫病免疫药物、手术和现场流调。

包虫病是人畜共患的寄生虫病,尤其是泡型包虫病素有"虫癌"之称。而新疆是世

> "面对荣誉，我将永持低调，面对事业，我将执着终生。"

界上包虫病最严重的高发地区之一。

1988年，刚步入临床的温浩便与小小的包虫不期而遇。他亲自经历一个13岁的孩子，因包虫病反复发作先后做了13次手术，最终还是因多脏器衰竭去世的痛苦过程。这给刚踏上社会的温浩的心里留下了深深烙印。能否有系统的治疗方法让包虫病少发或不发？有无更好的手术方法？若手术不能完全解决，能否用多种方法综合解决呢？一连串的疑问压在当时还是住院医师的温浩心里。为此，他一心投入到包虫病的诊防治领域。

20世纪80年代初，温浩考取了新疆医学院普外专业硕士研究生，在该院姚秉礼教授的指导下，他如饥似渴地汲取专业知识，以优异成绩毕业。1989年底他又远赴英法求学，在英国导师Craig、法国导师Vuitton和Mantion等专家的指导下，在包虫病的免疫诊断和药物治疗、肝移植等方面取得突破进展，并获"多产博士"美誉。读博时，发表4篇SCI论文，获"杰出优秀青年奖"、第17届和21届包虫病国际大会奖，被任命为世界卫生组织包虫病专家组最年轻的成员和亚洲协调代表。随后，温浩又到完成世界首例肝移植治疗包虫病的医学中心——法兰西孔泰大学医学院消化血管外科及肝移植中心从事临床博士后研究工作。他的导师Graig教授曾说："温浩，是我们研究团队中最高产、最能吃苦的博士，他极具潜能，兼有基础和临床优势，他会成为包虫病诊治的领军者！"

1995年底，学业有成的温浩拒绝导师的挽留，怀揣"三个梦想"，即培育一支包虫病优秀创新团队、建成一个国内一流的包虫病研究基地、打造一个国际知名的包虫病临床诊疗中心，回到祖国，扎根新疆热土。就这样，温浩踏上了迄今30年攻克包虫病的漫漫征途。

迎难而上，他潜心钻研勇攀高峰
回国18年来，温浩始终瞄准世界医学前沿，不断创新开拓。

温浩带领一批以研究生为主的医学科技工作者团队，建立并拓展了新疆肝胆包虫外科新技术平台，搭建起集包虫病基础研究、诊疗于一体的完整综合诊疗体系，使新疆成为世界包虫病综合防治中心之一。他也从普通的医学生，成长为一位在国内外享有知名度、德艺双馨的医学专家。

回国初的三年间，温浩先后创建5个实验室，并于2002年创建新疆包虫病临床研究所。他主持研制的包虫病特异性抗体检测试剂盒，成为新疆首个第三类医疗器械体外诊断产品。此后，温浩还率领团队主动联合国内外精英，屡创新疆和全国"首例"。他先后开展：选择性肝门阻断肝叶段及尾状叶切除术；肝囊型和泡型包虫病的根治性切除；全国首例肝泡型包虫病的肝移植；全国首例自体肝移植手术治疗高位胆管癌，国内外前6例终末期肝泡型包虫病；其中，自体肝移植被列入国家863重大专项。引用法国科学院院士Mantion的话："我们关于实施自体肝移植的梦想，温浩他们实现了。"

归国18年，温浩先后获得国家科技进步奖二等奖1项、何梁何利基金科学与技术进步奖、中华医学会科技进步奖二等奖及科普奖各1项、中华预防医学会科技进步奖三等奖、自治区科技进步特等奖和一等奖。获得授权发明专利6项。作为主要起草人制定中华人民共和国卫生行业标准——包虫病诊断标准。主持编制卫生部《包虫病外科治疗项目管理办法》和《包虫病外科治疗项目技术方案》。2010年，温浩主持的"外科学"成为国家级精品课程。2011年，他带领包虫病团队获"教育部长江学者和创新团队发展计划创新团队"，"地方病（包虫病）"被评为国家临床重点专科建设项目。2012年，他担任主任的新疆重大疾病医学重点实验室被评为科技部优秀省部共建国家重点实验室培育基地。

心系病患，他的足迹踏遍天山南北

温浩通过创机制、建基地、组团队，用汗水和执着奉献改变着西部地区"因病致贫，因病返贫"的现状。

温浩先后带领医疗志愿者团队远赴包虫病高发的偏远地区50余次，进行"属地培训、现场示教、互助实践"及外科技术培训和手术示范，在新疆创建包虫病诊疗中心14个，定点医院30个，并在四川、甘肃、青海和内蒙古建立包虫病协作医院4个，培训3000余人。三年来培训流调行程近百万公里。有效提高了我国包虫病的整体诊防治水平，完成从个案治疗到群防群治的跨越。

遇到贫困的包虫病患者，他带头捐款、免费治疗。新疆偏远地州县等地生活、卫生条件极差，这也是包虫病高发的原因所在。温浩每次前往流调巡讲时，总是给予病患药物和生活上的帮扶。

2003年，温浩与英法同行赴伊犁新源县调研，刚到县医院，一对面容焦急的夫妇跪在他面前哭着求救。原来，他们17岁的儿子唐柱突然发病入院。经了解，患者患有严重的肺脑多器官泡型包虫病，难以手术治疗，现由于病情加重肝衰竭卧床不起。为挽救这个年轻人的生命，温浩采用研发的新药剂型——阿苯达唑脂质体免费为他施治。用药后奇迹发生了，患者的肝衰竭逐渐得以纠正，肺、脑转移病灶消肿钙化。经过三年的规范治疗，唐柱的病有了明显好转。根据唐柱身体逐渐改善的状况条件，2009年，温浩和他的团队为患者成功实施了肝泡型包虫巨大病灶自体肝移植手术。现在，唐柱已经成为新源县医院一名优秀的推拿治疗师。

2011年5月,一名面色发黄、腹部膨隆的姑娘找到温浩。姑娘名叫周琼,患有巨大肝占位,属肝泡型包虫病,由于受侵肝后下腔静脉闭塞且门静脉胆道受侵,生命垂危,只有自体肝移植方有可能一搏。在与协同创新中心合作伙伴——北京解放军总医院董家鸿教授及其团队讨论后,制订了周琼自体肝移植和将其母亲作为备肝源的两套手术方案。最后,温浩与董家鸿及他们所带领的团队历时12小时,为周琼实施全肝离体切除健侧(自体)肝左外叶植入术,切除病灶近4公斤,手术圆满成功。周琼术后来院随访时,恰逢法国科学院G. Mantion院士、肝胆外科创始者之一H. Bismuth来院进行国际交流,当他们看到周琼术后恢复的状态时,均对该手术给予了极高评价和称赞。此后,温浩和他的团队共实施了6例这样的手术。

远程救治,他打开生命"绿色通道"
温浩经常说,他最欣赏水的品质,即:赞赏水的包容,认同水的低调,追寻水的纯净透明,敬佩滴水穿石的执著。这也是他人生追求的最好诠释。

新疆地域辽阔,基层患者遇到疑难危重疾病都要转诊到乌鲁木齐,不仅路途遥远、花销大,还可能在转诊途中延误病情甚至造成生命危险。作为新疆大型教学医院的院长,从发挥医院公益性的角度出发,温浩提出"属地诊治、正确转诊、疑难重症少出疆"的目标。

2008年4月,新医大一附院启动远程医学中心,在全疆各地州市县建立网络协作医院153家,开展远程会诊3.5万余例。作为卫生部包虫病外科救助专家组组长,温浩在全国首创将远程平台应用于包虫病外科救助,实现与四川甘孜州人民医院和甘肃环县等地的定期跨省会诊,为全国各地包虫病患者打通一条救治疾病乃至生命的"绿色通道"。目前,该院远程医学工作已拓展至中亚邻国。

在2012年度中央电视台《科技盛典》节目的现场,温浩感言:"面对荣誉,我将永持低调,面对事业,我将执着终生。"我们有理由相信创造着治"虫"奇迹的温浩,一定会率领着他的优秀团队继续努力前行!

线索推荐:新疆医科大学第一附属医院

点评 30年,怀揣梦想,以一颗赤子之心,全身心地投入,只为攻克祸害新疆百姓的包虫病。作为该病诊治的领军者,温浩放弃了国外的安逸与诱惑,选择了艰苦与沉默,最终水滴石穿。在一片繁华和浮躁的喧闹中,我们敬仰低调做人、高调做事的学者。

——新疆维吾尔自治区卫生厅党组书记 殷宇霖

周月华

患者的需要是我行走的力量

文/肖莉丽 黎军 蒋治彬

在重庆市西北部华蓥山麓的茫茫群山中，有个名叫柳荫镇西河村的小村庄，这里沟壑密布，山峦巍峨，景色迷人，但山路却十分险峻，有的地方石壁如刀削，小道如羊肠，常使人望山兴叹！可是，谁会想到，有这么一个左腿残疾的女人，几十年来，仅靠着一副拐杖，靠着丈夫如大山一样坚实的脊背，踏遍了山里的沟沟坎坎，几十年如一日守护着方圆20公里几百户山村百姓的健康。她就是被人们称为"行走在丈夫背上的乡村医生"、获评2012年"感动中国十大人物"的周月华。

3月8日中午，顾不上吃一口饭，刚接到患者电话的周月华又坐上了丈夫艾起的摩托车，从村里出发了。这次打电话的是镇上一位70多岁的老奶奶，因胃病发作向周月华求助。跟往常一样，不论逢年过节还是刮风下雨，周月华总是哪里的患者需要就往哪里赶。尽管这天是妇女专有的节日，很多女性同胞都已放假休息，但周月华仍然坚守卫生室。一副拐杖，一个药箱，铸就成她坚强的人生。

寻找大医精神
XUN ZHAO DA YI JING SHEN

> "虽然我是一个残疾人,但如果能为别人解除痛苦,我的痛苦就会少多了。"

周月华说,虽然经常给邻里乡亲看病,但她和丈夫至今未做过一次体检,这是周月华的一个心愿。

在周月华看来,自身残疾并不可怕,只要心中有爱,再艰难跋涉的山路也会越走越宽。她总说,"虽然我是一个残疾人,但如果能为别人解除痛苦,我的痛苦就会少多了。"

自幼残疾 行医是最大的梦想

周月华8个月时,被诊断患有先天性小儿麻痹症,一生不能独立行走。然而这一切并没有摧垮她生活的意志,正是由于自身的疾痛,她从小就对成为一名医生充满憧憬。

初中毕业,周月华报考卫校却遭受打击——北碚区卫校不招收残疾人。她决定上门试一试:先从柳荫坐车到水土,再乘船到施家梁,再从施家梁挂着双拐,一步一步挪向北碚九院。"姑娘,你这么急着去医院是去治病吗?"路上有人好奇地问。"不,我是想去学医给人治病。"凭着这股执着的劲头,几经努力,倔强的周月华被卫校破格录取。

1990年11月,周月华顺利从卫校毕业,她不顾亲友反对,毅然回到了家乡柳荫镇西河村。看着乡亲们每次需要步行几个小时到镇上看病,周月华萌生了在家乡开诊所的念头。她的想法得到了镇里的支持,两个月后,她的乡村诊所正式挂牌开张。穿着崭新的白大褂,拄着拐杖的周月华眼角湿润了,做一名医生的梦想终于变成现实!

也就在那一年,周月华认识了丈夫艾起。艾起说,自己第一次见到周月华,正是在她行医的路上。看见一名残疾姑娘提着药箱艰难行走,艾起心生好奇,便向附近的村民打听起周月华的情况。"当时我正因为找不到工作,而对生活失望,当我看到她这样一个残疾人都能够自强自立,很受触动。"

"背你一辈子,我无怨无悔!"正是艾起这句朴实真诚的话打动了周月华。婚后,丈夫一直用行动实践着一个男子汉坚定的诺言。20多年来,周月华凭着对医疗技术的不懈追求和对乡亲们的感情,依靠着拐杖和丈夫的背伏,走村串户为村民看病抓药,经年累月,从未懈怠。

敬畏生命 救死扶伤是唯一选择

作为一个普通人,周月华也敬畏生命,可她知道,身为一名医生,救死扶伤就是她唯一的选择,即使献出自己的生命也在所不辞。

那是1999年的一天,凌晨三点,细雨蒙蒙,睡梦中的周月华被一阵急促的电话铃声惊醒。"艾起,快起床!"她赶紧摇醒沉睡的丈夫,原来是村民顾地芳家的儿媳临产了,想请周月华去接生。她二话没说,趴在丈夫背上就出诊了。

那是一条怎样的山路啊!路面凹凸不平,山路盘旋陡峭。右边,是高高的峭壁,左边,是深不见底的悬崖;路下面的绝壁向里凹着,整个路基好像贴在绝壁之上。山下,从金刀峡流出的河水冰冷刺骨。

借着微弱的手电筒光亮,丈夫背着她深一脚浅一脚地向顾家走去。在一个拐弯处,突然,艾起左脚一滑,右腿一下子跪在地上,趴在丈夫背上的周月华一下子被摔了下来。等周月华回过神来,才发现自己坐在路边湿漉漉的泥水里,背靠着光秃秃的风化石绝壁,两手本能地抓住身边的一丛灌木,伞不知道摔到哪里去了。"艾起,艾起!"周月华带着哭腔大喊。

黑夜里传来丈夫的声音,原来艾起已掉到路下去了,幸好路边的一丛灌木把他的两只手架住了,右腿膝盖处鲜血淋漓……带着疲惫和恐惧,惊魂未定的他们没有停留,在陡峭的山路上走了一个多小时才赶到患者家中,顺利地接生出一个新生命。

顾地芳说,"我记得当时艾起满身是泥,事后才知道周医生夫妇摔倒了。为感谢周医生,后来我们专门送去红包,她拒绝了,只说'母子平安就好,我们俩不是没怎么样嘛'。"

时至今日,每当艾起想起那次经历,都会后脊发凉,额头浸汗,可周月华还是会随喊随到。

能帮一把是一把
奉献是一辈子的追求

在卫生室的桌子上,有一个破旧的小本子,上面记载着周月华为家境困难的村民垫付医药费的情况。一共是多少钱?周月华从未算过,艾起也不会过问。

每每遇到家庭贫困的患者,周月华总想伸手帮一把。"周医生是个好人!"来自西河村的孤寡老人汪官珍婆婆总把这样一句话挂在嘴边。因为山上寒气重,村里的关节炎患者比较多,周月华常帮他们扎针灸、拔火罐、刮痧、推拿,从来没收过钱。"如果按照规定的标准收取费用,我怕大家承受不了,就随便给吧。但对于那些经济条件不好的,还是照样不收钱。"这些周月华和艾起已经商量好了。

西河村二社有个无儿无女的老人朱仁中,生活十分困难,十几年来,周月华为其看病从没收过一分钱。后来老人年纪大了,身体越来越差,周月华垫付的医药费也越来越多,老人过意不去,生病了也不好意思再去找她。周月华发觉后,就每个星期主动上门给老人检查身体。她对老人说:"以后生

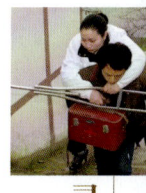

了病一定要和我说,不要瞒我,那点药值不了多少钱,千万不要放在心上。"逢年过节,周月华还会带着年货上门看望老人,直到老人去世。

像这样的患者,周月华帮助过很多。她不仅上门行医,对家庭困难者还会少收或免收医药费。记者问她这些年一共垫付过多少医药费,周月华淡淡地答道:"这些事还去记它做什么,乡里乡亲,能帮一把是一把,治病救人是医生的天职。"

多付出少回报
乡亲满意是最好的收获

"如果我走了,村里的患者和孤寡老人、留守儿童的健康就更得不到照顾。只要他们还需要我,我就会一直留在这里。"

近年来,西河村的条件好多了,很多人在镇上买了房子,年轻人也大多出去打工,村里常住人口从原来的1000多人减少到三四百人。曾经也有很多机会,周月华可以离开西河村,到镇上、区上开诊所,但她都婉拒了。

为了更好地给患者解除病痛,周月华珍惜每次培训机会,提高自身技能和水平。每天,无论工作到多晚,她都要抽出时间在网上学习医学知识,特别是白天自己遇到的不熟悉的情况,她都会反复研究,看看通过哪种办法能达到最佳治疗效果。周月华说,如果村医的技术提高了,能够看好更多的病,村民就不用去大医院就医,可以节省交通、食宿等一大笔费用。

二十多年的时光,一个残疾姑娘的行医之路处处充满艰辛。但她一直坚持、坚守、博爱、奉献,用缺憾的身体托起了一份沉甸甸的责任,实现着自己的人生价值,也赢得了患者和社会的尊重。大爱无言,周月华的爱,是一个人民医生为人民的大爱!

几十年间,她每年诊治患者近4000人次,在医疗战线默默奉献着自己的智慧、自己的青春、自己的人生,以近乎悲壮的形式,谱写了一曲白衣天使生命不息、奉献不息的凯歌。

线索推荐:重庆市卫生局

点评

本该让人照顾的她,却拖着残疾的身体,背起药箱,趴在丈夫背上,艰难执着地前行。20年翻山越岭风雨无阻,两口子重复的是一件事——治病救人。当天使的关爱温暖了一颗颗村民的心时,患者记住了什么叫白衣战士。

——重庆市卫生局局长 屈谦

栗占国

于微深处见精神

文 / 李光亚

二十多年前,国外对风湿病学已经非常重视。但那时的中国,风湿科从业者屈指可数,年轻医生的眼光大多停留在肿瘤、心血管等热门领域。事实上,风湿免疫性疾病致残率高、脏器损害重、迁延不愈带来的病痛如同恶性肿瘤一样吞噬着患者生活的希望,同样值得关注。

当年,正在哈佛留学的栗占国深知风湿免疫专业在中国的现状——这个庞大患者群需要规范的诊断和治疗,需要医生乃至整个社会的关注。因为经过合理治疗,大多数患者可以缓解甚至完全康复,并非传说中的令人生畏。

医生是在治病人而不是治病

"医生是在治病人,而不是治病。多出一个'人'字就大不一样。"

栗占国长期工作在风湿病临床一线,他说:"精于临床是做一名好医生的基石。风湿病临床表现复杂、多系统性损害的特点导致这类疾病诊断困难。要做出准确的诊断,

> 他注重临床实践中的传帮带、注重临床思维训练,强调要用"心"做医生。

必须具有扎实的临床功底和见微知著的本领。"

曾有一位病史逾30年的老年女性患者,已被诊断"类风湿关节炎"10余年,但多次治疗仍无效。栗占国在检查时发现,虽然患者双腕关节活动受限30年,但临床表现、关节损害和影像学损害并不明显。他看到患者右手腕处有一块不大的瘢痕,于是追问病史,患者说她烫伤过很多次,手的温度感觉减退。栗占国意识到这不是简单的类风湿关节炎。究竟是什么?1868年,法国一位神经学家首次报道了一种称作神经性关节病的疾病,是由神经感觉和神经营养障碍导致,是否是这种疾病呢?栗占国随即让患者做颈椎磁共振等检查。检查结果很快出来了,证实的确是由脊髓空洞症引起的神经性关节病。

其实,对于神经性关节病,风湿科医生并不陌生,由于临床较为少见,很难想到和做出诊断。只有当具备强烈的为患者去除病痛的责任心、敏锐的"临床嗅觉"和深厚的知识储备时,才能从蛛丝马迹中发现线索,深入探究以明确诊断。

记者了解到,栗占国所在的北京大学人民医院全院大会诊的疑难病例会诊中,半数以上属于风湿免疫病或与免疫相关,这充分体现了这门学科的特点。而风湿免疫科更是收治大量来自全国各地疑难危重的风湿免疫病患者,成为全医院收治外地患者最多的临床科室之一。一天,栗占国的门诊来了一位中年女性患者,她的生活完全无法自理,在长达8年的病程中,反复出现癫痫发作、心脏内赘生物、贫血、血细胞重度减少等症状,长年就诊于多家医院的神经内科、心内科、血液科,后因全血细胞减少无法手术治疗心内膜赘生物,辗转来到栗占国的特需门诊。仔细追问病史时,栗占国发现,患者20余年前就出现血小板减少、脱发、雷诺现象以及神经系统、心脏病变,于是很快确诊为"系统性红斑狼疮"中的"神经精神性红斑狼疮"。经过正规的治疗,患者癫痫得以完全控制、血象正常、心内膜赘生物也完全消失,恢复了健康。患者和家属感激万分,称栗占国的治疗使她重塑人生。

栗占国经常对学生讲:"将患者当亲人,你会怎样去诊治?如果诊治困难你一定会想尽办法找高一级的医生讨论,或者请专家会诊、查文献，甚至会去做研究。"

只靠八小时工作很难成为好医生

他推崇"各美其美，美人之美，美美与共，天下大同"的科室精神，鼓励个人和团队共同发展。

多年来，栗占国发展学科的思想一直是"国际一流的风湿病诊治中心"，但是一个人的力量远远不够，必须要打造优秀团队，培养一批临床水平过硬的风湿病学医师。他注重临床实践中的传帮带、注重临床思维训练，强调要用"心"做医生、管患者。

每周一次的全科大查房是科室医生紧张又期待的时候，栗占国会在患者床旁详问病史，捕捉重要临床线索，提炼临床问题，循循善诱地讲解如何安排检查从而解决问题，直至明确诊断。他生动地将抽象的临床思维过程展示给大家，每每都会使听者获益匪浅。

临床上，他最爱"挑刺儿"，比如早交班时发现哪些患者的处理欠妥，他会马上问明究竟，"点"出问题所在，提出解决方案，并提醒当事医生及全科注意，避免类似事情再次发生。必要时，会在科内业务学习中安排讲课及讨论。他总说，如果患者入院一段时间，还未明确诊断或者病情进行性加重，一定要密切、动态地观察病情，不断反思诊断是否正确、治疗效果为什么不好、是否需要安排新的检查和会诊，要用"心"琢磨与思考。在他的影响下，全科树立起"让每个经治的患者都能得到医生最用心、最合理的诊治"的观念，也因此培养出了临床基本功扎实、业务能力过硬的团队。

他指出："由于风湿免疫病病因不清，疗效还不尽人意。不仅要靠临床规范化治疗，还要进行科学研究，探索疾病的本质，从而解决最棘手的临床问题。"他带领团队申请到973计划、教育部创新团队、北京市风湿病重点实验室等，指导其团队从临床中捕捉科学问题，进而转换成科研，并用于临床诊治。

有一次，栗占国给他曾经的学生、现已是教授的张学武医生一个小纸袋，上面赫然三个红字"清洁袋"，不过顶端有一行字，他指着字说："你看看这个，我们或许可以做。"张学武说，那是他外出途中随手写的新想法。栗占国每次出差途中必做两件事，第一是带着学生的文章，在飞机上、宾馆里修改好；第二是整理思路和记录灵感。

勤奋、敬业是他对团队成员的基本要求。团队成员安媛医生笑称："主任有句'名言'——只靠八小时工作很难成为好医生。"因为日常的临床工作只属于兢兢业业，想要提高必须额外付出。正是这种身体力行和言传身教，现团队中已有15人为在职教授／副教授；数位获得北京市科技新星（注：临床医生获此称号较难）、教育部优秀人才、北京大学优秀人才等称号；20余人在国际学术期刊发表英文论著；近20人作为项目负责人各自主持至少一项以上国家级科研项目。

如今，他的学生遍布全国各地，有的已成为教授、博士生导师、学科带头人。在北京大学人民医院进修过的医生也已成为各地的学术骨干、科主任或地方学会主委，在各自医院中发挥着重要作用。

学术头衔只是提供了做事的平台

"有了机会和平台,就要更好地发挥自身作用,更好地带动并影响学科发展。"

栗占国担任着不少重要的学术职务,包括国际风湿病联盟主席、亚太风湿病联盟主席及中华医学会风湿病学分会主任委员等,还获得了包括973首席科学家、吴杨奖获得者等多个荣誉称号。2010年,他还被美国洛克菲洛中华医学基金会(CMB)评为风湿病领域唯一的CMB杰出教授。他说:"学术头衔只是提供了做事的平台,或者说是机会,能不能做好完全看个人。有这样的机会和平台,就要更好地发挥自身作用,更好地带动并影响学科发展。通过加强国际性的交流与合作,进一步提高国内的研究水平,提升国际影响力。"

近年来,我国风湿病学飞速发展,甚至部分临床研究走在国际前列。"可以说,我国风湿病学正步入发展的黄金时期,已到了质变和飞跃的时候。"

目前为止,栗占国已为国内学者争取到数十次的大会发言及奖学金;发起并组织了亚太风湿病联盟的第一次针对亚太地区国家四种风湿性疾病专家共识的撰写;还为普及中国类风湿关节炎诊治,组织了亚太中国行系列巡讲;争取到2016年亚太风湿病联盟年会首次在中国的主办权。值得一提的是,他发起并主办的连续四届的"类风湿关节炎国际论坛",已成为类风湿关节炎领域最高规格的国际性年会。《Arthritis Rheum》杂志前任主编、Duke大学风湿免疫科主任David S Pisetsky教授在参加"第四届类风湿关节炎国际论坛"后,于权威杂志上撰文,将之喻为"长城脚下的学术盛宴"。

栗占国给自己的未来设立了三个任务:坚持临床与科研并举、打造临床能力过硬的学术型精英团队;推动我国风湿学科发展,让我国的风湿病学研究在国际上发挥重大作用;在亚太风湿病联盟主席任期内,促进和开展风湿病临床相关研究项目,为发展中国风湿病学科提供更多机会,为更多医师提供资助,并通过一系列举措推动亚太30多个国家和地区风湿病领域的发展。

他给自己设定的任务很艰巨,但是他乐于接受这样的挑战。

线索推荐:北京大学人民医院

点评

业精于勤,术精于专。专注于临床,时刻以患者的需求为己任。专精于学术,追求卓越、医教研齐头并进;在浮躁而信仰匮乏的当下,他依然坚守着务实、求真的信念,坚持着为医学而奉献终身的理想。他将一个团队带向新的彼岸;他与同道们一起让中国风湿病学走向世界。

——北京大学常务副校长、北京大学医学部常务副主任 柯扬

景在平

血管外科的探路者

文 / 徐颖

1955年出生的第二军医大学附属长海医院景在平教授,在圈内却早早地被尊称为"景老"。据他回忆,他还只是一名"外科小子"时就被这么叫了。对此,幽默的他归纳出了"三对半":同道叫"景老",那是一半赞同,一半调侃;学生叫"景老",那是一半尊重,一半省劲;他自己也答应,那是一半清醒,一半糊涂。虽然被称为"景老",但在创新的路上,景老却从来也不老。从死路到活路,从野路到正路,他只认准一个理,"已有的路都是外科先辈们一步步开出来的,尚无的路正待探索和开拓。我就选一条无人走的路走走吧。"景在平后来把它归纳成一句名言:"於无路处创出路,於有路处辟新路。"

唯一的梦想就是探索

"各行各业都需要创新,医学的发展尤应如此。"

景在平是一个血管外科的开拓者,他最先提出腔内血管学的概念,创新性地应用各类微创技术,让大多数血管外科手术告别巨

寻找大医精神

> "搞血管外科，我腾跃于血管之中；搞书画艺术，我穿行于线条之间。将两者融合浑然一体，是我终身所求。"

创时代。在传统手术禁区里创造了一个又一个生命奇迹。支撑着景在平去创造奇迹的是他的梦想。他曾动情地说，一个人一生可能有很多梦，而属于他的唯一梦想，就是探索出"最理想的微创治疗方法"，使大动脉瘤患者获得"最理想的微创治疗效果"。

景在平为所率学科定下了"创新为魂"的理念，他十分欣赏福特公司创始人亨利·福特说过的一句话："不创新，就灭亡。"他说，各行各业都需要创新，医学的发展尤应如此。要实现创新，不仅需要吐故纳新的气魄，更需要鼎新革故的能力。而景在平恰好同时拥有这种气魄和能力。

景在平坚持走创新之路，可以追溯到他与血管外科结缘之初。正是创新，使他从最初的一条"死路"走向活路。

他告诉记者，1989年长海医院普外科分专业组时，凭借着"外科小子"胸中激荡的热情，他毅然选择了当时完全空白的血管外科。当时他的同学舒志军（现为上海中西医结合医院院长）和一位进修大夫戴荣在一起叙谈时，都认为他选择了血管外科就等于选择了"死路一条"。但他的脑海里，想起的却是鲁迅先生的教诲，"地上本没有路，走的人多了也便成了路。"

欲创新路，路在何方？学科应从哪一点上切入和发展？景在平怀揣着这些疑问，带着导师仲剑平教授的重托，在1989年花了一年多时间在国内多家医院血管外科游学进修，并一头扎进文献中。他发现当时的血管外科大动脉手术死亡率高，小动脉手术阻塞率高。所以这个选择即使不是"死路一条"，也是"一条死路"。

景在平一贯的信条是"遇挫不馁，受困弥坚。"他横下一条心，一定要把血管外科这条"死路"走活。景在平最终选择了以微创腔内技术治疗血管疾病的创新发展之路。到1999年第二军医大学组织"学科创新巡讲团"时，景在平成了当然人选。南京巡讲结束时，当年的进修大夫、时任南京海军医学院训练部长的戴荣满面春风地出现在他面前对他说："人家是十年将生铁磨出一方宝剑，你是十年把'死路'走成一条活路！"

多年后，景在平总结自己最初的选择："临床创新的最大特点是从临床中来，到临床中去。着眼于先进性，立足于实用性，以解决临床实际问题为创新总目标。这样的创新才能有动力,才能成功。"

第一步走的是野路
"决不能后退!"

虽然景在平把血管外科这条"死路"走成了活路,但没有人知道,他第一步走的却是一条"野路"。当年他博览文献,总结国际上血管腔内诊治研究的成果,归纳出"四诊四治"的内容,首次提出"腔内血管外科"概念并发表在"中华外科杂志"上。在"四诊四治"中,他当时选中了血管镜作为进入人体血管腔内的研究切入点。1990年,当景在平把引进血管镜的申请报告提交到院长面前时,得到的答复是:院里无法提供资金支持。

面对如此绝境,景在平仍信念坚定:"决不能后退!"这种勇往直前的精神感动了一些诚心的朋友,答应给他62万元无息贷款,只要求两年内还清。利用这笔资金,景在平毅然引进了国内首套血管镜设备,开展了一系列开拓性研究,不仅一年半就还清了贷款,还高质量完成了他的博士论文。景在平也因此成为中国用血管镜进入血管腔内的第一人,更重要的是一举树起了腔内血管外科的大旗,迈出了我国微创腔内血管外科历史性的第一步。景在平自我打趣,"走的是野路,进的却是正门。"

而且,凡事爱创新的景在平还擅长走旁路。他用自己的经历证明,对成功而言,两点之间的最短距离不一定是一条直线,有时可能是一条障碍最小的曲线。

从1990年至1995年的短短5年间,腔内血管外科的一系列技术中多数被证明在可行性和实用性上并未达到设计之初那样的理想境地。与此同时,以DSA、导管导丝和支架型腔内移植物共同组合而成的腹主动脉瘤腔内隔绝术又崭露头角。景在平以敏锐的嗅觉,果断调整,抓住机遇,决定在国内率先开展腹主动脉瘤腔内隔绝术。但当时国内既无现成方法,也无法得到注册的腔内移植物。

景在平没有坐等,那不是他的风格。他遍寻国际支持,终于感动欧洲血管外科协会主席莫拉维夫教授,莫拉维夫按教学器具将腔内移植物带进中国,送到景在平手中。1997年,景在平用这枚饱含国际友谊的腔内移植物完成了中国第一例腹主动脉瘤腔内微创隔绝术。这项研究成果荣获2002年全军医疗成果一等奖,经过多年累积进一步荣获2012年度中华医学科技进步一等奖,并确定了以动脉扩张病和阻塞病为主攻方向,以腔内隔绝术为切入点,以简捷微创和疗效确实为创新宗旨的鲜明腔内血管外科特色。

创新路上无"功成名就"
"戴在头上的这些光环,都将成为历史。"

从一个普通的山村青年成长为血管外科的将军教授,从有名的"外科激情小子",到公认的"我国腔内血管外科的奠基者",如今的景在平,在血管外科,尤其是在大动脉瘤腔内微创治疗领域,可谓"高路入云端"。

1997年他在国内首例成功完成了腹主动脉瘤腔内微创隔绝术之后,紧接着又在1998年国内首例成功完成了胸主夹层动脉瘤腔内微创隔绝术,自此,一发不可收拾,相继攻

寻找大医精神

克了主动脉腹部内脏区、主动脉弓段、升主动脉段等众多世界公认的腔内微创治疗禁区。主动脉夹层动脉瘤腔内微创隔绝术的研究成果荣获2004年全军医疗成果一等奖。并进而荣获2012年度国家教育部科技进步一等奖。

学术与国际比肩令景在平最自豪。早在20世纪90年代末,景在平就作为专家应邀出席国际血管外科大会。2011年6月,景在平在美国芝加哥和德州各演讲2场。当地报纸《TEMPLE DAILY TELEGRAM》在头版对其进行了报道,与美国总统奥巴马的报道同居一版。

让国际大会的麦克风里有中国人的声音,手术示教台上有中国人的身影,是景在平创新成果的标志之一。在一次学术大会上,很多外国专家听完景在平的演讲,称赞之后竟然发出这样的疑问:"你真的是中国人吗?"景在平激动地叫停了大会,站在高高的讲台上,大声宣布:"我是一个中国人,而且是正宗的中国人。"那一刻,他觉得无比光荣和自豪。

声名远扬之后,有大批国外医师团前来参观学习,截至目前,景在平团队已累计培训国外专家140余人次。当被问及"不担心教会徒弟饿死师傅吗?"景在平显得颇不以为然:"要想保持领先不能靠'捂',相反,交流是促使进步的催化剂,唯有不断创新才能一直领先。"

在闪光的荣誉面前,景在平却依旧谦逊如昨:"戴在自己头上的这些光环都已成为历史,我所真正要实现的是用最微创的办法救治最凶险的血管疾病患者。"多年的临床实践让他赢得了患者的极大信任和广泛赞誉。患者间流传着这样的说法:"微创治夹层,去找景在平","微创治疗动脉瘤还是去找景教授"。

这位热爱艺术且充满大爱和激情的"景老",还想到了一个绝妙的混搭创意,那就是用艺术来助力,实现"医者仁心"。他边执笔创作书画并义卖筹善款,边持刀创新手术免费微创,为这些心脏主动脉瓣狭窄的老年患者解除病痛。他用实际行动践行着自己提出的"医学与人文相结合,技术与艺术相结合,科学与文化相结合"的文化理念。用他的话说:"搞血管外科,我腾跃于血管之中;搞书画艺术,我穿行于线条之间。将两者融合浑然一体,是我终身所求。"

线索推荐:第二军医大学附属长海医院

点评

景在平教授是我国腔内血管学的开拓者。率先成功开展了腹主动脉瘤和主动脉夹层腔内微创隔绝术,并率先爱心开展了球扩式心脏主动脉瓣腔内微创置换术。他义卖自创的书画筹集爱心善款并亲自施术救治心脏主动脉瓣狭窄患者,用两份心血救一颗病心,追求他所提出的"创新梦加爱心梦实现患者幸福梦"。

——中国工程院院士 黎介寿

王宁利

上善若水　仁者爱人

文 / 李新萍

集专家气质与文人风采于一身，博学睿智、幽默风趣，是很多与北京同仁医院眼科首席专家王宁利教授接触过的人的深切感受。如何成为一名好医生，同时达到"艺术家"的最高层次，王宁利用自己从医近30年的经历总结了四个字："善、悟、信、达"。他认为，有爱心，有悟性，诚信再加上努力就会使自己的医疗事业达到一个新的境界。

做善良医生

医生的一份努力，换来的是一家的幸福。

一个来自湖南的乡村教师，被确诊为青光眼。当王宁利了解到他为了看病，把家里唯一的一头牛都卖了，而村子里还有很多孩子等着他回去上课时，立即收他住院，并在住院后的第三天就给他做了手术。一年过去了，王宁利突然收到一个从湖南寄来的包裹，打开一看，

> "只要能登上自己的生命高峰，那就是成功者。"

是湖南的土特产，还有一封感谢信，在来信中患者表达了他全家对医生的感激。王宁利感到医生的一份努力，换来的是一家的幸福。

还有一对十几岁的姐弟均被确诊为"双眼先天性白内障"。另外，他们的母亲也患有白内障，且形态与发病年龄和姐弟俩非常相似。王宁利考虑，他们可能是一个伴有遗传因素的先天性白内障家系，决定立即为姐弟俩进行白内障摘除联合人工晶体植入术，以恢复他们的视力。另外，还要为他们进行遗传咨询以避免他们的下一代也出现同样的问题。然而，患者的家庭经济条件较差，无法承担诊治、手术、耗材等费用。了解到这种情况后，王宁利毫不犹豫地说，钱的问题我们来帮助解决。最后，经过多方协调，他亲自为姐弟俩实施手术，同时联系慈善机构赞助他们所需要的人工晶体。患者术后效果令人非常满意，出院重返校园后给王宁利寄来了一封情真意切的感谢信，感谢王宁利为他们擦亮了心灵的窗口。一名医生的行为不仅仅是治疗了疾病，也为患者树立了榜样。

做创新医生
创新思维是在扎实的基础知识上的延伸。

创新思维不是瞎干、蛮干，而是在扎实的基础知识上的延伸。应当在前期学习知识经验的基础上，在自己诊疗过程的积累中，悟出其中的精华，既尊重原则，又不拘囿于一些条条框框，才能创新。

每到王宁利出门诊的日子，医院候诊区便会涌满慕名的求医者，其中近四成需高风险、高难度、挑战性极强的手术治疗。王宁利说："医学手段是有限的，而医生的情感是无限的，只有将情感投入到医疗救治过程中，才能产生奇迹。"

十年前，有一名患者，患双眼原发性闭角型青光眼，两只眼睛都在当地做的小梁切除术，术后却出现恶性青光眼，其中一只眼睛已经完全失明。到王宁利这里看病时，患者有视力的眼睛也已经做了3次手术，前房完全消失，周边虹膜和角膜完全粘连，晶体混浊，眼前段的球结膜完全瘢痕化，眼压又高，许多医生对此束手无策。王宁利冥思苦想如何能用最小的损伤达到治疗目的，使患者保持有用的视功能？他查阅大量文献，都未查到解决难题的答案，在给患者制订手术方案的几天里，他寝食难安。突然有一天一个想法在脑海中闪过，能不能把青光眼引流物植入手术和玻璃体晶体切除手术结合起来？能不能把引流管通过扁平部植入到玻璃体腔达到引流房水降低眼压的目的呢？在取得患者同意后，他开始手术。手术过程比较顺利，但术后由于早期设计的青光眼引流物引流管内没有瓣膜控制，术后房水引流量过大，出现了脉络膜脱离，患者的视力仍然很差。这时患者和家属悲观到了极点，王宁利压力也很大，但是医生必须承担这种压力。随后，王宁利每天观察治疗患者，在他的治疗下，脉络膜脱离逐渐恢复了。一直到第12天的时候，他发现脉络膜脱离消失了，后来又通过矫正，患者的视力恢复到0.7！

通过此病例，王宁利对控制早期引流量过度采取了相应的技术改进，并把此研究发表在《中华眼科杂志》，提出了经睫状体扁平部植入青光眼引流物治疗难治性青光眼的新思路。

从事眼科工作近30年，王宁利设计并率先开展多项眼科新技术，如非穿透性小梁手术、改良外路小梁切开手术、房水引流物两阶段植入术、Schlemm's管成形术、内路小梁网消融术、Express引流器植入术以及各类青光眼白内障联合手术。

做"艺术家"医生
医生应该用心做手术，追求"艺术家"境界。

如果一个人是用手做手术，那他永远是手术匠；如果一个人用脑子做手术，那他就是一名好的专家；而如果一个人用心去做手术，那他就已经达到"艺术家"的境界。每一位医生都应该向最高的层次攀登。

王宁利认为，学科带头人，不应仅是一名医术高超的医生，还必须是一名能把握科学研究发展脉搏，能在临床实践中提出科学及技术问题，并能用科学的手段去回答和解决这些问题的领军人。他希望这种"两栖"人才在团队中不少于10%。

2007年的一天，王宁利所带的一位博士生敲响了他的房门。学生的求助对于王宁利来说是家常便饭。但是这次的求助，却足以让王宁利的人生乃至世界对于青光眼的认识发生改变。

学生诊治的这名患者，因为外伤造成脑脊液漏，从而导致颅压偏低。眼科检查，还发现患者患青光眼。在医学上，脑脊液漏和青光眼没有必然联系，一般的做法是对两种疾病分别治疗。但是敏锐的王宁利却觉得事情并非那么简单。"只有带着思考，才能在临床的一些偶然现象中捕捉到必然的发现。"王宁利说。

王宁利和神经科医生合作治愈了那名患者的脑脊液漏，青光眼病情也随之得到有效控制。这一结果让王宁利很是兴奋，他随即提出一个假说，颅压低可造成跨筛板压力差的增大，可能是正常眼压青光眼发生视神经损害的重要原因。"就像一块木板的两面，一面是眼压，一面是颅压，两者之差，医学上有一个专业的名词叫跨筛板压力差。筛板凹陷，如果在眼压正常的情况下，那么很可能是颅压出了问题。"

经过前瞻性临床观察研究，他发现2/3的正常眼压青光眼患者，颅压是偏低的。这是世界上第一次通过临床观察证实王宁利提出假说的真实性。2010年，王宁利在权威杂志《眼科》上发表此研究成果。但是质疑也随之而来：患者颅压偏低，能说明筛板后压力同样也低吗？

于是，王宁利与团队通过神经内科腰穿患者的视神经鞘膜间隙宽度与颅压的两组数据，推导出一条两者之间关系的公式，并通过磁共振的非侵入技术，测量青光眼患者视神经鞘膜间隙的宽度，从而通过公式得出颅压值。这样便实现了颅压的非侵入测量。他还通过此项技术对比正常人与青光眼患者视神经鞘膜间隙的宽度，再次证实青光眼与颅压确实存在联系。2011年，王宁利再次在《眼科》上发表最新研究成果，并迅速引起广泛关注和讨论。美国眼科学会在当期的《学术快讯》头版报道该研究，欧洲青光眼学会也把此研究列为临床研究亮点。世界青光眼基金会主席罗伯特·里奇甚至邀请王宁利加入世界青光眼专家智囊团。

当然，还是有人质疑，认为研究所见可能是一种伴随现象，并非因果关系。王宁利继续积极"应战"，他为5只猴子做了低颅压的手术。一个月，两个月……六个月过去了，这些低颅压的猴子并没有出现青光眼症状。"难道真的只是偶然现象？青光眼和颅压并没有必然联系？"王宁利也曾这样问自己。"但即使证实没有必然联系，这也是一个科学的结论。一条路不通，我就走另外一条。"第七个月，猴子开始出现青光眼症状。1年后，随着1只猴子死亡，剩下4只猴子的8只眼中5只出现青光眼。于是，通过2个临床试验和1个动物试验，王宁利建立了跨筛板压力差造成青光眼的学说。前世界青光眼联合会主席韦瑞伯认为这是世界青光眼研究领域的里程碑。

王宁利对于青光眼的研究没有停止。由他牵头申报的《原发性开角型青光眼机制分型及新诊治模式的创建和应用》课题获得2012年中华医学科技奖一等奖。这一研究结果已经被全世界所认识，并被同行一再引用。

如今，王宁利正在带领眼科团队积极探索将来可应用于临床患者的可靠诊断方法，以及更为有效的治疗方法。王宁利教授说，"每个人都有自己人生的珠穆朗玛峰。能登上自己的生命高峰就是成功者。不是什么都能做得最好，但是可以做得更好。"

线索推荐：首都医科大学附属北京同仁医院

点评

"善、悟、信、达"，是眼科医生王宁利从医近30年的经历总结。"医学手段是有限的，医生的情感是无限的，只有将情感投入到医疗救治过程中，才能产生奇迹"，他的临床感悟可圈可点。"能在临床实践中提出科学及技术问题，并能用科学的手段去回答和解决问题的'两栖'人才，团队中不能少于10%"，这位帅才的呼吁更应该引起重视。

——中国工程院院士 郑静晨

周晓

让延续的生命更有颜面

文 / 颜秋雨 彭萍

面部肿瘤患者肿瘤切除后往往有一张狰狞的面容,当亲人们还在庆幸其"活着"时,患者毁容后的痛楚却难以言说。为了"让肿瘤患者活着,还要活得更有颜面",湖南省肿瘤医院周晓教授"认准一条道",义无反顾走下去,由此催生了一门新学科的诞生——肿瘤整形外科学。该学科对肿瘤患者的救治从救命上升到"更美"的高度。

周晓的梦想,就是希望全国所有的肿瘤专科医院和综合医院的整形外科,都能掌握"肿瘤整形外科学"的理论和技术,让所有肿瘤患者受益。

请把我的眉毛还给我
周晓痛下决心,一定要攻克面部肿瘤患者的"颜面问题"。

"请把我的眉毛还给我!"一位癌症患者术后因面容被毁哀嚎不已。20多年过去了,这哭声仍时常回荡在周晓的耳畔,当时的情景也总萦绕在他的脑海。

患者刘师傅因上颌窦癌术后复发累及眼球

"让肿瘤患者活着，还要活得更有颜面。"

和面部，再次接受手术，切除了全部左上颌骨和部分面部皮肤、组织，同时也切除了眶内容物。为了覆盖术后面部留下的"坑"，手术医生将他额部的皮瓣组织移植到缺损处。然而，刘师傅额头上那道眉毛随着皮瓣组织被移植到了眼眶处，致使面貌变得极其丑陋，参加朋友的婚礼，竟被挡在门外；曾经恩爱无比的妻子，也不堪忍受他可怕的面容和他分床而睡。一个月后，濒临崩溃的他找到手术医生哭诉："早知道这样不如让我死了更好。"

20多年前的这件事深深触动了周晓。也就是从那时起，这位血气方刚的年轻医生开始痛下决心，攻克面部肿瘤患者的"颜面问题"。

不久，周晓迎来了一个机会。经湖南省人民医院整形外科专家熊泽华推荐，周晓到上海交通大学医学院附属第九人民医院整形外科开始进修。

1991年9月下旬，周晓坐上了开往上海的火车。在上海九院进修，如同打开了一个"万花筒"，"没想到患者受损的部位还能修补得这么好。"王炜教授、杨川教授的面瘫修复，黄文义教授、程开祥教授的阴茎再造，董佳生博士的皮瓣制备……一大批整形外科专家精湛的技艺让周晓叹为观止，学起来"很过瘾"。

不久，一个"大瘤子"患者的遭遇深深地触动了他。这是一名18岁的患者，足球大的面部神经纤维肉瘤遮住了他半张脸，另半张脸却清秀无比。患者曾在外地做过手术，一刀切下去，出现10 000 ml大出血，手术没有进行下去。转到九院，又切了一刀，又是10 000 ml大出血，手术再次中止。后来，经过全院专家多次讨论、会诊，制订了详细周密的手术方案。手术从上午9点一直做到晚上11点，张涤生、邱蔚六院士亲自现场指导，王炜教授主刀，程开强医生做游离皮瓣血管的缝合，经过14小时紧张"战斗"，肿瘤终于被完整切除。看到患者被还原成一个英俊小伙子，先后参加手术的10多位专家都长吁了一口气。这让见证全程的周晓十分激动。

当晚，他冒出了一个大胆的想法：肿瘤与整形结合起来能达到这么好的治疗效果，如果能创立肿瘤整形外科学这个新学科，岂不是能让更多的肿瘤患者活得"更漂亮"？

创建新学科梦想从未走远

手术成功了！这是组织工程材料在人体应用实现无创修复的经典案例。

从上海回到湖南省肿瘤医院后，周晓开

始了他"创建肿瘤整形学科"的梦想之旅。他积极探索各种整形技术，应用到肿瘤外科，发表了多篇肿瘤整形外科的文章。因技术精湛，还是主治医生的他经常应邀到外院主刀手术。

2001年年底，周晓接到《中国肿瘤》杂志的通知，他作为第一作者，和胡炳强、罗以共同写成的论文《浅谈肿瘤整形外科形成的必要性》被录用了，周晓因此更加坚定了自己的想法。他把这篇论文寄了一份给国内组织工程学"泰斗"曹谊林，很快就接到了回信。曹谊林对周晓努力的方向表示赞同，并推荐他担任中国修复重建外科专业委员会的委员。于是就有了"先当学会的全国委员再当省委员的特例"。

几次交往后，周晓和曹谊林有了深度合作。2005年12月24日，湖南省肿瘤医院传出轰动国内外的喜讯：在曹谊林教授的指导下，周晓成功完成了全球第一例自体骨髓干细胞构建的组织工程骨修复下颌骨肿瘤术后缺损手术。

小学教师张宏伟（化名）被查出患下颌骨肿瘤，一家省级医院的医生告诉他，"这种病需要尽早动手术，国际上都没有更好的办法，只能将下颌骨全部摘除，将身上的一块骨取出以支持下颌，这会给你的容貌造成很大影响，但如果不手术将会有生命危险。"张宏伟当即表示，"宁死也不做这毁容的手术"。

2005年10月，张宏伟来到了湖南省肿瘤医院，幸运地获得了一个信息：曹谊林教授委托周晓正在征集5例科研手术。当时，周晓正与曹谊林、崔磊合作，开展自体骨髓干细胞－组织工程骨修复下颌骨的临床和基础研究工作。不久，上海组织工程中心的实验室成功培植出了多块组织工程骨，空运到湖南省肿瘤医院，完成了组织工程骨修复下颌骨缺损的手术。张宏伟通过了术前的各项检查和认证后，被顺利入选为科研对象。

11月24日，张宏伟接受了1个小时的手术：先将下颌骨囊肿黏膜刮除干净，再植入组织工程骨。手术十分成功。5年之后，周晓和曹谊林团队又给他装上了种植牙，张宏伟自此恢复了开心的笑容。该手术的成功，成为组织工程材料在人体应用实现无创修复的经典案例。

自信源于充足的准备
国内第一家肿瘤整形实验室和肿瘤整形外科相继诞生于该院。

有人说周晓"敢做别人没有做过的事，一不留神干出了一个世界首例，胆子真大！"周晓笑笑说，"胆大，首先因为我幸运地站在巨人的肩膀上，同时自己也很自信，自信则是因为做好了充足的准备。"

2003年7月，国内第一家肿瘤整形实验室在湖南省肿瘤医院成立。2007年3月，国内第一个肿瘤整形外科又诞生于此。如今，周晓团队每年开展1000多例肿瘤整形外科手术，其中200多例是游离皮瓣移植修复肿瘤术后组织缺损手术。他们还帮助兄弟科室开展乳房再造、胸壁腹壁缺损修复、重要血管修复及人造血管置换等手术。渐渐地，国内同道开始关注周晓的研究。

为了了解国外是否有肿瘤整形学科，以及其技术发展水平，周晓还去国外当了一回

寻找大医精神

"侦察兵"。2007年初夏,周晓先后到美国杜克大学医学中心、安德森大学等著名学府和医院访问,还在美国各大图书馆查阅了大量的英文医学专著,得出了结论:一方面是他们的装备十分先进,技术也开展得很好,但几乎很少有原发灶巨大的肿瘤患者;另一方面,根据执照医生分工明确,不能跨学科手术。因此,尽管国外较早出现肿瘤整形外科学(oncology plastic surgery)这个英文单词,但文献中暂未查到创立该学科的文章。

有感于"目前还缺少一本全面叙述肿瘤整形外科的基础理论和临床实践的专著",2005年起,周晓开始着手专著的写作。

历经六七年的打磨,《肿瘤整形外科学》终于在今年5月问世。中国工程院院士、中华医学会创伤学分会主任委员付小兵评价该书:"不仅填补了国内外肿瘤整形外科学领域的空白,更将由此开启一个新的外科学科分支的迅速发展,并有效拓展了有关学科和医师的学术思路,有助于提高分析和解决临床实际问题的能力。"

让周晓略带伤感的是,尽管如今他们通过各种整形技术为很多肿瘤患者圆了"漂亮地活着"的梦,但当年那个吵着闹着要医生"还眉毛"的患者却音讯全无。周晓曾找过几次都没有结果,这让他很遗憾,甚至自责。这也让他更坚定信念:一定要让肿瘤整形学科落地开花,让更多的肿瘤科医生掌握先进的整形技术,让社会上少一些要求"还眉毛"的患者。

本打算"出完书歇一歇,好好陪陪老婆孩子"的周晓发现,自己要食言了,因为"肿瘤整形外科学的理念和技术要在全国推广,尤其是在基层医院和医师中普及,至少还需要10年"。对这位中华医学会整形外科学分会肿瘤整形外科学组首任组长来说,这又是新的征程。

线索推荐:湖南省肿瘤医院

点评

20年前,一次进修的经历,如同打开了一个"万花筒",让他有了创立肿瘤整形外科学科的想法。

10年后,他将此付诸实践,并开启了一个新的外科学科分支:第一家肿瘤整形实验室在湖南省肿瘤医院成立,第一个肿瘤整形外科诞生,中华医学会整形外科学分会肿瘤整形外科学组担任首任组长……

如今,他对学术的追求永无终点,伴随《肿瘤整形外科学》的问世,他将为实现"不好治的变得好治,损失功能的可以恢复,失去美容形态的可以重建"努力不止。

——上海交大医学院附属第九人民医院终身教授 王炜

顾学范

为人生第一道"安检"提速

文 / 施敏

每年有1000多万婴儿诞生在这个地球上，从第一声啼哭开始，每一个生命都承载着众人的期望与嘱托，然而幸运并未如愿地眷顾着所有的新生命。

每年，总有一些孩子因为先天性畸形和染色体异常、神经系统发育及功能遗传等原因，不能像正常人一样生活。他们中有打个喷嚏、踢个被子都可能骨折的"瓷娃娃"，有肌肉逐渐萎缩坏死，最终变得无力而面临死亡危险的"渐冻人"，还有全身皮肤、毛发雪白的"月亮孩子"……

他们散落在人间，痛苦一生，不仅给家庭带来沉重的负担，还成为国家严重的公共卫生问题。这样的悲剧，其实是可以避免的。通过新生儿疾病筛查，完全可以做到出生缺陷的防治。

今年4月22日，"走好人生第一步"——我国首部关注新生儿筛查公益视频正式在全国发布。

在发布会现场，一位两鬓泛白的专家的

> "一名医者,如果亏待和轻易放弃自己的患者,从小的讲,是违背良心,从大的讲,是没有职业操守。"

发言引起了大家的关注,"我国是世界出生缺陷率最高发地区之一,每年新增病例约90万例,其中遗传因素影响的占70%~80%,80%以上的罕见疾病都是由于遗传和基因缺陷所致。新生儿疾病筛查在提高人口素质方面发挥着重要作用。由于受客观条件制约,目前我国约有20%的新生儿没有接受新筛,他们也无法得到正确的治疗,导致智力及身体缺损,最终指向人生不可逆的悲剧。新生儿筛查真的太重要了,我们必须保证每个孩子都能接受这项关系一生的'安检'"。

这位发言专家,是我国遗传性代谢病和新生儿疾病筛查领域著名专家、上海交通大学医学院附属新华医院小儿内分泌、遗传代谢病研究室主任,上海市儿科医学研究所副所长顾学范教授。

是个值得培养的好苗子

> "我喜欢儿科、喜欢我从事的专业。特殊的弱势群体患儿,需要医生去解除他们的痛苦。"

1969年,顾学范初中毕业,开始了三年黑龙江漠河插队的经历。1972年,他作为第一批工农兵大学生,被推荐到上海第二医学院。1975年毕业时,他以优异的成绩留校,随后被分配到瑞金医院从事儿科临床工作。

为什么会选择几乎无人问津的新生儿先天性遗传病专业?顾学范说:"一个健康新生儿的诞生带给家庭的喜悦和希望是无穷尽的,而一个痴呆儿带给家庭的压力和悲哀也是无穷尽的。大多数家长们往往无法面对这一残酷现实。他们承受的打击和心理压力可想而知。除了孩子的治疗,他们还将面对一系列社会问题:孩子是否会被歧视,下一代会不会受影响等。但假如这些患儿在出现症状之前被诊断和治疗,即通过新生儿筛查,采用先进的实验室检测发现某些危害严重的先天性遗传代谢性疾病,完全可以早期诊断、早期治疗,避免因脑、肝、肾等损害导致智力、身体发育障碍甚至死亡。所以我认准了新生儿筛查这一研究方向。"

1982年,顾学范考上了著名儿科专家齐家仪教授的研究生。当时,我国新生儿筛查事业创始人之一的陈瑞冠教授刚从美国回来,他所在的课题组急需科研人员。齐家仪就把顾学范"让"给了陈瑞冠,并语重心长地说,"顾学范是个好苗子,好好培养,将来可以留下来!"

从此,顾学范全身心投入新生儿遗传代谢病这一全新的领域,跨进了这个神秘而广袤的科学王国。在这片天地里,他纵情驰骋,并渐渐心胸博大,眼界开阔。

爬得再高一些
"科学研究的成果如果不应用于实践,造福于患儿,是没有出路的。"

顾学范赴法国留学期间,他以优异成绩获得巴黎医学大学"巴黎外籍住院医师证书",并获得法国巴黎第六大学博士学位。后又在法国国家健康与医学研究所分子遗传实验室从事博士后研究。

本来有机会留在法国的顾学范,在学成之后毅然选择了回国。他坦言,"回国的想法,让我感到温暖、兴奋而踏实。比起在法国,我觉得我回来以后可以更好地在国内尚处于起步阶段的新生儿筛查领域一展身手,这种成就感对我来说更重要。"

就这样,回到新华医院,回到熟悉的上海市儿科医学研究所,顾学范找到了久违的回家的感觉。一切似乎回到了原点,他在这里耕耘,洒下希望与梦想。

刚回国的两三年间,他时常会听到一种声音:"顾教授最近怎么没有新的学术成果?"面对这种质疑,他总是报以浅浅的一笑。

"科研工作是一项艰辛的劳动,需要有甘坐冷板凳的精神。做科研不要指望一步登天,需要持之以恒方能修得正果。不过只要你耕耘,就会有收获。"顾学范这样回应。

"生活和科研都像爬山。有人爬到了6000米,有人爬到了8000米。我希望自己坚持下去,爬得再高一些。"作为国内遗传性代谢病和新生儿疾病筛查领域的带头人,顾学范做了大量推动性工作。1999年,他推动成立了中华预防医学会儿童保健学会新生儿筛查学组,成为第一任学组组长。

自2002年起,顾学范团队在国内首次应用先进的质谱新技术进行遗传性代谢病检测和新生儿筛查,使可诊断的遗传性代谢病增加40多种。建立了国内遗传性代谢病串联质谱诊治协作网络,使服务范围扩大到全国28个省市100多家医院。2003年起,他所带领的筛查中心团队为全澳门特区提供新生儿疾病筛查服务,同时还在香港特区筛查出当地首例苯丙酮尿症。

顾学范所带领的团队在国内首次建立了苯丙酮尿症的诊断和鉴别诊断的系列技术:尿蝶呤分析、DHPR活性测定等。首次报道了四氢生物蝶呤(BH4)合成酶缺乏症、BH4反应性PKU、二氢蝶啶还原酶(DHPR)缺乏症。采用串联质谱新技术进行血氨基酸代谢病、有机酸代谢紊乱等遗传性代谢病筛查,通过对27万上海新生儿的检测,得出遗传代谢病总体发病率为28.3/10万,检出遗传性代谢病26种以上,首次获得遗传性代谢病的疾病谱。

为避免遗传性代谢病在同一家庭再现的悲剧,顾学范带领开展了遗传性代谢病高危家庭的产前诊断,近千例生育过遗传性代谢病患儿的孕妇,对胎儿进行30多种遗传性代谢病检测,避免了遗传性代谢病患儿再出生的危害。

"科学研究的成果如果不应用于实践,造福于患儿,是没有出路的。"通过一系列卓有成效的新生儿筛查工作，他直接推动政府将新生儿疾病筛查纳入1994年颁布的《中华人民共和国母婴保健法》，协助原卫生部制定《新生儿疾病筛查技术规范》（2004年）、《新生儿疾病筛查管理办法》（2009年）。

我的兴趣在患者身上

"看到有人通过新筛得到及时治愈，是一件多么快乐的事！"

"我国新生儿疾病筛查开展30年，完成了世界上数量最大的遗传学检测项目，堪称医学基因组学的典范。但相较于发达国家或地区，我国在新生儿疾病筛查工作开展方面存在的差距仍不容忽视，所以'提速'显得非常重要。"顾学范指出，2011年全国新生儿筛查平均水平近70%，而发达国家基本超过98%。此外，目前我国规定新生儿疾病筛查项目仅有3种，而同是亚洲国家的新加坡达到了6种，一些发达国家更多。

要改变这种局面，顾学范认为，一是政府要对筛查以及相应疾病诊治给予政策扶持；二是扩大服务网络，提高医务人员的诊疗水平；三是培养群众自觉接受筛查诊断的意识，同时解决老百姓的经济承受能力问题。

"记得我们第一年开展新筛就查出苯丙酮尿症和先天性甲状腺功能减低症各一例。但在进行了及时的诊断治疗后，目前他们和正常人的生活没有区别，那名患先天性甲状腺功能减低症的小女孩还成了一名医务工作者。再过几年，当我退休时，看到这么多人通过新筛而得到及时治愈，和正常人一样学习生活时，将是多么快乐的一件事啊！这才是真正源自内心的成就感！"

对应酬、请客都不感兴趣的顾学范知足、常乐，从不攀比，他的兴趣始终在患者身上。门诊时，碰见病情疑难患者，他总是单独另约时间详谈。十年来，他从中筛查治愈了不少患者。顾学范说："一名医者，如果亏待和轻易放弃患者，从小的方面讲，是违背自己良心，从大的方面讲，是没有职业操守，我们要对得起从医时宣读的神圣的希波克拉底誓言。"

线索推荐： 上海交通大学医学院附属新华医院

点评

罕见病的防治，不仅仅是知识和技术，更重要的是全社会的重视。顾学范教授通过系列的新生儿筛查工作，促进政府先后出台了有关法规，这点尤为可贵。倘若包括我们医生在内的社会各界人士都能给罕见病患者多一份关爱、多一点温暖、多一个机会，那么这个最弱势群体——罕见病患者的中国梦就能早日实现。

——上海医学会罕见病分会主任委员 李定国

卞修武

科研指路 让生命绽放光彩

文 / 肖瑶

没有留过洋,一个农村出来的苦孩子,经过 26 年专注执着的探索,在斩断肿瘤细胞营养补给线的研究中取得了系列创新成果。不仅为抗肿瘤血管生成治疗提供了新的分子靶点,开辟了血管生成研究新领域,还为癌症的临床诊断和治疗起到指导作用。

这项名为"肿瘤血管生成机制及其在抗血管生成治疗中的应用"项目的研究者就是第三军医大学病理学研究所所长、病理学教研室主任、西南医院病理科(全军临床病理专科中心)主任卞修武。鉴于在肿瘤防治方面的突出贡献,该项目获得 2012 年度国家科学技术进步奖一等奖。

农村孩子创造的奇迹

"我知道这个孩子,以前就听人说过他刻苦努力,成绩很好,是个好苗子。"

卞修武出生于安徽寿县的一个偏僻村庄,为挣"工分",他每天上学前后都要干农活。每年夏季江淮大地常受水灾,全村老少都要带上口粮、拉着牲畜,住进堤坝上的简易草

寻找大医精神

> "研究成果获奖，既不是目标，更不是终点，而是起点。能在临床解决实际问题，才是科研的终极目标。"

棚内。那里根本没有桌子，卞修武就趴在小板凳上写作业。

在这样的条件下，卞修武却创造了一个奇迹——高考生物学满分，被第三军医大学提前录取。接到录取通知书那天，他正在田里干活儿。而他也成为卞氏家族，乃至全公社的第一个大学生。

中小学时期的卞修武经受过家境的贫寒和体弱多病。1981年，第一次来到第三军医大学食堂的他竟一口气吃了12个包子。在学校里，他话不多，但却极其刻苦，整天埋头学习。由于学习成绩优异，卞修武被推荐为免试硕士研究生。尽管当时临床科室的老师对他的临床思维和动手能力高度赞赏，他还是选择当时竞争激烈的病理学教研室。

回忆起第一次见卞修武，时任教研室主任的著名病理学家史景泉教授说，"他来到我的办公室毛遂自荐，我知道这个孩子，以前就听人说过他刻苦努力，成绩很好，是个好苗子。"史教授没有看走眼。卞修武之后取得的成绩让他引以为荣。

搞科研就是瞄准最前沿

这个研究吸引了世界医学界的目光，并把肿瘤血管生成和抑制血管生成研究带进一个全新的阶段。

显微镜下无数个日夜，卞修武领衔的科研团队对5万多例肿瘤标本病理切片逐一进行分析，对多类型肿瘤微血管形态、结构及免疫表型特征进行病理学研究，总结出肿瘤微血管的8种不同类型，发现它们与肿瘤分类、分化及恶性程度密切相关。最终，他们首次在世界上提出了"肿瘤微血管构筑表型异质性"概念。

这个研究吸引了世界医学界的目光，并把肿瘤血管生成和抑制血管生成研究带进一个全新的阶段。

卞修武没有留过学，早年只出过两次国，却始终站在国际科研潮头。第一次出国是1996年，和导师史景泉一起去日本。在这次学术会议上，他们的两篇文章得到了国际同仁的高度认可。

2002年，卞修武作为访问学者到美国健康研究院国立癌症研究分子免疫研究室做短期学术交流和研究工作。从该所回国加入卞修武团队的张厦颇有感触，"在这次学术报告上，他结合自己的科研发现，介绍了当时在肿瘤血管生成领域的研究进展和不足，提出了肿瘤血管异质性的新观点。会后，澳本汉姆说，'卞，不可思议，非常优秀！'"

肿瘤血管是肿瘤肆意生长和转移的"帮凶"，但启动血管新生的细胞是什么，潜伏在哪里，一直是未解之谜。这严重制约了抗肿瘤血管生成治疗时机的选择。白血病的研究发现，肿瘤内存在极少数对放疗、化疗不敏感且破坏性极强的肿瘤干细胞，它们是肿瘤复发和转移的"种子"细胞。那么，它是否会是肿瘤血管生成和多样性形成的"罪魁祸首"呢？带着这个疑问，卞修武团队从2004年起展开了一系列原创性研究。

2007年，卞修武团队从人脑少突－星形细胞瘤中成功鉴定了仅占肿瘤细胞总量约1%的肿瘤干细胞；2009年，以卞修武为首席科学家的国家973计划中首个肿瘤干细胞项目在西南医院启动。

他们发现，肿瘤干细胞与新生微血管是近邻，它可以产生更大量的血管生成因子，"引诱"血管延伸向自己靠拢（旁分泌）；肿瘤干细胞还具有直接变为血管内皮细胞的潜能，直接参与血管生成（转分化）；肿瘤干细胞还可以通过构建肿瘤细胞间通道，形成无内皮的"模拟血管"（血管拟态）。基于大量的实验数据，他们首次提出并证明肿瘤干细胞触发和参与血管新生的"三通路"假说，揭示了肿瘤血管生成的始动细胞机制。他们还在世界上率先证明，肿瘤干细胞是抗血管生成的重要细胞靶标。这一发现提示，可以针对肿瘤干细胞进行更早期的阻断血管新生以"斩草除根"，从而更好地实现肿瘤的早诊、早治。

开创肿瘤诊治研究新领域
搞科研一定要站在前人研究的基础之上，同时结合自己工作发现，并不断创新。

瞄准前沿，但不跟随；结合基础，但求创新。这是卞修武的科研理念。简单来说，要始终紧盯国际前沿，知道最前沿的研究在哪里。而如果仅仅是跟随就会永远在别人屁股后面。同时，搞科研一定要站在前人研究的基础之上，同时结合自己工作发现，并不断创新。只有坚持这两点，才能引领科研的发展。

做完"诱导分子对血管生成的影响"课题后，卞修武有一段时间很迷茫。下一步的研究究竟应该怎么做，科研应该怎么深入？

在显微镜下反复分析切片，他发现，肿瘤中不仅生成血管，还生成淋巴管等脉管，于是开始进行"脉管新生及其异质性"研究。课题结束后，他了解到，国际上刚刚有人发现了肿瘤干细胞。究竟肿瘤干细胞对血管生成有什么影响呢？他又开始了"肿瘤干细胞在血管生成方面的始动作用"研究……卞修武就是沿着这样的思路一点点地把研究深入，把肿瘤血管生成的庞杂世界慢慢呈现在我们眼前。

基于此，卞修武团队下一步目标是，要把成果转化为实实在在的药物，"有了这一

寻找大医精神

新的研究思路后，可以针对不同类型肿瘤血管进行药物研发，患者也将有更多机会实现个体化用药，从而获得更好的治疗效果。"

在研究工作中，卞修武结识了时任香港中文大学医学院特聘教授孔祥复院士，并开展了合作交流。看到卞修武团队的基础研究如此扎实、且有很强的前瞻性，孔祥复看到了这个项目的巨大前景，决心投身到这个项目中来。2010年11月，孔祥复院士被聘为西南医院终身教授、西南癌症中心名誉主任。

在孔院士的推动和指导下，同时结合癌症中心的优秀平台，卞修武团队根据其基础科研成果，进行药物试验后研发的抗癌药物——诺帝，顺利完成临床前研究。这将是全球首个针对肿瘤干细胞的抗血管生成小分子化合物。最终，这项名为"肿瘤血管生成机制及其在抗血管生成治疗中的应用"的项目获得国家科学技术进步奖一等奖。

评奖材料中写道，这个项目以脑胶质瘤和肝癌为主要研究材料，针对血管生成机制和抗血管生成治疗肿瘤领域两大关键科学问题，揭示了肿瘤血管生成的发生、发展规律，创立了肿瘤微血管异质性理论体系；阐明了肿瘤血管生成始动细胞及其分子机制，开创了肿瘤干细胞研究新领域；发现抗血管生成治疗新靶点，建立了肿瘤诊治系列新技术。

卞修武立足国内，目光向外。他始终与美国、英国、法国、加拿大、西班牙及国内十余家院所有稳定的合作研究，取得了实质性合作成果。他也被多个著名大学聘为客座教授、兼职导师。今年4月初，他应邀赴英参加伍尔夫汉普顿大学的研究生毕业庆典，会上进行了"荣誉教授"的聘请仪式。卞修武成为该校获此殊荣的第一位亚洲学者。

但在卞修武他们看来，研究成果获奖，既不是目标，更不是终点，而是起点。能在临床解决实际问题，才是科研的终极目标。

线索推荐：第三军医大学西南医院

点评

"吾身虽瘦，天下必肥"。26年晨昏交割，他咬定青山，瞄准前沿，在寂寞的科研道路上艰难跋涉。虽青春在消逝，但事业在成长、团队在壮大。他用26年的执着，书写出他作为一名党员的信念和责任、一名军人的价值和奉献。但愿，在将来会有更多优秀的人才加入他所在的病理学领域，好让他在"寂寞的科研道路"上有更多的同路人。

——第三军医大学西南医院院长 李景波

王锡山

对患者有利是我唯一选择

文 / 邱黎　刘正

　　温和的目光、耐心地倾听、真诚的微笑，患者第一眼看到王锡山教授，都会不由自主放松焦虑的心情；他睿智的分析，生动的语言，很快就能将病情讲解得简单透彻；他医治过的患者，有很多会和他常年保持联系，对他有一种由衷的信任。

　　"不管这个世界的外部环境如何改变，身为医者，始终要有神圣感。这种道德操守，有别于任何一种职业。因为在医生心里，患者的生命高于一切。"身为哈尔滨医科大学附属第二医院副院长、结直肠肿瘤外科主任的王锡山就是以这种担当的姿态、细致的服务，坚定地与患者站在一起。

　　35岁晋升为主任医师、教授，38岁成为博士生导师的王锡山，同时还是中国抗癌协会大肠癌专业委员会副主任委员、青年委员会主任委员、中国抗癌协会肿瘤转移专业委员会副主任委员、中华医学会肿瘤分会结直

> "当医生，要时刻抱有成就感和内疚感。"

肠学组副组长、中国外科医师协会常委、黑龙江省医学会肿瘤分会主任委员、黑龙江省抗癌协会副理事长、黑龙江省肿瘤转移专业委员会主任委员等。为了钟爱的医学事业，他时刻用最严格的标准要求自己："如果你想追求富贵名利，就不要来做医生，这里没有你想要的。"

外科手术是最完美的艺术

"每名患者都是一张考卷，我们只有用心完成每个环节才能成功！"

王锡山认为，当医生，一定要时刻抱有成就感和内疚感。

在他看来，成就感就是对自己职业的神圣感。这是支撑医生坚定走下去的精神支柱。而内疚感，就是面对医疗这个特殊的行业、面对生命，一种反躬自省的态度。"一天下来，晚上躺在床上，总要想想今天的手术能不能做得更好、哪里还有进步的空间。"

这"两感"，一个借以前行，一个用于纠偏。相得益彰，臻至完美，才是外科医生的真境界。

外科手术在别人看来血淋淋的，似乎和艺术搭不上边，但在王锡山眼里，却是最完美的艺术。他常对学生说："外科医生要有立体的解剖思维，手术中的每一个动作都充满智慧。"每一剪、每一夹、每一次走向，他都会在心里迅速思考，以求达到最完美的效果。

为减轻患者痛苦，从功能外科的角度出发，他不断创新术式。王锡山经人体自然腔道开展手术，开展了经阴道入路早期直肠前壁肿瘤切除术，最大程度地减少了手术对患者的伤害；受到妇科手术的启发，他开创了下腹部弧形横切口行直肠癌根治术，使得切口隐蔽、美观、功能障碍少。这一切，不仅使女性患者生理上受益，还极大减轻了手术对她们心理上的伤害。

年轻的韩女士被诊断为直肠腺癌，慕名找到王锡山求诊。检查后，王锡山决定为韩女士行经阴道入路直肠癌根治术（NOTES术）。手术只在脐部这一先天自然皱褶处放置了腹腔镜镜头，另外于患者的阴道后穹窿置入操作装置，其余无任何辅助切口。经过3个小时的努力，顺利切除了病灶，并完成消化道重建，最后在阴道留置一根盆腔引流管。术后第一天，韩女士就排气并下床活动，并且身上没有任何手术瘢痕，喜不自禁的韩女士送来了"腹部无疤去癌魔，世界首例堪称奇"的金字牌匾，表达自己的感激之情。

王锡山还开创很多外科技术先河，他开展了双入路行直肠癌根治术加右半肝切除术，同期直肠癌和肺转移灶微创手术切除，开展了直肠血管架桥，建立了低位、超低位吻合保肛手术的标准；创新了下腹部外横内纵切口，为上百余例中国直肠癌患者带来了美容、功能障碍少等优点。王锡山讲起手术滔滔不绝，仿佛在创造他的艺术作品时有无限的激情。他说，每名患者都是一张考卷，我们只有用心完成每个环节才能成功！

不仅活着，而且有质量地活着；不仅活着，而且美丽地活着。每当看到一名患者痊愈出院，他就忘记了自己每天的超负荷工作，忘记了自己也是血肉之躯。

对患者有利是唯一选择
"只要有一颗真诚为患者着想的心，就一定能得到患者的理解。"

近年来，医患矛盾加剧，医患之间失去了本应有的信任。面对当前不良的医患现状，王锡山说，只要有一颗真诚为患者着想的心，就一定能得到患者的理解。

59岁的老刘是全国劳动模范，2007年，他结肠里长了一个巨大肿瘤，行手术未能切除，仅行两个捷径吻合术。老刘辗转各地，到全国知名大医院求诊，遗憾的是，几乎所有的专家都告诉他无法手术。凭着劳模特有的执着，老刘找到了王锡山。

在分析了病情后，王锡山被老刘的信任所感动，毅然做出决断：患者病灶以局部浸润为主，没有远处器官转移，可以再次手术探查。这是个惊人的决定，因为这是二次手术，且第一次医生未能切除，肝十二指肠韧带和肝脏等众多器官被侵犯，基本是手术的禁区，

也是其他众多专家不做手术的根本原因。经过精心准备和术前的充分评估，老刘被推上了手术台。6个多小时后，王锡山成功地为患者实施了包括右半结肠＋胰十二指肠＋胆囊＋部分肝脏切除术，不但达到了切除肿瘤的目的，而且是根治性切除。5年半过去了，现在的老刘恢复了健康，享受着健康生活。

目前，这样的联合脏器切除手术王锡山已开展了30余例，为这些晚期患者创造了生命的奇迹。

当被问到为什么敢冒别的专家都不愿意冒的险时，王锡山说："对患者有利是我唯一的选择；我只有一个想法，那就是替患者着想。"

正因为如此，从医20余载，王锡山从未和患者有过任何纠纷。他的真诚，让人感动；他的技艺，更让人信服。他们甘心把自己的生命托付给他，因为这是一个值得并且可以信赖的人。

不断超越　追求完美
"面对失败，或者仅仅是不完美，医生都要有内疚感。"

一名合格的外科医生，不但要有很高的悟性，而且还要不断地学习。追求完美的过程自然也有失败。王锡山认为，面对失败，或者仅仅是不完美，医生都要有内疚感。因此尽管他的每一台手术，都经过了周密的思考、精细的操作，但是术后他仍旧要反复思考，是否还可以做得更好。

为了患者，王锡山敢于做第一个吃螃蟹的人。2005年8月，他完成了哈尔滨医科大

学附属肿瘤医院的第一例腹腔镜下胆囊切除术，同年又完成了第一例腹腔镜下右半结肠癌根治术，同时还完成了黑龙江省第一例腹腔镜下直肠癌的Miles术。2010年8月10日，王锡山成功完成了国际首例经自然孔道直肠癌根治术。

在规范中创新，在创新中前行，在思索中突破，在务实中求真。王锡山实现着一个又一个飞跃。然而他也指出，不论如何创新，都必须严格遵循循证医学的理论和生物学的规律，每一个术式，都必须符合医学伦理。

转移是恶性肿瘤的重要特征，也是癌症患者死亡的主要原因。近20年来，大肠癌根治术不断改进，但是患者的预后并未明显改善，有近一半的患者死于复发和肝转移。结直肠癌患者的预后取决于诸多方面，其中最重要的一点就是患者就诊时的病期。王锡山带领课题组在研究后提出，将Ⅱ期患者分为三个亚期，代替以往的两个亚期，以利于更好地指导预后和治疗。同属于Ⅳ期的结直肠癌远处（肝、肺）转移患者，一期切除与未切除的患者预后也有明显不同。因此，他建议简化Ⅳ期分期，而根据治疗结果将Ⅳ期患者区分为Ⅳa和Ⅳb，即Ⅳa为一期同时根治性切除原发灶和转移灶的患者，Ⅳb为原发灶切除、转移灶无法切除或未切除的患者。此项研究对重新评估大肠癌临床分期以及判断预后具有很高的临床价值，为指导个体化治疗提供了依据。

目前，王锡山还担任哈尔滨医科大学大肠癌研究所所长的职务。在管理中，他充分调动青年人的积极性，鼓励他们创新，并给予资金支持。

没有最好，只有更好。在追求完美的道路上王锡山从不止步。他认为，一切为患者着想的理念应该始终贯穿医学发展的历程，为了让患者获得更多的生存机会，为了让患者拥有更完整的生活，医学技术的革新必将是一个不断突破、日臻完美的过程。

王锡山的座右铭是："德不近佛者不可为医，技不如仙者不可为医。"而他的办公室里，挂着一幅患者赠送的牌匾：德如佛，技胜仙。这，就是患者眼里的王锡山，一个时刻为患者着想，永远追求完美的医生、学者。

线索推荐：哈尔滨医科大学附属第二医院

点评

孙思邈在《大医精诚》中曾强调，医学乃"至精至微之事"，故学者必须博极医源，精勤不倦。一名医生若无精良医术，即使仁心厚重，也毫无用处；而若不能救人于病危之中，医德也便是一句空话。"德不近佛者不可为医，技不如仙者不可为医"，王锡山作为有思想的外科医学专家，不断地用行动诠释着他的座右铭，用责任托付起患者的生命。

——中国工程院院士、哈尔滨医科大学校长 杨宝峰

姜卫剑

为脑卒中患者筑起"健康梦"

文 / 彭雪征 肖小飞

从青涩到成熟,从无所适从、懵懵懂懂到对生命的敬畏和感悟,从在巨大手术风险面前战栗,到坚定信仰、依靠科学,经千百次研究探索和乘风破浪,终将病魔降伏,从而为无数中老年人重圆"健康梦",诠释医者大爱。

这是解放军第二炮兵总医院副院长、全军脑卒中医疗救治研究中心主任姜卫剑的心灵物语,也是他的真实写照。作为一名神经介入医师,姜卫剑用多年来练就的丰富经验和精准技术,成为脑卒中患者的"守护神"。而且,他在整个脑血管病领域都如同"庖丁解牛",堪称我国缺血性脑血管病介入治疗领域的开拓者与引领者。

尚德精医勇超越
拼尽全力,战胜脑血管病!

"医生,求求你救救我父亲……"一名脑血管病患者的女儿不断哀求。但由于医疗设备和技术落后,年仅40岁的患者永远离开了人世。每想及此,姜卫剑心里总有种难以

寻找大医精神
XUN ZHAO DA YI JING SHEN

> "不破不立"。为降低患者救治风险，承担再多的挑战与风险，也无所畏惧。

名状的无奈。

80年代初，刚毕业的姜卫剑目睹了太多患者被"脑血管病魔"夺去了健康甚至生命，姜卫剑的心比针扎还疼。那时，年轻的姜卫剑立下誓言：拼尽全力，战胜脑血管病！

为实现脑血管病治疗领域的突破，他用所有休息时间向脑血管病发起进攻，不分昼夜潜心研究。为从根源上治愈脑血管病，他对脑血管病种类、发病前期症状、发病后的治疗和治疗后的并发症展开了深入细致的钻研，对国外先进技术和案例进行分析。

通过不懈努力，2000年，姜卫剑在首都医科大学附属北京天坛医院组建了国内首个多学科脑血管病介入诊疗团队，率先对缺血性脑血管病介入治疗的围术期风险等进行深入地研究。众多科研人员的加入让"思想火花"不断碰撞。很快，由姜卫剑领衔的国内第一个适用于颅内动脉专用支架研制成功，并建立了术前个体化评估、手术操作规范和围术期管理诊疗体系，为脑血管疾病救治首开先河。

"从军"破解"看病难"
一个个鲜活的病例，激发了他建立一个功能完备的脑卒中医疗救治体系。

据统计，全世界六分之一的人一生中都会患脑卒中，每6秒，卒中就杀死一个人。而我国脑卒中患者每年正以8.7%的速度递增，已成为首位致死和致残原因。

"患者错过了最佳救治的黄金4.5小时，脑组织已经大面积死亡，家属请节哀……"又一名脑卒中患者因延误了最佳救治时间而严重残疾。

"为什么有了先进诊疗技术，依然有那么多患者在我们眼皮子底下终生致残甚至失去生命？"悲痛之余，姜卫剑和他的团队总结分析原因，原来，因耽误最佳救治时间而终身残疾的这名老汉从上午9时突发脑梗死，家人立即将其送往医院，可由于没有完整的脑卒中医疗救治体系，等患者做完磁共振、CT等各项必备检查后，已经快不行了。从医学上来看，救治急性脑卒中本身就是与死神赛跑，患者脑部血管堵塞的情况下，每分钟就有200万个脑细胞死亡,且不可能再生,其治疗效果必须是越快越好,有效救治时间必须在急救的黄金4.5小时内,否则再好的技术都是回天乏术。一个个鲜活的病例,激发了他建立一个功能完备的脑卒中医疗救治体系的冲动。

所谓无巧不成书。正当姜卫剑苦苦追寻脑卒中救治的新突破时,第二炮兵总医院对脑卒中防治也高度重视,经过反复论证和多方协调,姜卫剑率团队走进了军营。为此,二炮总医院引进了一批最先进的诊疗设备,配备了一流的重症监护病房和强大的医护队伍,由姜卫剑领衔的脑血管病救治中心很快建立起来。

科技创新结硕果
"我们必须牢牢把握'尚德精医'的真谛,不断提高自身能力,帮助更多脑卒中患者重圆健康梦!"

为了服务创新,姜卫剑走访了多家国际顶级脑血管病诊疗机构,几乎把所有的时间都放在了工作上……经过1年的筹建,一座规模宏大,集信息、设备、功能一体化、具有现代化国际领先水平的、国内首家一体化脑卒中专用手术部展现在世人面前。

走进这个全新的手术部,一台台现代化的高精尖设备呈现眼前,宽敞明亮的空间与这些高端手术设备交相辉映,基于信息系统一体化的手术要素把各个手术室连成一体,现代化的手术操作台旁,多控摇杆和数字按键为手术提供了便利,上方的电子荧屏展现高清手术画面,手术控制室内的视频控制设备全程记录实况,让人仿佛置身高科技的海洋。

为进一步提高我国神经介入诊疗水平、规范诊疗流程,姜卫剑带领团队发起了"新纪元神经介入高级研修班"培训项目。为了给来自军内外各大医院120名学员传授脑卒中医疗救治的全新理念和技术,姜卫剑细心分析授课内容,制作全面直观的课件,急性脑卒中的救治流程、颅内动脉狭窄治疗的特殊方法和颅内动脉粥样硬化性斑块磁共振成像等为主题的讲授让学员们感到受益匪浅。

"强化诊疗、规范操作、提高质量、确保安全是每一名神经介入医师的职责所在。我们必须牢牢把握'尚德精医'的真谛,不断提高自身能力水平,帮助更多的脑卒中患者重圆健康梦!"他在研修班总结大会的话让学员们深刻铭记于心。

目前,他正在精心准备今年9月在北京召开的第5届新纪元脑血管病多学科共享中美双边会议。这个会议为国内同行搭建了交流合作的平台,将有20余位美国顶级医院的学者和我国30余位著名专家现场演讲。

情定军旅奏凯歌
这个中心彻底打破了传统科室的医疗模式,有机整合了多个学科。

"感谢姜教授让我老公重新获得了健康,除了感谢,还是感谢……"一位颅内动脉狭窄患者的妻子喜极而泣。4月17日上午,笔者在二炮总医院"全军脑卒中医疗救治研究中心"手术室外亲眼目睹了这感人的一幕。两小时前，姜教授率团队为这名患者成功实施脑血管支架介入手术，使他恢复了正常生活。

一幅幅"尚德精医，天使大爱"的锦旗，一封封情感真切的《感谢信》，一声声赞颂感恩的话语，一项项科研创新成果，一批批专业技术骨干随着"全军脑卒中医疗救治研究中心"建立随之而来。这个中心彻底打破了传统的医疗模式，有机整合了神经内科、神经外科、神经介入科、急诊科、放射科、超声科、检验科等多个学科，建立了跨学科、跨专业的脑卒中防治新模式。

如今，在姜卫剑的管理下，二炮总医院在脑卒中救治上已形成了规范、系统、完备、快速的"一站式"救治体系，使患者能够在60分钟内完成从急诊窗口到接受溶栓治疗的所有诊治流程。有效地利用了医疗资源，降低了病死率、致残率，同时减轻了脑卒中患者的家庭和社会负担。据统计，自该中心成立1年以来，姜卫剑率团队成功实施急性脑卒中手术500余例，达到了"不延误、急救治"治疗目标。

不仅如此，姜卫剑团队在多学科协作方面也探索出了一条阳光大道。前不久，姜卫剑发起并启动了"急性脑卒中联合救治工程"，北京地区29家医院加盟该工程，实现跨区域、跨医院、跨领域的联合与协作。

此外，他在神经介入领域的"原创"为医疗界所瞩目，如研发了国内第一个脑动脉专用支架——阿波罗支架；在国内外率先建立了脑内动脉狭窄术前多模临床影像评价新体系、围术期血压、血糖和血脂强化管理及并发症防治内科支撑平台和系列个体化手术关键技术；与美国史赛克公司合作，建立了国内外第一家脑内动脉支架手术国际培训中心；研发国内第一个脑血管闭塞再通装置等。

"不破不立"。为降低患者救治风险，承担再多的挑战与风险，也无所畏惧；为圆更多脑卒中患者的健康梦，他一直在行动。

线索推荐：解放军第二炮兵总医院

点评

尽管迎接的是一张张布满痛苦与纠结的脸，送别时却是欣慰与喜悦的笑容，那样的笑容，在姜卫剑看来如同一道绝美的风景。因为热爱生活、热爱岗位，无论面对多大的困难和挫折，姜卫剑带给人的总是阳光的一面。平实的力量，往往最具穿透力；追求的卓越，缘起内心力量的凝聚。他的从容与自信，源自对事业的不懈追求、对科研永不枯竭的创新力量、对患者永无止境的优质服务，从而折射出一名医者的"大爱"和对医疗事业的坚定信仰。

——中国科学院院士 汪忠镐

韩陆

将奥运与红十字紧密携手

文 / 张凌

她很低调，称自己只是一名普通的红十字工作者；她很高调，以国际标准来要求自己的工作和团队；她很西方，秉承乐天主义精神，视所有困难如一次次历练和挑战；她很中国，唯美深沉，用唐诗和宋词来阐述21世纪的人道主义救援理念。

她就是中国女医师协会副会长、前任北京市红十字会常务副会长、党组书记——韩陆，被大家称为"将奥运与红十字紧密携手的人"。

为奉献而自豪

"促进中国红十字会与北京奥运牵手是推动中国红十字运动的契机。"

"叫我韩会长，或直呼我名韩陆就好。"韩陆没架子，每每面对记者，一句话就拉近了距离，但举止间透出的那份专业和严谨，

> "在奉献中，实现我们独特的品质：人道主义与博爱精神。"

却让人肃然起敬。奥委会主席罗格在北京视察奥运会安保工作时曾对韩陆说过一句话，"成功只来源于努力和勤奋，而不是来自于偶然。"这正是对韩陆及她的红十字团队筹备北京奥运应急服务和志愿服务工作水平和态度的最佳诠释。而以2008年北京奥运会为契机，推动红十字应急体系建设已成为韩陆职业生涯中一个难以忘怀的高峰。

2003年7月，韩陆调入北京市红十字会。虽然刚接触红十字会工作，但是具有丰富医疗管理工作经验和广阔国际视角的她，敏锐意识到北京奥运会是促进红十字运动在中国发展的重要契机。

说易行难，争取中国红十字会参与奥运可说是一件不易完成的任务，因为在我国最初的奥运任务设计中，只字未提及中国红十字会。"实际上，红十字会和奥运携手的历史源远流长。"韩陆说，"但在中国，大家对红十字会的了解并不多。"要让奥组委认可，必须用事实说话。韩陆展开调研，开始了前期的合作准备工作。

数字记录了韩陆和她的同事们艰苦争取奥运任务的过程。为了研究红十字会与奥运的关系，她学习并查阅了历届奥运会的全部官方报告近百余篇；走访了美国纽约、亚特兰大和加拿大多伦多等数个城市的红十字会；促成多个国家的地方红十字会与北京市红十字会签署友好协议；连续不断地在各类主流媒体上发表关于奥运和红十字会的责任、使命和成果的文章数十篇，仅仅一份《红十字奥运任务探讨》报告，引用的中外参考文献就逾50多条。

精诚所至，金石为开。韩陆凭借着一股子韧劲儿，领导其团队使红十字会最终被批准加入北京市的《人文奥运行动计划实施意见》和折子工程，并在北京市2008环境建设指挥部办公室编制的《北京奥运会和残奥会场馆外围保障工作通则》中明确了北京市红十字会在救护培训、服务站点的设置等方面参与奥运服务。2007年3月16日，北京奥组委与中国红十字会总会在北京奥运大厦签订了《合作备忘录》，标志着中国红十字会参与奥运工作正式启动。2008年，北京奥运会成功举办，红十字会的服务也成为历届奥运会上人数最多、范围最广、形势最多样的一届。韩陆作为红十字会的代表成为273号奥运火炬手。当奥运之火在欢乐、和谐与安全的氛围中熄灭时，韩陆和红十字人的目光已投向了巩固和扩大红十字会参与奥运的成果、收获奥运文化遗产之中，这将是红十字事业可持续发展的关键。

2009年，在伦敦召开的第三十届奥运

筹备研讨会上，韩陆代表北京市红十字会向奥委会官员们和英国、美国、西班牙等国家的红十字会同行们介绍了中国红十字会携手奥运的经验。报告结束时，掌声经久不息，那一刻她深深地为自己是一个北京人、中国人而自豪。"半个多世纪以来，超英赶美一直是中国人的梦想，那一刻我觉得做中国人真好，我为自己的祖国深感自豪！"韩陆笑着说。

作为奥运文化遗产，2009年，在北京市政府的支持下，为市民发放680万册家庭急救手册；2010年，为全体中小学生发放200余万册学生急救手册，逐步形成群众性自救、互救培训的长效机制；并形成志愿者长期招募机制，建立10支红十字志愿者队伍。

回首往事，韩陆仍饱含深情，"我在红十字会任职期间付出了很多，但那也是生命中思想收获最多的时期。"跨越世纪的国际红十字运动无论是在战时、灾时还是和平时期都为保护人的生命和安全作出了无可替代的贡献，深受世界各国人民尊重。虽然2011年以来，某些人的不实之言和不端行为给中国红十字运动造成了极大的损失，然而她坚信，中国红十字运动一定会健康发展。

理念先行　打造999
中国应建立符合现代标准的城市立体救援体系。

丘吉尔有句名言：不要爱哪一行才干哪一行，而要干哪一行就爱哪一行。对韩陆来说，无论在哪一行，她都想做些与众不同的事。北京奥运后，韩陆提出了一个新目标：要在中国建立符合现代标准的城市立体救援体系。

2008年，汶川发生地震，这让韩陆深刻体会到一个国家、一个城市或个人是否具备现代意义上的应对突发事件的能力，不仅关系到国家和地域的发展进程，更关系到全社会的生命和财产安全，还将对社会的可持续发展产生广泛而持续的影响。

"事实上，在筹备北京奥运的过程中，我们的探索就已经开始了。"韩陆说。彼时，北京急救系统仅有120系统，远远不能满足城市发展的需要。为了完善医疗急救系统，她着手推动指挥平台的搭建工作，铺设院前急救中心建设，形成一张遍布整个城市的网络，并在2011年实现了120、999指挥平台链接，提高了急救效率。同时，韩陆开展院内急救部门建设，让急诊室与院前急救进行有效衔接。从急诊室的建筑设计到救护车和救援飞机等相衔接的通讯网络建设，最大限度提升急救速度。除此之外，韩陆还组织建立了一支可移动的应急救援队伍。但她同时认为，应急救援队伍仍需扩大，"灾前准备、灾中快速救援、灾后心理恢复三个队伍在三个时期应发挥不同的作用。"

功夫不负有心人，短短几年时间，北京999急救车从最初的每天仅出车几十次，发展到目前一天800次左右。更以"10秒接听、2分钟出车"的高效率，赢得了北京市民的广泛认可和赞誉。中国红十字会会长华建敏在考察北京市红十字会工作时，曾称赞北京的红十字工作走在了全国前列，是全国红十字会的排头兵；红十字会与红新月会国际联合会秘书长比开利评价北京市红十字会具有"出色的工作，出色的展示，杰出的领导力"。

给予比索取更幸福

"让最新的科学成果增强人道主义组织的防灾、救灾能力。"

尽管工作繁忙,但韩陆从不把自己当作女强人,在儿子眼中,她是充满爱的妈妈;在父亲眼中,她是孝顺的女儿。2008年,年逾八旬的老父亲病倒了,这是赈灾最繁忙的时刻,韩陆硬是抽出时间去医院看望父亲,尽自己的一片孝心。哪怕有时夜深了,父亲睡着了,只能隔着门看一眼,对她来说,心里也踏实。

韩陆评价自己是思考中的行动派。对韩陆而言,荣誉只属于过去,她的目光面向的是未来。在我国地震、泥石流等灾害频发之时,韩陆开始思考另一个重要的新问题——第三方人道物流。这一概念是当前国际上的前瞻课题。作为非营利人道组织,红十字会在人力、物力、财力等方面都是有限的,在应对重大灾害时,任何一个组织都不可能单独地完成高效救灾。韩陆在认真研究物联网和现代物流理论后,结合我国实际,开展了第三方人道主义供应链的探索。2007年,北京红十字会与易宝支付平台合作,为打工子弟学校募集1700元善款;2008年,为风雪救援募集资金28万元,为汶川地震募集1850万元;2009年,与亚盛航空公司签订合作协议;2010年与首航直升飞机公司签订合作协议,为999提供医疗空中转运服务。初步形成了首都立体救援体系的框架。"融社会各界之力,从资金、货物、信息到输送管道,让最新的科学成果增强人道主义组织的防灾、救灾能力。"

韩陆在忘我工作中收获着成功的喜悦。她这样为自己的行动注解——"在奉献中,实现我们独特的品质:人道主义与博爱精神。当你领悟人道与博爱的真谛时,你会发现给予比索取更幸福。"

2012年,韩陆履新中国女医师协会副会长,2013年,任中国肿瘤微创治疗技术创新战略联盟常务副理事长,兼任北京老龄产业协会副会长。无论在什么岗位,她都不改务实本色。她告诉记者,在新的领域如何为老百姓做点实事仍然是她的目标。"我想从老百姓的所需做起,无论是应急避险服务还是做好健康管理,都是非常重要和亟需做的工作。"这位富有魅力和领导力的女性将用她独特的方式和创造力继续谱写生命的乐章!

线索推荐:中国肿瘤微创治疗技术创新战略联盟

点评

人道、博爱、奉献,这是红十字的精神,卓越、执着、责任,这是韩陆的境界。她以国际的标准检验工作,以执着的信念坚守理想,以扶危济困、服务他人为己任,让红十字的光芒闪耀在物欲横流的当下社会。韩陆,她是用行动向人们证明——爱有传承,人道无界。

——国务院副秘书长 丁向阳

赵红心

不成她的粉丝儿都难

文 / 陈明莲

在刚刚结束的 2013 年第 4 届首都十大健康卫士评选活动中,首都医科大学附属北京地坛医院感染一科主任赵红心教授获得了初评第 2 名、网评第 5 名的成绩,当选新一届的首都十大健康卫士。

艾滋病患者为投票开会
"赵红心主任用自己的行为告诉我们什么叫健康卫士。"

对于这样的结果,赵红心爽快地告诉笔者,"我的得票绝大多数是艾滋病患者投的,患者告诉我,为投票,他们专门开了会,有组织、有分工。"

"看着赵主任的票往上涨,我们心里高兴,一看票数落后,那心里急啊!"老李的话代表了许多患者对赵红心当选的迫切心情和对健康卫士的理解。

赵红心管理的病房中,患者全部是艾滋病人,70% 来自外地,40 张床位常常要加到 45 张。对于难治的患者,如许多这种被当地医院告知"回家吧,该吃点儿什么吃点儿什么"

寻找大医精神
XUN ZHAO DA YI JING SHEN

> 患者的信任、期待、关怀成为她激励自己前行的动力。

的"等死"患者,"赵主任不是向外推,而是向里划拉",北京健康同性(艾滋病感染者小组)负责人季峰说,"为了给病友解决看病难问题,我就给赵主任添过多少次麻烦。哪怕是半夜给赵主任一个电话,赵主任加床也要把患者收进病房。其实,她一个大专家也可以打官腔,先在急诊留观,我一点脾气也没有,可她就是加床也要让患者住进病房。"

这个女医生不温柔
刚接触赵红心的患者都觉得这个医生说话太直、还挺横。

"老张,你该出院了。""3床,昨天你查的CD4出来了,这次升到200了。""小伙子,护士告诉我,说你不吃饭,这可不成,你这是作死啊!"

跟随赵红心查房,她对每名患者病情、各种指标、生活状态了如指掌,让人敬佩,而她不客气、少温柔的用语,让笔者为她担心:患者不会因为她的"横"有意见吧?

很快担心被证实是多余的。

赵红心俯身为一名患者听诊,她没戴口罩、手套。又托起患者下巴查看口腔的疱疹,同时用手触碰皮肤。被检查的患者躲了一下赵红心,说道:"主任,您戴上手套吧。我怕传染您。"

赵红心说:"没事!我有分寸。"继续她的检查。

走到20床病房外,一个声音从病房里传出:"是赵主任吧?您可来了。想死我啦!"谁啊?连赵红心的脚步声都可以听出来,笔者心生疑问。走进房间,笔者看出女患者是个盲人。赵红心告诉笔者:"两年前,她第一次住院,是丈夫背着进的病房,人只剩下80斤了,你看现在她长到120多斤了。"

"赵主任,我有了新想法。就是想再要个孩子。"女患者说。

"不行,太冒险了!"赵红心态度坚决。随后语气逐渐缓和下来,讲述了不能再要孩子的原因。女患者点点头。

在办公室笔者把心中的两个疑问抛给赵红心。

关于微笑服务。赵红心说,心理上出现问题的艾滋病患者很多,有时候和颜悦色的说话方式,他们根本听不进去,他们希望从医生的嘴里得到肯定而坚决的答案。因此有时说话不温柔成为她解决患者心理问题的一个秘诀。只要"你真心对他们好,他们是能够感觉到的。"

关于不用手套、口罩做检查。赵红心说，"我不是做所有检查都不用口罩、手套。一定要有科学的态度。大家都知道艾滋病的三种传播途径。所以，我给患者进行侵袭性操作时一定要戴手套，而为合并结核的患者进行检查也一定要加戴口罩，这是必须的！"

那时心里真没底儿
干上让人生畏的艾滋病，是她人生的新挑战。

20世纪90年代终末期，地坛医院开始接收大批的艾滋病患者。而那时，大多数人听到艾滋病仍很恐惧。许多同事坚持留在肝病病房，这样"风险小、挣钱也容易"。而干上艾滋病，成为赵红心人生的新挑战。

2002年，她深入艾滋病高发村工作。真的进了村，赵红心有些犹豫了，没有诊桌、诊床，看病只能坐在老乡家炕上或长条板凳上。许多感染者都进入了发病期，并出现了并发症。赵红心说，原来书本上才能读到的口腔糜烂、皮肤溃烂、痒疹，在那里都看到了，确实让人心生恐惧。没有口罩、手套，只能涂手操作，查看患者。患者长期得不到医治、加上卫生条件差，身体发出的气味刺鼻难闻。

7月的天儿很热，半天下来，看了十几名患者，后边还有许多老乡排队。赵红心感到头晕眼花，心里着急上火。就在此时，她觉得背后有了阵阵凉意，一个老大妈扒拉开人群，拿着芭蕉扇在给自己扇风。直到今天赵红心依然保留着那份特殊的感觉，是信任、是期待、是感动，更是关怀。同时这份感觉，也成为她激励自己前行的不竭动力。

患者给我记着考勤呢
为给基层医生讲课，她走南闯北，讲到喉头水肿，可却从未插空旅游过。

作为一名大专家，她可以坐在医院门诊等患者，或受邀去外地会诊；作为北京大学医学部教授，她也可以给学生上课，享受为人师表应得的尊重。可面对依然停不下脚步的艾滋病流行趋势，面对远道而来上门求医的患者，赵红心很郁闷，因为"艾滋病患者越治越多。"

2002年，她7次去河南艾滋病高发村工作。尽管如此，"累死我也看不完，一个人的力量太有限了。"赵红心根据早期我国艾滋病"农民多于城里人，穷人比富人多"的流行特点，将工作重点放在培养指导提高基层医护人员诊断治疗能力上。她将自己收集的大量一手病历、图片进行整理，撰写了"基层医生艾滋病防治手册"，制作了通俗易懂的艾滋病培训课件，参与国家艾滋病防治指南的制定。

在四川资中，为基层医生上课灌输艾滋病重在预防的理念。"让没得病的防病，已经得病的不要再传播给家人、孩子。如能早期发现、适时治疗，许多人可以在家吃药控制病情，没必要跑北京，花钱搭功夫，农民本来就不富裕。"课程结束，许多学员追着赵老师要课件，赵红心无偿为他们拷贝。

同事议论去哪儿旅游过节，赵红心从旁经过，插话说："你们谁也没我去得地方多。除西藏之外的省、自治区都去过！"可同事们知道，她可不是旅游，每次都是匆匆而去、急三火四往回赶，"患者给我记着考勤呢！"

赵红心幽默地说。

不一样的医生

"虽然这不挣钱的活儿不好干，可总得有人干吧。"

2005年她代表卫生部到某省进行艾滋病工作督导，突然会议室的门被撞开了，一只输液瓶连着带血的针头"嗖"地飞向正在汇报工作的卫生局长，还好，没被砸中。这是一名因输血感染艾滋合并丙型肝炎的患者，要求输白蛋白，没得到满足，特地来"闹事"的。

会后，领导请赵红心做工作。赵红心拒绝了随行人员递上的口罩、手套，翻看病历后为患者查体。手托住患者下颌，说："像我一样张开嘴，啊！"她俯身仔细查看患者口腔的情况，"你现在不需要输蛋白，好好服用抗病毒药物，等免疫力恢复到一定程度，再进行肝炎的治疗。"患者连连点头，嘀咕着"北京专家就是不一样。"

河南、山西等地因卖血造成艾滋病流行，让许多家庭受到严重影响，农民患者上访此起彼伏。远道进京，宾馆、旅店无人接收。有五年时间，赵红心的病房成了临时客栈，每年都会接待四、五拨上访的农民，一来就是十几二十个。本来这和医生没关系，可赵红心安抚他们、安排好他们吃住，同时给他们进行科普知识宣传。2009年，在时任国务院总理的温家宝召开的国务院艾滋病防控会上，她向领导反映艾滋病患者就医难、手术难问题。2012年，时任国务院副总理李克强召集的国务院防治艾滋病工作委员会全体会议上，她又准备了关系患者切身利益的问题。"虽然我是医生，但是将心比心，谁摊上这种事都得管。"这就是赵红心的心思。

有这样心思的医生，感受过赵主任服务的患者，不成她的粉丝儿都难。

线索来源：首都医科大学附属北京地坛医院

点评

当人们仅在某一天才想起去关爱艾滋病患者时，她却每天都直面这些众人避之不及、身心崩溃的特殊人群。她用博爱温暖着患者的心房，希望春天能融入每一个人心里；她用严厉和严谨与世纪顽疾激战搏杀，成为艾滋病患者当之无愧的"脊梁"。正如她的名字，捧着一颗"红心"，她被患者誉为最美艾滋病专家。

——中国性病艾滋病防治协会副会长、秘书长 沈洁

杜雪平

中国社区卫生事业的急先锋

文 / 耿璐

　　从租下一间15平方米的房间作为"阵地",到总建筑面积2380平方米;从2名社区医生发展到200人的医护防队伍;从日门诊量20人次到1000人次;从只提供简单的基本医疗服务到预防、医疗、保健、康复、健康教育、计划生育技术指导、科研、教学多种功能为一体,居民满意度90%以上……

　　这个坐落于北京市西城区的月坛社区卫生服务中心,从起步到成长为今天的规模,只用了短短的18年,并一度被誉为中国社区卫生的先行机构。世界家庭医生组织主席Richard Roberts在参观后甚至撰文赞赏道:"我走遍了世界各地的社区卫生服务机构,月坛是其中最好的一家!"

　　而带领"最好的月坛"从无到有、从有到优的就是原复兴医院副院长、现月坛卫生服务中心主任杜雪平。

　　在2010年5月20日第63届世界卫生大

> "一个好的全科医生是能扎根基层的全科医生。"

会上,为表彰杜雪平在初级卫生保健方面取得的成绩,世界卫生组织将2010年度"笹川卫生奖"授予她,她也成为获得这项世界性殊荣的中国第一人。

"白手起家"建月坛
"中国需要成千上万个月坛社区卫生服务中心!"

1995年,时任首都医科大学附属复兴医院副院长的杜雪平在国家级课题"月坛社区卫生与健康促进示范工程"的推动下,启动了复兴医院社区卫生服务工作。当时的杜雪平只是一名心血管内科医生,从未接触过社区工作,一切都要从头开始。

1996年,为了给社区卫生服务站找个家,杜雪平开始四处奔波,终于在三里河三区租下了一间15平方米的房间,在这有限的空间内,正式创建了红苹果社区卫生服务站,这就是月坛社区卫生服务中心的雏形。

由于当时全科概念尚未普及,医疗设施也比较简陋,一开始,附近的居民并不知道这个小小的"房间"到底是干什么的,很少有人上门看病。杜雪平决定不再坐等患者上门,而是主动出击。

她以健康教育为切入点,带领站内医务人员利用周末在小区空地上宣讲健康知识,从认识高血压到如何限盐,从了解吸烟的害处到糖尿病患者的饮食指导,用最基础的健康知识打开居民对社区卫生认识的大门。然而最开始的时候只有三五居民远远观望,半信半疑地站在小区空地上,听他们拿着当时利用率最高的"麦克风"——喇叭,详细讲解健康知识……

风雨无阻的宣讲让"有人免费说健康"的消息在居民中不胫而走。后来每逢周末,赶来听课的居民足足站满了整个小区空地,很多人甚至在宣讲前就早早地从家里搬来椅子占好座位。

有了良好的群众基础,杜雪平乘胜追击,开展了一系列的社区工作。2001年,"红苹果"与月坛医院合并后,月坛社区卫生服务中心正式建立,并遍地开花,相继建立了10个卫生站,为附近的百姓提供愈加多样化的服务。

如今,经过18年的发展,月坛社区卫生服务中心已逐渐覆盖社区卫生网络内的14万居民,仅月坛中心每日门诊量就由最初的20人增加到今天的1000人。赶上忙的时候,很多医生甚至每天要看100多名患者。很多居民在社区看惯了病，在医生建议转诊的情况下，也不愿意去大医院做进一步检查，因为他们觉得这里态度好、面孔熟、技术高，没必要"折腾"。

月坛的发展模式同样得到了世界家庭医生组织主席Richard Roberts的认同。一次，杜雪平在向他请教中国社区未来的发展方向时，Richard Roberts幽默却认真地回答："中国需要成千上万个月坛社区卫生服务中心！"

扎根基层 走向世界
很多中国的全科医生在那时第一次听美国全科医生讲课。

众所周知，基层是最难留住人才的地方，但在杜雪平这里，这个魔咒仿佛被打破了。"一个好的全科医生是能扎根基层的全科医生，但个人的扎根是难以满足基层需要的，打造一个好的团队是根本，因此，提高团队的整体医疗服务能力和医学素养是关键。"

杜雪平的要求很高，但她认为这是必须以及必要的。因为"越规范，人才才能越聚集；在北京做得好，在国内做得好，才能走向世界。"为了让月坛的全科医生学习国外的先进经验，为居民提供高水平的服务，杜雪平曾数次出国学习，并和多所国外的优秀大学建立合作交流关系。然而鲜为人知的是，在零交流的前提下，杜雪平是如何打消合作方的顾虑，完成"破冰"之旅的。

杜雪平找的第一家学校是费城大学的一家可供全科医生实习的诊所，在说明来意后，对方表示没什么兴趣，态度也很冷漠。这让抱着很大希望的杜雪平很是失落。

碰壁并没有让杜雪平舍弃目标，在2001-2003年期间，杜雪平三次找到美国全科医师培养排名前五的威斯康星大学家庭医学院，前两次均以失败告终。就在2003年，中国成功抗击非典的经历吸引了医学院的教授们，他们希望了解中国的成功经验。

就这样，从2004年开始，月坛每年输送2~3名全科医生或研究生去美国学习，由此开启了中国全科医生出国交流的先河。如今，月坛已经成功建立了同美国威斯康星大学、哥伦比亚大学、英国伯明翰大学间稳定的全科医生互派培训交流渠道，输送了近20名月坛全科医生到国外学习。

为了让中国的全科医生加强学术交流，2004年，杜雪平组织举办了第一届北京市全科医学论坛，并准备了100人的会场，开幕时却挤满了从全国各地赶来的200多名医生，大大超出预期。更让她意外的是，很多全科医生在看到2名美国家庭医生后的反应："很多中国的全科医生是第一次听美国医生讲课。"这让杜雪平坚定了连续举办学术会议的想法，并坚持了下来。至今已成功举办了10届，成为国内外全科医生的交流的平台，大大开阔了中国全科医生的视野，也逐渐让世界了解中国的全科事业。

"拼命三娘"获世界肯定
"那一刻，我为祖国的强盛、祖国全科医学的发展感到骄傲！"

帮扶中西部贫困地区社区卫生走上平稳发展的道路多年来一直是杜雪平内心的牵挂，

在获得"笹川卫生奖"3万美金的奖励后,她一直在考虑该如何将钱用在最需要的地方,经过深思熟虑,她决定购买40台笔记本电脑,捐赠给呼和浩特和乌鲁木齐市的社区卫生机构。"我觉得作为一个好医生,不仅要把月坛建设好,将人才培养出来,为附近的居民服务好,更多地应该去支持贫困地区。"

同事们给杜雪平起了个外号,"拼命三娘"。虽是玩笑话,但足以见得她每日的辛苦,因为很少有人看到她休息。但就在2010年5月20日,"拼命三娘"破天荒地休息了一天。这一天,是她获奖的日子。每年,"笹川卫生奖"都会在全球范围内评出一位在卫生发展方面取得成就的个人,在最终确定的9名候选人中,杜雪平脱颖而出,成为获得此项奖项的中国第一人。在准备申报材料时,杜雪平心里没底,于是特意请教自己多年的老友——美国纽约哥伦比亚大学家庭医学系主任Kathleen Klink教授帮着修改。Kathleen Klink教授读后,为她添加了支持中西部贫困地区发展的内容,而正是这画龙点睛的一笔,助她最终得以顺利摘下"笹川卫生奖"。

正式确认获奖后,时任原卫生部部长陈竺转发给杜雪平一封WHO会务组的信函,内容注明:请着正装。这件事让杜雪平着实费了一番工夫。最后,杜雪平拿好了主意:她想找到一件"不说话也能代表中国人"的衣服。

一切准备就绪。2010年5月17日当天,瑞士日内瓦,身穿紫红色绣花旗袍的杜雪平优雅从容地走上领奖台,用母语向台下的193名世界各国卫生官员讲述中国社区卫生事业的发展和自己对贫困地区的支持。掌声一次次响起,杜雪平站在台上,言语铿锵,目光中满满的自信,"那一刻,我为祖国的强盛、祖国全科医学的发展感到骄傲!"

能够站在世界舞台上展示中国全科医生的风采,杜雪平颇感自豪,但对她而言,获奖是一件很淡然的事,这份对名利淡如菊的态度就像她当初为何选择走上全科道路一样,"是偶然也是必然,但既然走上了,就要好好走下去。"淡然却无丝毫马虎,平淡却注定不平凡。

线索推荐:北京月坛社区卫生服务中心

点评

杜雪平从大医院的副院长下到了小社区,"官"越做越小,事却越做越大。带领全科医生做科研、开展国内外学术交流、获得WHO"笹川卫生奖"……巾帼不让须眉的她开创了中国全科事业中的很多第一。然而她从未以此为傲,因为"对百姓来说,我只是一名全科医生。"

——中国社区卫生协会副秘书长 王炜

打响"肾脏保卫战"

文 / 武亚莉

2012年：完成200个保肾计划

2012年12月25日，下午7点，武汉天河国际机场。

离登机还有一个半小时，趁闲暇间隙，张骞梳理了一下当天的日程：上午9点会诊，10点半上手术台，11点缝合完毕，下午1点培训手术技能及理念……

考虑时间还充裕，他开始"检阅"自己年初制定的计划："百肾计划"，也就是通过腹腔镜肾部分切术为100名患者保留肾脏。算上今天这例，已经超过200个了，算是超额完成任务吧。

可能在别人看来，200只是一个没有任何感情色彩的数字，但对张骞而言，每一个数字背后都是一次高风险的挑战，都是一个生命甚至家庭的希望，都灌注着他的心血。

当前，肾肿瘤高发趋势已跃居泌尿外科第二位，且越来越年轻化。对于4~7厘米、毗邻大血管的良性肿瘤或小于4厘米、位于肾脏核心的恶性肿瘤，如果主刀医生技术不够精湛，他们只能将肾脏全部切除。当很多

寻找大医精神
XUN ZHAO DA YI JING SHEN

> 2013年，用自己微弱的力量号召更多医生：共同完成"千肾计划"！

人在高风险的肾部分切除术前考虑自己的名誉时，张骞选择将患者的生存质量放在首位——施行部分切除术为他们保留肾脏。

33岁的北大医院泌尿外科副主任医师张骞，已在泌尿外科领域年轻一辈中小有名气。过去的2012年，他奔波往返于全国10个省30个市之间，完成高难度腹腔镜手术400余例，给自己年初许下的承诺交出了一张满意答卷，也得到了患者与同行的广泛赞誉。2013年，他计划用自己微弱的力量号召更多的医生，共同完成"千肾计划"！

3年前：为农民工肿瘤患者保肾

提起他的第一台腹腔镜肾部分切除术，张骞至今仍记忆犹新。

3年前，一名33岁的农民工肾脏上长了个约4.5厘米的肿瘤。在充分查体评估后，张骞考虑如果这名患者选择肾全切，对他而言虽然轻而易举，但对患者来说则影响甚大。考虑到他年纪很轻，又是一个贫困家庭唯一的经济支柱，张骞提议做腹腔镜肾部分切除术。患者满是性命相托的信任，最终手术顺利地完成了。

其实，这种手术风险很高，尤其对资历尚浅的年轻医生而言，挑战更大。但想到通过手术能为患者保留肾脏，能为一个家庭带来希望，张骞非常愿意挑起这份重担。

手术的成功对他鼓舞很大，张骞至今仍对这名患者充满了感激，"有了这名患者的信任，才有了我的第一步。我应该以更大的努力来回报患者的信任。"

下一个目标：挑高难度手术

一名12岁的罕见异位嗜铬细胞瘤的先心病患儿前来就诊。这种肿瘤释放肾上腺激素，最高时血液浓度超过正常时的200倍。超强的毒性让患者随时会有生命危险。又由于患者的心脏很脆弱，加上肿瘤位置紧邻大血管，手术的难度和风险极高，辗转多家医院没有医生愿意尝试。

经仔细体和反复研究，2012年圣诞节，张骞决定进行腹膜后镜左肾上腺嗜铬细胞瘤切除术。手术气腹压力需要严密控制，张骞特别下调了气腹压力，这让手术操作增加了难度。更要命的是，分离后发现肿瘤紧贴在肾动、静脉上，上方还包绕了一支异位肾血管，使得手术操作空间变得更加局促。

由于患儿的嗜铬细胞瘤功能强劲，稍许

的挤压和触碰都可能造成患者血压的剧烈波动，进而危及生命。但张骞镇定地按照事先的计划，小心翼翼地对每一根支配肿瘤的血管进行阻断、分离……随着最后一根血管的阻断，肿瘤终于从肾动、静脉上被剥离下来。

手术的难度超乎想象，如果动作稍微粗暴，患者血压急剧升高，患者当时可能就会心力衰竭而死亡；如果动作速度过快也会引起血压急剧下降，进而危及患者生命。如果失败，即便患者家属不追责，对医生而言，自责、同行评议等带来的压力也很大。但在张骞看来，如果通过自己努力能给年幼的生命带来希望，承担再大的压力也是值得的。

2013年：制定拯救千肾计划

新年伊始，张骞开始制订新的年度计划——"千肾计划"，为符合保肾术适应证的1000名患者保住肾脏！他深知，完成这个计划靠一个人的力量是不可能的。从2012年开始，他便通过各种途径与学术会议，分享自己进行腹腔镜肾部分切除术的心得体会，让更多医生了解并能够操作，共同完成"千肾计划"。

刚开始，大家都觉得腹腔镜肾部分切除术难度很高，很多人不敢碰。为改变他们的观念，张骞在演讲时做了大量的讲解和演示。张骞算了一笔账，去年自己共参加会议10多次，每次参会医生50多名，就意味着去年受培训医生至少500人，如果他们一人每年做2例手术就能实现"千肾计划"。今年计划到20个省60个市做手术演示和技术支持，那时数字的上涨可能不只是倍数的增加。

张骞每天都被梦想推着走，知道每天应该努力的方向，每天向目标前进了多少，距离目标还有多远。新的一年，他的计划开始启动，了解他的人无不充满了感动，因为在这个商业化的社会里，有一位拥有高尚品德力量的青年医生在坚守生命托付的责任，用高尚的医德和医术抚慰着广大患者的身心，成就着一位青年医生的职业尊严和使命。

线索推荐：好大夫在线

点评 从手中有刀，到手中无刀，泌尿外科医生张骞的拯救肾脏计划，让人肃然起敬。在医患互信缺失的今天，这种将困难留给自己的挑战和坚守更难能可贵。如何将技术的最大化，转变为患者利益的最大化，值得每个行医者反思。

——中国工程院院士 郭应禄

韩小红

"治未病"的铿锵女将

文 / 武亚莉

她有着丰富的标签：出身军人、医学博士、体检门诊主管、体检管理集团总裁；她有着传奇的经历：放弃体制内令人艳羡的工作，孤身一人留学德国，扔掉金饭碗创业，历经各种艰辛终得正果；她有着坚强的信念：经验不足、资金不足、疫情突发、火灾突降……纷至沓来的困难没有动摇她创业的心。

她就是记者眼前这个优雅、从容的女人——解放军总医院曾经的肿瘤医生、留德医学博士、北京市健康保障协会会长、慈铭健康体检管理集团总裁韩小红。

十年来，韩小红用行动让人们认识到"早发现、早诊疗"的就医理念，并试图改变国人对健康的传统观念。她是第一个建立中国首创健康体检模式、第一个建立全国规模的健康体检连锁集团、协助创建体检标准、创立"医院+会所"模式的国际健康医疗会所暨健康服务产业链模式、第一个成立免费大众健康教育学校的人……她用强有力的数字——"全国40家直营体检中心、30家连锁加盟机构，每年接待250多万人次"，向世人诠释了一个不一样的"治未病"的铿锵女将。

寻找大医精神
XUN ZHAO DA YI JING SHEN

> "将健康管理理念普及给普通大众，是我一生的追求。"

因我所见　转换职业方向
她做出了一个大胆的决定：从医院辞职，跟丈夫合开一家体检诊所。

医学世家出生的韩小红，仿佛从出生就被定格了未来的职业。小时候的她曾经对普陀山玉观音手中的"玉净瓶"产生了神奇的梦想，就问爸爸："人间有玉净瓶吗？"爸爸回答说："有，在白衣天使手中。"后来，她知道爸爸妈妈手中有一个"玉净瓶"，那是救死扶伤的高尚医德与高超的医术。从此，韩小红就立下了从医之志。

如愿以偿地，韩小红硕士毕业后顺利地进入解放军总医院，成了一名肿瘤科医生。韩小红看到，来这里的患者99%已经是癌症晚期，而晚期发现的癌症几乎不能治愈。日常工作中上演着一幕幕悲剧：有些患者行将死去假装坚强，有的患者因为恐惧整日在床上哭嚎，甚至向医生跪地叩头，祈求延长生命……这些场景，让韩小红不由得心生酸楚和无奈。一方面，为晚期癌症患者基本无治愈可能，却要受尽各种折磨而心酸；另一方面，因自己所学的知识用处不大而无奈。因为这类患者不再取决于治疗的手段，基本是心理辅导和延长生命的支持治疗。

这些人大多平时并不注意身体，一旦发现癌症则为晚期。为什么不提前预防疾病呢？"如果能把每个人的病历档案存下来，早期发现、早期诊断、早期介入治疗，那将会大大提高生命质量。"这时候，一个新的想法开始在韩小红的脑海里发芽。

转变就在一念之间。1999年赴德国海德堡大学攻读三年后，韩小红成功地拿到了博士学位。她进行的肿瘤生物治疗研究，在国际上属于前沿技术。就在所有人都认为这位归国女博士将在临床中大显身手之时，她却做出了一个大胆的决定：从医院辞职，跟丈夫合开一家体检诊所。

这个决定源于她在国外的见闻。在国外，体检是一个被大众普遍接受的概念。德国卫生部部长曾说，体检让国民的患病率和死亡率降低了20%，这让韩小红深有感触。如果通过健康体检，筛选出危险性高的病症，或会避免悲剧的发生。而这也正是我国古代提倡的"上医治未病"观念。

另一个原因也促使韩小红走向创业道路。留德期间，丈夫胡波在北京开设了肿瘤专家门诊。初创伊始，门诊连续亏损，在韩小红即将毕业回国之际，胡波向她发出了创业的邀请信号，韩小红的健康体检理念也被丈夫所认同。就这样，2002年3月28日，夫妻二人开设了第一家慈济健康体检机构。当时，时任卫生部副部长、中央保健局局长黄洁夫亲自到体检中心，给予支持和鼓励。

以我经历　倡导行业理念
"推己及人，我真心希望我的顾客不再承受我遭遇过的痛苦。"

命运并非如人所愿，一连串的磨难接踵而来。第二家店开业时，"非典"暴发，一夜之间，所有订单全部撤销，体检大厅内门可罗雀。当时有人建议她辞退员工节约成本，而她相信天无绝人之路，亲自带领员工卖口罩、卖温度计，终于挺了过去；2004年，慈铭第三家体检中心落成，一场大火突然袭击，将所有投入都化为灰烬。短暂悲伤后，韩小红迅速从窘迫中厘清思路，与员工一起一点点把店重建了起来。

然而紧接着，命运又开始露出狰狞的一面：韩小红的父亲第一次到她的体检中心体检，查出了癌症晚期；而在父亲临终前三个月，她在体检中也被检查出患有胃癌，所幸是早期。

韩小红没有被病魔吓倒。五天后，她悄悄一个人去做了手术，并陪同父亲一起接受治疗，度过他临终前最后三个月。韩小红一直感慨，"当初父亲走得很不放心，担忧我以后的职业和人生路，如果父亲在天有灵，看到现在的状况他会欣慰的。"

让韩小红再次认识的，就是体检的重要性：父亲没有及时体检错过最佳治疗时机是个警示，而自己是体检的最大受益者。这些经历也更加坚定了韩小红做大体检市场的决心。"推己及人，我真心希望我的顾客不再承受我遭遇过的痛苦。"创业之初，她就提出了企业价值观："为人民健康服务"。

经过不懈的努力，韩小红经营的慈铭健康体检管理集团迅速成长起来，在全国的体检连锁机构总数已达70家。

践我所悟　深挖健康精髓
建设健康管理链，提早健康干预，降低患者患病的概率。

从一名肿瘤科医生到一名引领国内健康体检行业的总裁，韩小红完成一个完美的转型。现在韩小红"玉净瓶"里的东西不仅包含体检，更包括慈铭集团正在逐步成熟的健康管理链。

事实上，体检是人们对身体状况自我认知的一个前提。所谓健康管理，就是通过体检，了解一个人的身体状况，再根据情况进行健康干预、健康运动、饮食调理，并就其工作环境和体检结果进行健康讲座。通过提早健康干预，降低人们患病的概率。

发现问题就必须去解决。韩小红根据顾客需求，开展了健康咨询、企业健康管理室、国内外医疗转诊服务、医疗旅游和私人医生等十余项健康管理服务。2010年6月17日在上海召开世博企业健康管理高峰论坛和9月天津达沃斯新领军者年会上，韩小红率先提出"把健康管理的理念普及给普通大众"理念。继而，慈铭体检代表中国健康医疗服务连续两届出席京交会。汪洋副总理在视察时，对慈铭奥亚会所预防猝死和癌症产生了浓厚

的兴趣,中央首长也对韩小红介绍的早发现、早干预、关口前置的预防理念和技术手段,给予了首肯。

用我所得　践行医者责任

哪有天上掉馅饼的事？可韩小红走过去把体检登记表一一递上。

经过五年的发展,慈铭体检在业务、管理等方面形成了自己的品牌和模式,曾制定的8档体检套餐已成为业界的标准。但韩小红却发现,由于疾病谱的前移,这套标准已"落后"。现在,韩小红结合五年来80多万人的健康体检数据分析,创造了168个体检模块,体检套餐扩至38个,再次让行业登上新台阶。

事业发展的同时,韩小红一直心系公众健康。2003年,SARS爆发,人人自危。但作为医疗行业的从业者,韩小红没有退缩,率先在北京推广"万名的哥免费体检"公益活动。当时,一群的哥站在"慈济"门前不敢进来,哪有天上掉馅饼的事？可韩小红走过去把体检登记表一一递上。

随后,她先后又组织实施"阳光1万骨髓捐献工程",协助中华医学会制作"健康体检教学片"等活动,还连续组织了"六进社区义诊"、"为贫困母亲捐款"等公益活动。韩小红率领团队一直在不懈努力。

如果说一个学科衍生了一个行业,行业衍生一个产业,那健康体检产业可堪为医疗卫生行业最大的学科。来自世界卫生组织的数据表明,健康体检投入1元钱,后期医疗投入节省9元钱。如此推算,慈铭一年体检收入7亿元,意味着为国家节省63亿元的治疗费！而且这个数据每年还将呈几何级数增长！正如韩小红所说:"我自己就是慈铭健康体检管理集团最有说服力的代言人！"她用自己最美丽的绽放,诠释了梦想和信念的能量,更重要的是,让中国每年百万人沐浴在健康的阳光下。

线索推荐：慈铭健康体检管理集团

> **点评**
>
> 因为"玉净瓶",她立志做一名医生；因为癌症患者的呻吟,她立志践行"早发现、早诊断、早治疗"之路；因为始终奉行"上医治未病"的理念,最终成就了她亚洲规模最大的健康管理机构之梦；因为传播健康理念,她多次无偿举行公益活动。韩小红,这朵富有激情并勇于逆流而上的铿锵玫瑰,用自己的实际行动和信念,开拓并引领了一个行业的发展,也诠释了自己"为人民健康服务"的梦想。
> ——原卫生部副部长、中国健康促进与教育协会会长　殷大奎

王继跃

抓住脑卒中防控的"牛鼻子"

文 / 陈惠

山东省聊城市人民医院分院脑科医院有一个奇特的标本库，分门别类摆放的小瓶子里，全都是该院手术后取出的人体颈动脉"斑块"，有的斑块上还镶嵌着支架。面对这些被福尔马林浸泡得发白的标本，神经外科的护士如数家珍：这个瓶子里放的是傅老汉的，他70岁高龄做的手术，采取的是"翻转式内膜切除法"，术后恢复得非常好；那个瓶子的斑块长12厘米，是目前国内颈动脉内膜剥脱术（CEA）取出的斑块最长的……

神经外科主任王继跃告诉记者：保留这些特殊的斑块标本是为了研究它们的形成机制。"什么时候不用手术了，那才好呢。"

> "只要让老百姓远离脑卒中,节约并控制医疗费用等资源,我们所有的付出与辛苦都是值得的。"

一定要找到办法,减轻脑卒中患者的痛苦

到处是患者与家属的愁容,到处是医务人员疲惫的身影,王继跃看在眼里,记在心里。

聊城市所在的鲁西北地区是脑卒中的高发区,当地人喜好吸烟、饮酒、高脂高盐饮食,导致这里的脑血管病发病率极高。

传统的脑卒中治疗方法就是"输液",老百姓说是"冲血管",反复输液,病情却没有根本好转。而患者反复住院,最终为在脑血管里放个支架,卖房卖地、卖了当年所有的收成。很多患者因病致残、家庭因病致贫。

医院神经内科有床位 150 张,遇到脑血管病高发期要加到 200 多张,还远远不够。到处是患者与家属的愁容,到处是医务人员疲惫的身影,王继跃看在眼里,记在心里。他告诉自己:一定要找到办法,减轻老百姓的痛苦!

2001 年,山东省聊城市人民医院成立脑科医院,邀请石祥恩教授过来剪彩。石祥恩了解到当地老百姓的患病情况,建议王继跃开展颈动脉内膜剥脱术。

在欧美国家,通常颈动脉狭窄≥70% 的患者,应首先由神经外科或血管外科会诊,若无 CEA 手术指征,再转神经内科或介入科进一步治疗。

美国一年开展 CEA 接近 20 万例,而我国只有 200 例不到,并且在当时能开展 CEA 手术的医生不足 10 人。

王继跃有了"吃螃蟹"的想法。2007 年,当脑科医院逐步步入正轨时,他组织了一套班子,以神经外科为主,包括神经内科、心内科、超声科、麻醉科、影像科和护理部人员,到北京宣武医院学习。

北京宣武医院神经外科焦力群教授从没见过这样浩浩荡荡一群人专门为学习一项技术而来,他惊讶极了:"你们是真想学啊!"

300 多例成功手术源于创新与严谨

如果不是亲自操刀,永远无法掌握技术的精髓。

2008 年 4 月,以王继跃为首的"颈动脉

内膜剥脱术攻关小组"迎来了他们的第一批两位手术患者。两例手术完成得很顺利，但在术后，其中一位患者血压很不稳定。王继跃坚持守候在患者床边，观察病情。

36个小时，王继跃和攻关小组的几个骨干几乎滴水未进，眼睛熬红了，嘴也起了血泡。王继跃更是满口的溃疡，牙龈发炎，直到下午6点患者脱机拔管，大家才松了口气。患者肢体肌力开始恢复，可以说话了，王继跃的两颗下门牙却因为没有得到及时治疗而脱落，成了他攻克CEA永久的"纪念"。

事实上，一开始并没有太多患者愿意接受这项新技术的治疗，担心成了"试验品"。攻关小组只好从周围"自己人"中找合适的患者。脑科医院党总支书记王志推荐了自己73岁高龄的父亲。这是一位典型的颈动脉狭窄患者，然而家人却不同意。王志动员母亲，开了三次家庭会议，并做了保证，这才将父亲推进手术室。

手术非常顺利，老父亲恢复得很好。如今，近80岁高龄的他生活可以自理，可以与人正常交流，每天还坚持骑自行车买菜，羡煞旁人。

"手术一旦失败，患者可能术后马上瘫痪，或者下不来台。"王继跃说，为了避免失败，他和攻关小组的成员每做一台手术之前，都要召集各科室专家，认真反复讨论其适应证，假设各种可能发生的情况，共同制订可行方案。这种谨慎被王继跃笑称为"因为胆小"，但也正因为如此，才造就至今开展300多例CEA手术仅2例失败的奇迹。

多一份努力，多帮一个人

预防为先，才能最大限度地解决老百姓的痛苦。

由于脑血管病患者数量众多，经过早期接受手术并治愈患者的口耳相传，来看他门诊的人更多了。不出门诊的时候，患者会找到病房，将病房的门口堵得死死的。

王继跃意识到：仅凭一己之力，是不可能救所有人的。必须从疾病上游着手，预防为先，才能最大限度地解决老百姓的痛苦。

2010年6月，原卫生部（国家卫生计生委）成立脑卒中防治委员会办公室（简称"脑防办"）。2012年5月5日，聊城市人民医院成为脑防办授牌的34家"卫生部脑卒中筛查与防治基地医院"之一，同时也是4家CEA手术培训基地之一。2012年6月28日，筛查项目启动仪式在脑科医院启动，先后对当地经济开发区顾官屯镇和蒋官屯街道所有40岁以上的居民进行各种医疗专业干预。

两次筛查共用了4个多月时间，筛查了99个行政村，总计筛查25 213人，其中高危人群3766人，比例14.93%。筛查过程中，王继跃还带领筛查队，对村民进行医学知识宣教，对疑似脑卒中患者和颈动脉狭窄者进行提醒，告诉他们脑卒中是可防可控可治的。

一位40余岁的中年人，颈动脉狭窄得非常厉害，曾发生过一过性的黑蒙，被筛查为高危人群，王继跃建议立即到医院手术治疗。中年人却说，我能吃能喝能干活，为什么要做手术？这让王继跃感到很无奈。

几个月过后，这位患者脑卒中发作，瘫痪在床，家人用三轮车把他推到医院，"死活要求做手术"，然而这时，他已错过最佳手术时机。

王继跃说，像这样的案例还有很多，因为老百姓的认识不到位，错过了手术机会。因此，脑卒中的筛查及早期干预远比治疗重要。我们多一份努力，就有可能会多帮助一个人或一个家庭，避免不必要的痛苦和悲剧。

让更大范围患者群受益
仅靠几个专家远不能满足患者的需要，还要培养更多掌握技术的人才。

2012年春节前夕，正当王继跃准备筛查工作时，一场意外使他右腿骨折。无法下床，他只能在床上研究筛查项目资料和患者病历。当腿不那么疼的时候，他提出要去查房，同事们拗不过他，只好用轮椅推着他来到患者床旁。

春节过后，住院患者增长速度出人意料，手术日程排得满满的，王继跃着急起来。他决定坐着轮椅上手术台。在手术台前，助手们站着，他坐着，但一直保持同一个姿势。手术一做就是两个小时，手术完，他受伤的腿和脚都虚肿得发亮。看着粗细不一的两条腿，他摆摆手说：手术台前，真的想不起这些。

有人说，王继跃在这项技术国内应用仍存争议的时候就大范围开展，是为了"出风头"。始终在背后支持着王继跃的聊城市人民医院院长张彬告诉记者，不是出风头，更不是追求高科技，仅是那些因病致残、因病返贫的患者足以让他们排除非议，坚定信念走下去。并且仅靠几个专家远不能满足患者的需要，他们还要培养更多掌握技术的人才，让更大范围的患者群受益。

6月14日，王继跃准备了大半年的"颈动脉内膜剥脱术培训班"终于开班了。虽然以前也举办过一些培训班，但此次比以往学员的范围更广，来自全国13个省市。"有更多人掌握这项经济而有效的技术，让老百姓远离脑卒中，降低脑卒中发病率和死亡率，节约并控制医疗费用等资源，我们所有的付出与辛苦都是值得的。"王继跃说。

线索推荐：聊城市人民医院分院脑科医院

点评

颈动脉内膜剥脱术，目前已被国内外公认为治疗颈动脉狭窄、预防脑卒中的首选方法。王继跃带领团队较早地在国内引进这一手术，不仅造福了患者，也为地市级医院在引进高科技手段预防脑卒中方面树立了一个标杆。把风险留给自己，把安全留给患者；把挑战留给自己，把健康还给患者，他们的无私奉献与无畏创新精神让人敬佩。

——中华医学会神经外科学分会主任委员 周定标

欧阳学农

做肿瘤患者生命的"CEO"

文 / 吴志

作为国家中西医结合肿瘤重点学科主任、国家药物临床试验机构（肿瘤专业）主任、全军中医药学会副会长，欧阳学农所带领的团队年门诊量3万人次、年住院数7000人次……

对此，欧阳学农没有丝毫骄傲激动之情，他总是淡然地说："我只想做好肿瘤患者生命的'CEO'。"

事实上，取得如此成就并不是一蹴而就的事。一直以来，他都严格要求自己和科室医生，对待患者一定要诚恳、坦率、光明磊落，以心交心，以情动情。而作为科室主任的他，在科室管理上也颇有一套，每个季度他都会把全科医护人员组织到一起，和大家敞开胸怀吃喝玩乐，将工作中的压力、委屈释放出去，让大家把最初的那份激情、快乐再带回到临床工作中。也正是因为如此，欧阳学农所在的科室极少发生医患纠纷。

他的智慧与刻苦奋斗，他的坦率与以诚待人，帮助他一步步走向成功。

寻找大医精神
XUN ZHAO DA YI JING SHEN

> "我只想做好肿瘤患者生命的'CEO'。"

依靠科研让治疗精确一点
"依靠医疗科研，才能抓住肿瘤的'七寸'。"

不用开刀，不见放化疗后的脱发，一针看似普通的药液，在全程精确的影像系统引导下，缓缓导入肝癌组织，10天后，部分肝癌细胞自行消亡。这是国际上最新的基因疗法，但在欧阳学农团队已投入临床实践8年之久。

任何成功，都是汗水与智慧的积累，欧阳学农深刻地体会了这一点。

20年前，欧阳学农所在的科室只有20多张病床。没有经费和实验室，就先赊账购买实验动物，没有实验台，便用几块旧木板代替，几个人就在档案室的楼梯口拐角处做起了实验。

在这样简陋的条件下，他们"边建设、边科研、边出成果"，20年坚守，换来的是欧阳学农主任牵头研发的科研成果如雨后春笋般捷报频传，仅国家自然科学基金、全军重点医学课题、福建省自然基金就有12项，这些成果填补了很多国内空白。2002年10月，欧阳学农带领的科室被国家中医药管理局、总后勤部卫生部评为"国家中西医结合肿瘤重点学科"，成为我国东南地区极具规模和特色的肿瘤专科。

如今，欧阳学农带领的肿瘤诊疗团队，可为肿瘤患者提供价值4亿元的肿瘤诊治设备群，并与美国M.d. Anderson癌症研究中心、加拿大UBC大学、日本爱知癌症中心等著名肿瘤研究机构合作。"5年之后，我们要在预防、临床、科研以及管理水平，都达到亚洲一流！"欧阳学农语气坚定。

43项新药研究让生存机会增加一点
"每一个环节，我都用尽心力，为的就是保证患者的安全。"

作为国家食品药品监督管理总局批准的国家（肿瘤专业）药物临床试验机构主任，欧阳学农将最新药物研究成果应用于临床实践，实现从实验室到病床的转变，先后牵头或参加国内外新药临床研究43项，涉及头颈部肿瘤、非小细胞肺癌、小细胞肺癌、肝癌、食管癌等多病种，使500多名肿瘤患者受益。

"有些晚期恶性癌症没有更好的治疗方法，新药临床试验不仅给患者提供了一个免费治疗的机会，也增加了患者可能治愈或提高疗效的机会。"欧阳学农坦率地说。

每次试验开始之前，欧阳学农都会严格

按照国家《药物临床试验管理规范》、《新药审批办法》、《药物临床研究的若干规定》进行操作,对所有可能出现的风险认真评估。在每份知情同意书中,除了解释试验的研究目的、研究程序、风险评估之外,文件中还列明患者可选择的其他治疗方式。其中,"患者可随时无条件退出试验"这一条款赫然在目。正是基于此,近十年来,欧阳学农所承担的多项国际性药物临床研究,从未发生特殊不良事件。

中西医结合让治疗轻松一点

"我希望通过广泛的国际交流,为中西医结合抗癌模式向国际化迈进'牵线搭桥'。"

54岁的阮某是一位大肠癌患者。本来在化疗时,他还担心会出现脱发、呕吐等副作用。可一个疗程下来,他感觉很轻松。原来,他使用的是欧阳学农推广了7年的中医"时辰化疗"技术,即在癌细胞活跃、而正常细胞处于"打盹"的时辰用药,疗效比常规治疗方案提高25%以上。这正是应用了欧阳学农倡导提出的治疗理念,"癌症患者很难用单一的治疗方式治愈,需采用'鸡尾酒'理念,即把现代的新技术与化疗、放疗、传统的中医等结合起来。"

欧阳学农说,单一的治疗手段已经难以提高癌症的治疗效果,多学科综合治疗癌症的时代已经到来。他先后构建了以中医药治疗与肿瘤化放疗结合、中药介入与微创治疗结合等多学科交叉的中西医结合肿瘤综合治疗模式,成立了福建省内第一家肿瘤生物治疗病房,制定了30多项较完善的中西医结合肿瘤诊治规范,形成每周肿瘤内科、肿瘤中医两套主任查房制度,中药临床使用率达85%以上,在国内达到先进水平。

此外,欧阳学农还在"榄香烯、亚砷酸等中药在肝癌局部靶向治疗的研究"、"活血化瘀中药放射增敏"等课题上取得重大突破。通过中西医结合治疗方式,改善了肿瘤患者生存质量、延长了生命,降低了并发症、化放疗的毒副反应,提高了化放疗疗效和患者治疗的耐受性。

不强求"高难度"让求医成本少一点

"好的治疗不一定贵,就像贵的治疗不一定好。省钱的关键,是必须进行规范化治疗。"

肿瘤疾病治疗中,微创外科、介入、基因治疗以及光子刀、伽玛刀、氩氦刀……技术都很新,价格也都很贵。然而,欧阳学农带领的肿瘤诊疗团队,每年收治住院患者7000多人次,平均每人次的费用却仅为1万元左右。

欧阳学农一再强调,对于新技术的排斥或滥用都不可取,评价医生的关键在于是否"以患者为本",是否提供了高效、廉价、合理的治疗方案。让患者活得久,活得好,回归到医疗存在的价值本原,是他一贯的治癌理念。

"癌症不可怕,它其实就像高血压、糖尿病一样,只是一种慢性病,并非不治之症。"多年来,欧阳学农坚持向患者宣传规范化治疗的理念,并在制订治疗方案时,考虑患者注重的因素,如患者家庭经济情况、患者以及家属意愿、个人信仰等,最终制订出最合理、最规范的治疗方案。

欧阳学农说,肿瘤患者通常有两种心态,一种过分消极,自我放弃治疗;一种过分积极,尝试所有形式的高价治疗。对于后者,医生要及时为患者"降温",尤其要把治疗步骤、目标、效果给患者讲明,不能对患者听之任之。特别值得一提的是,欧阳学农一直毫不隐瞒地把自己的手机号码告诉患者,随时随地接受患者的电话咨询,以方便患者。

信息化"快车道"让患者方便一点
"让每名前来就诊的患者更直观、更能'有的放矢',同时力争让每名肿瘤患者都能得到多学科的综合诊疗,在最快的时间内获得最佳疗效!"

挂号排队、就诊排队、检查排队、取药排队……到大医院找专家看病,癌症患者排队等候似乎更是天经地义的事。可如今,在欧阳学农所带领的这个医疗团队就医,搭上信息化技术的"快车道",这一切已成为"传说"。

"一卡通"让排队挂号就诊成为历史;电子临床路径可根据患者临床症状按最佳医疗方案自动生成医嘱;海量患者诊疗信息可全地域、全过程、全视图调阅浏览……改变传统就医模式,使患者非就诊时间减少3倍。此外,让患者对病情及治疗方案享有知情权,对医生的诊疗过程有监督权,也从根本上避免了开"大处方"和滥用药等问题。

2007年,欧阳学农还牵头启动福建省首个掌上电脑PDA无线查房系统,实现在病患床前查看患者的病历、体征信息、化验结果、拍片结果、医嘱、病史等情况。

欧阳学农说,这番"伤筋动骨"的信息化大改革,目的只有一个,就是方便患者。欧阳学农认为,这种国际化视野和信息化程度,源于"国内一流肿瘤专科"的战略定位,"它会化成每个时期医护人员的精神符号,融入到血肉之中!"

线索推荐:南京军区福州总医院

点评

几个一点,说说简单,但其中的艰辛和付出却谈何容易!为了肿瘤患者,他率领团队,与死神赛跑,向权威挑战。不用开刀,采用中西医结合抗癌模式,引进国际上最新的基因疗法,让更多癌症患者绝处逢生。如果说,国际化、信息化为这位巴蜀汉子插上了翅膀,那么,做患者生命的掌门人应当是他成功的支点。

——南京军区福州总医院政委 蔡华勤

何剑峰

与瘟神斗争的"降魔将"

文 / 张雨

"远看像要饭的，近看像逃难的，走近一看，原来是防疫站的。"何剑峰总是喜欢用这样的笑话来形容最初从事卫生防疫工作时的状态。

从刚刚毕业的毛头小伙到如今广东省疾病预防控制中心传染病预防控制所所长、传染病流行病学专业领域首席专家，何剑峰在这条时时充满未知风险的卫生防疫道路上已经前行了23年。

23年中，小到捕鼠采样，大到撰写"非典"调查报告，每一样他都一丝不苟。无论广东什么地方有怎样的传染病疫情，他总会第一时间出现；无论百姓想知道哪些关于传染病的信息，他总会为大家答疑解惑。正因如此，何剑峰被大家亲切地称为"与瘟神斗争的降魔将"。

> "作为技术人员，我们的任务就是向政府提出建议，为政府决策提供依据。"

新奇的感受让我深感责任重大
工作虽然不体面，但数据收集、长时间监测恰恰是防疫工作的根本。

"上学期间，公共卫生可以说是大学里最辛苦的专业之一。"那时他们需要用4年时间读完临床专业5年的所有课程，再去学统计、流行病学等公共卫生专业课程。从某种意义上说，公卫医生是临床医生的"加强版"。

1990年，在广东药学院（原广东医药学院）读了5年卫生系预防医学的何剑峰刚一毕业，就鬼使神差般地被分配到了广东省疾病预防控制中心（原广东省卫生防疫站）。由于人员紧缺，何剑峰被临时调配到流行病防治研究所。虽然心里有一定落差，但还是决定踏实下来。让何剑峰未曾想到的是，这一干就是23余年，并且一不小心还干出了些名堂。

刚刚工作半个月，何剑峰就被派往当时发生霍乱的地区指导现场工作。"名义上是指导，实际上是去实地学习。"正是那次经历，让何剑峰对霍乱、公共卫生、预防、干预、控制等原本书本上的概念有了更为实际的体会。也正是那段经历，让他对疾控产生了浓厚的兴趣。

当前，新发传染病有75%都是人畜共患病，何剑峰接触的第一个专业恰恰是这个专业。"记得当年做鼠疫监测那段日子很有意思。"何剑峰回忆，"当时我们任务是捉老鼠，不仅要设计如何捉到老鼠，还要熟悉捉到的老鼠是哪个种类。所以那时候，我们提着自制的捕鼠笼来到甘蔗田，了解老鼠出没的时间、行为规律，来得比农民早，走得比农民晚，回去后还要做解剖、血清分离及鉴定等试验。当被亲戚朋友问起在做什么，便回答：'鼠疫监测'，其实就是捉老鼠。"

那个时候，何剑峰清楚地意识到，工作虽然不体面，但数据收集、长时间监测恰恰是防疫工作的根本。"我们设法掌握的信息不仅是为了完成任务，而且要以我们专业的判断为政府决策提供依据，马虎不得。"

这样的日子繁忙又充实，10年时间里，何剑锋几乎把各种人畜共患病摸了个遍。1999年，随着老同志退休，何剑峰接过了呼吸道传染病控制的担子。

通宵完成世界首份"非典"流行病学报告
这一报告成为全世界首份关于"非典"的流行病学调查报告。

今年恰逢"非典"10周年，10年前广东

是重灾区之一。作为那场战斗的亲历者，对何剑峰有更加不同的意义。

2003年1月，从上海学习回来的何剑峰还没来得及休息几天，便被告知中山市发现"情况"，在一切未知的情况下，何剑峰就正式加入到抗击"非典"战斗中。

来到中山，跟随时任广东呼吸病研究所副所长、被当地医院要求会诊的肖正伦教授对28名"非典"患者进行询问，那时，何剑峰第一次认识什么叫做"非典型性肺炎"。

调查结束后，何剑峰发现情况严重，当天晚上，从20:00到次日凌晨4:00，通宵完成了《中山市不明原因呼吸道疾病爆发》的报告。"这是一起传染病的爆发，有人传人的现象，当前没有有效治疗，病原体不明确，细菌、病毒无法排除，考虑病毒可能性相对较大。"

这一报告成为全世界首份关于"非典"的流行病学调查报告，并完成了当时世界第一份"非典"患者传播图。1月20日，何剑峰在向疾控中心领导汇报后，立即向省卫生厅主管副厅长冯鎏祥汇报。冯当即批示：同意省疾控中心调查报告的意见，同意报告国家疾控中心，并请病毒、流行病学专家前来指导……

战友倒下，更坚定了我坚持下去的决心

从工作最开始，就从没想过评奖，仅仅是"吃粮当差，把差当好"。

随后不久，何剑峰又接到广东佛山顺德"非典"病例的通知，于是他火速赶往顺德。当时面对面了解带着呼吸机的患者时，何剑峰仅仅戴着一个薄薄的活性炭口罩，此外再无其他防护措施。而当晚8点回到住处时，便接到了那名患者去世的消息。但当时的何剑峰并没有想太多，第一反应竟是要对患者遗体进行采样，"不能错过'非典'第一个死者样本。"

第二天一大早，何剑峰到医院时被告知，死者家属已将遗体送往殡仪馆。得此消息，何剑峰一路追到殡仪馆，在向工作人员说明身份及来意后，工作人员遗憾地说，"你来晚了10分钟，刚刚火化完。"

为避免重复调查造成重复接触，当时广东CDC采取分片调查的方法，何剑峰被分配到呼吸研究所。当他进入病房时，一个熟悉的名字出现在他的眼前，这是不久前，何剑峰前往顺德一起参与调查的医生，更是自己的好兄弟，何剑峰十分清楚这名医生是如何被感染的，心中不由得开始沉重起来；翻开第二页，又是一个熟悉的名字，这是当时顺德人民医院的护士长……当时何剑峰的思想十分复杂，他深知这场"大灾变"的严重性，也正是如此更加激发了何剑峰坚持下去的决心。

经过4个多月的奋勇抗争，"非典"在广东逐渐消退。由于贡献突出，何剑峰荣获广东抗击"非典"一等功。在得知获奖消息时他甚是诧异，因为从工作最开始，就没有想过评奖，仅仅是"吃粮当差，把差当好"。

广东的"非典"战斗胜利后，何剑峰已经4个多月没有好好休息过，他当时最大的希望就是能好好地睡一觉。

后"非典"时代,"疾控网"覆盖整个广东

临床医生眼中都是一个一个单独的患者;而在何剑峰眼中,则是一个一个的群体。

"非典"之后,无论是国家层面还是公众层面,对公共卫生的重视程度都有了跨越式地提高,广东CDC也开始在全省范围内普遍开展新发传染病防控的培训。何剑峰作为首席专家,自然是"主力中的主力"。10年来,他的足迹几乎遍及广东的每一个市县,由此而建立起来的公共卫生风险防范意识也甚为突出。

2011年广州亚运会期间,东莞作为分会场不但承担着巨大的赛会组织任务,更承担着艰巨的公共卫生防控任务。"十一"国庆期间,何剑峰正在茂名进行洪涝灾后的防疫工作,突然接到东莞CDC主任的电话,声称发现多名疑似登革热患者,但只有一名为阳性。广州亚运会前夕如果出现疫情,无论从任何角度来说都是需要紧急处置的大事件。

何剑峰意识到事件的严重性后,要求东莞CDC第一时间将样本送回,而他也直接从灾区奔赴东莞。省CDC经过一夜的检测,报告终于出来了:基孔肯雅热病。这个不被人熟知的传染病由于发现及时,范围较小,情况尚未出现扩散,相关患者也得到了很好的治疗。虽然只是虚惊一场,但足以彰显各层级疾控部门对于公共卫生事件的重视。一张看不见的"疾控网"已悄然覆盖了整个广东。

作为公卫医生,何剑峰表示自己与临床医生有许多不同。临床医生眼中都是一个一个单独的患者;而在何剑峰眼中,则是一个一个的群体。从个案中提取群体共性,进而找寻防控方法,这是何剑峰思考问题的思路。"作为一个技术人员,我们的任务就是向政府提出自己的建议,为政府决策提供依据。"像何剑峰这样坐在传染病防治位子上20多年不动的专家并不多见。

2004年,何剑峰荣获广东省科技进步特等奖,国家科技进步二等奖。"非典"过后,由钟南山院士牵头,带领临床、病原学、流行病学等多学科共同整理的"关于非典的防治经验、教训",为公共卫生事件提供了参考蓝本。何剑峰更是为能参与其中,成为该事件的亲历者而感到庆幸。

线索推荐:广东省疾病预防控制中心

点评

无论省上哪里出现疫情,他总是第一时间冲到最前线;无论哪里的群众需要帮助,他总会一腔热血悉心解答。从毛头小伙到首席专家,23年的疾控之路风风雨雨,他走得坚实有力。监测鼠疫、防控登革、抗击非典,与各种风险零距离接触,他无私无畏;采样、监测、流调,为布下覆盖广东的疾控网,他一丝不苟。广东省科技进步特等奖等诸多奖项,在何剑峰眼中已是过去时,等待他的永远是明天的挑战。

——广东省卫生厅副厅长 黄飞

乔铁

拯救胆囊　有胆有识

文 / 邢远翔

你可能想不到，我国有这么多胆囊结石和胆囊息肉的患者。而天南地北的患者，近年来竟千里迢迢慕名到广州番禺一所规模并不大的医院治疗。更让人惊讶的是，包括院士在内的各地肝胆外科大腕，也相继聚集于此学习探讨，连国际知名企业的生产供应商也围着这里转。

临床的枝繁叶茂　有赖于丰沛的基础研究

乔铁团队建成了全球最大的胆囊结石微结构图库和胆囊结石元素组成图库，首次全面、系统地揭开了胆囊结石的微观世界。

那是 2011 年 8 月一个和煦的上午，89 岁

寻找大医精神

> 拥有30项国家专利的乔铁,可以理直气壮地让世界著名企业生产这全球独一无二的产品,并且让厂家跟着临床需求改。

的解放军总医院肝胆外科领军人黄志强院士,端坐在广州市番禺第二人民医院会议室,和与会者一起见证传奇——外科专家第一次看到了术中丢弃的胆结石千姿百态的病理真相。多少年了,胆结石随着胆囊一起切掉,没有哪所医院会专门组织跨学科的人才,应用地质学、矿物学、晶体学、分子生物学等研究方法和先进的检测手段,对数千乃至更多份胆石的微观结构和物质成分进行系统分析。当扫描电镜下十多万张胆囊结石的微结构和元素图片,或似珊瑚,或如冰凌,或像绒球,千姿百态地依次呈现在大屏幕上时,外科教授们惊叹不已。

从广义角度讲,胆囊结石的形成是一种人体内的病理性矿化过程。在结石形成过程中,其结构和成分记录着各种信息。在公元前1085—945年古埃及木乃伊、中国湖北江陵凤凰山的西汉古尸中就有胆囊结石。如今,胆囊结石在我国成年人中的发病率仍高达10%(中年妇女甚至达15%),且有上升趋势。遗憾的是,几千年过去了,胆结石的病因尚未明了。

从20世纪60年代起,我国傅培彬、吴杰等许多学者对胆结石的结构和成分进行了各种研究。但直到2008年,系统、跨领域的研究才在广州番禺展开。领军人物乔铁,来自陕西某三甲医院。不甘寂寞的他,看中了番禺这块改革开放的热土。从胆囊结石这个多发病入手,从胆囊结石的基础研究入手,乔铁决心毕其功于一役,从源头探明胆结石的成因。

借助光学显微镜、纳米级高分辨率的扫描电镜,对胆结石的微结构进行观察;应用傅立叶红外光谱仪、X射线能谱仪,对胆结石的有机和无机物质成分做定位、定性、定量测定,分析研究其中的晶体物质的组成和成分;应用荧光定量PCR仪,对结石中的虫卵进行基因鉴定——多学科、高起点、大样本,一流的实验仪器和设备,创新的研究方法,使乔铁团队的这项基础研究,一开始就不同凡响。

大开放、大合作、大科技带来的是捷报频传的大发展:发现并证实胆囊结石与华支睾吸虫存在密切关系,防止摄入被华支睾吸虫污染的水源和食品,或改变食淡水鱼生、虾生的习惯,不仅有利于降低华支睾吸虫病的发病率,还能降低华支睾吸虫流行区胆结石的发生率和取石后的复发率；在世界首次发现并报道胆囊结石新类型——胱氨酸胆结石；在世界首创运用PCR技术检测胆囊结石和胆汁中的华支睾吸虫DNA；根据胆囊结石的FTIR、微结构元素组成，将胆囊结石分为8类10余种亚型。

最重要的是，乔铁率团队积累了10多万张胆囊结石微结构和元素组成图片，建成了全球最大的胆囊结石微结构图库和胆囊结石元素组成图库，首次全面、系统地揭开了胆囊结石的微观世界。仅此就足以让国内外同行难以望其项背。眼下，他们对胆汁沉渣的研究也在进行中。其系列成果不仅会为结石成因提供新的研究方向，也将进一步为胆囊疾病的预防提供重要证据。

保胆取石　挑战传统疗法
乔铁团队几年来，就成功保胆取石3000余例。无数患者从此受益，不必担心没有胆囊而影响消化功能的日子。

胆结石一旦发作，疼痛难忍。不幸的是，该病经常会反复。切除胆囊，以绝后患，早已成了肝胆外科界的共识。

胆囊真的可有可无吗？作为胆道系统重要的组成部分，消化领域专家认为，胆囊在储存、浓缩胆汁，调节胆道压力和运动、分泌功能上，都具有重要作用。因为长了几块结石，就摘除了胆囊，岂非因小失大。外科大师裘法祖院士生前曾呼吁"重视胆囊的功能，发挥胆囊的作用，保护胆囊的存在"。胆道外科专家黄志强院士也曾感叹："胆囊切除术所致的胆管损伤是外科大夫永远的痛。"

近年来，我国肝胆外科界的一批专家，纷纷质疑轻易就摘除胆囊的做法。1882年德国名医Carl Langenbuch 首创了胆囊切除术的理论，由于当时没有B超技术发现如此众多、无症状的胆囊结石人群，更没有胆道镜帮助医生在直视下取净结石，所以误将残留结石当作结石复发，得出切除胆囊才能根治的结论。

2006年，乔铁在国内保胆技术领头人张宝善教授的带领下，开始了保胆之路，不仅在临床实践中对原先的保胆设备进行了创新，还在胆囊病的预防上进行了深入的研究。在掌握了海量信息和充分论证的基础上，2008年5月，时任广州市番禺区大岗人民医院院长的乔铁，与卫生部肝胆肠外科研究中心合作，创建了卫生部肝胆肠外科研究中心胆囊疾病研究所并担任所长，成为国内第一家也是目前唯一一家以胆囊疾病为研究对象的全国性学术机构。同年同月，乔铁又创建了广州市番禺胆囊病研究所并担任所长，成为国内第一家以胆囊疾病为研究对象的科研机构。消息不胫而走，国内不少医院纷纷到该院学习胆囊病诊疗技术，旗帜鲜明地支持乔铁团队，并纷纷率队加入了通过胆囊镜取石保胆的队伍。仅几年来，乔铁团队就成功保胆取石3000余例。无数患者受益，不必担心没有胆囊而影响消化功能的日子。

医工贸一体化与知识产权战略
CHiAO胆囊镜的系列产品，拥有100%的自主知识产权，已取得国家专利30项。

"工欲善其事，必先利其器"，正如外科

寻找大医精神

大夫需要游刃有余的手术刀一样,微创手术需要的内镜更需要得心应手。乔铁不满足做一名出色的微创外科专家,他同时是工程师、企业家、贸易家。他从手术中感悟工具该怎样改革,进而设计了更贴近临床的系列胆囊镜,包括三通道胆道镜、硬质子母胆囊(胆囊管)镜、超声胆囊镜、红外线热扫描胆囊镜、共聚焦激光扫描胆囊镜、三维立体胆囊镜。你的结石小而多,我有网来捞;你的结石如泥沙,我有胆囊泥沙样结石吸取箱。可谓"兵来将挡,水来土掩"。系列设备及配件的设计,充分展示了从宏观到微观,从微观到超微,从平面到多维,从人工到智能的医用内镜发展趋势。既满足了胆道外科的现实需求,也体现了未来的发展潮流。

以三通道胆囊镜为例,足够大的手术空间,清晰的视野,可方便术者完成各种手术操作。超声胆囊镜下,胆囊壁各层次的结构、壁间结石、黏膜微小结石、是否为息肉等,一目了然。特别是以乔铁的姓命名的CHiAO胆囊镜,在取净胆囊腔内结石的同时,也清除了黏膜上黏附的微小结石、胆泥、黏稠胆汁,并通过联合推、挤、压、撕、冲、吸等手法,消除了结石对胆囊的慢性刺激,使胆囊慢性炎症消失,胆囊壁厚度恢复正常,胆囊的收缩功能得到改善。而今,CHiAO胆囊镜的系列产品,拥有100%的自主知识产权,取得国家专利30项。此刻的乔铁,可以理直气壮地让世界著名企业生产这全球独一无二的产品,并让厂家跟着临床需求改。一个不起眼的广州市番禺胆囊病研究所,现已先后申报国家专利900多项,获国家授权专利659项。国际专利申请38项,取得美国专利3项。2012年,该研究所发表在SCI的论文高达7篇。

立足高远,脚踏实地,敢于挑战,勇于实践,打造精细化、个性化的胆囊外科时代,乔铁及其团队就这样努力实现着"昨天我们追赶,今天我们超越,明天我们领航"的梦想。

线索推荐:广州市番禺胆囊病研究所

点评

他既是一名医生,也是一个发明家。他用外科医生的手拯救了无数胆囊结石患者的胆囊。他用发明家的手创造了世界领先的CHiAO系列胆囊镜。乔铁,一个用梦想点亮现实的发明家医生,他和他的保胆团队揭开了世界胆囊结石病治疗的新篇章,他的"医工理贸一体化"医学发展模式开拓了我们对医学在未来发展的认识,他用热情与坚定追逐着梦想。

——中国工程院院士 黄志强

曾晓芃

防制病媒生物的幕后英雄

文 / 张雨

有些医生与听诊器、放射片、药物为伴，他们与疾病斗争于无形，运筹帷幄，从内部瓦解敌人。

有些医生与无影灯、麻醉剂、手术刀为伍，他们与疾病正面交锋，手起刀落，将病灶斩落马下。

还有些医生比较另类。他们终日与蚊、蝇、蟑、蜱打交道，并非与疾病正面冲突，而是切断疾病传播的路径，为百姓营造健康、安全的公共卫生环境而披荆斩棘。

他叫曾晓芃，北京市疾病预防控制中心副主任，他就是这样一名医生。

做大事，他曾获得过国际奥委会及世界卫生组织的认可；做小事，北京城大大小小的街道办事处很少有人不认识他。这一切都源于他与病媒生物 28 年来的斗争。

> "专业不在有多小,只要有'被需求感',这就是我们前进的动力。"

"格物 致知 敬业 乐群",作为自己的座右铭,曾晓芃将其挂在墙上,更挂在心上。

蚊子密度下降500倍 并非只为一届奥运会

2008年,北京奥运会获得空前成功。从那个夏天开始,北京的蚊子变少了。这个看似不起眼的小事,背后却有一群人为之付出了艰苦的努力。

历届奥运会几乎都发生过"蚊子投诉"。由于奥运村、奥运场馆大都远离市中心区,再加之不少比赛都是在晚上进行,高亮的灯光,密集的人群,也为蚊子的聚集创造了条件。有些奥运会上,运动员甚至因整夜和蚊子战斗而影响比赛,运动员的不满情绪会直接反映到组委会。

为了解决这些问题,让奥运在细节之处呈现完美,曾晓芃以及他的团队从2005年就开始着手进行准备,并开始系统地监测蚊子密度。

为了获得更为准确的数据,曾晓芃在监测方法上下了很大功夫。此前,国内多采用"灯诱法"进行监测,但灵敏度不够、数据起伏较大。"2004年,我刚好从美国做访问学者归来,对于美国利用二氧化碳诱导蚊子测密度的方法感觉很好,便效仿尝试。"曾晓芃这样做并非崇洋媚外。造成蚊子叮咬的原因很多,其中一个被大家公认的原因便是人们呼出的二氧化碳吸引了蚊子。

2007年,曾晓芃首次监测到的数据让他瞠目结舌。10倍于人的二氧化碳释放量,2个小时内诱捕的蚊子竟达到1000多只。巨大的压力让他一时间有些喘不过气,但压力就是动力,否则也不会出现奥运开幕前,蚊子密度下降500倍的神话。

斩草还需除根。"蚊子的幼虫主要孳生在水中,我们需要斩断蚊子孳生的源头,从繁殖量上进行控制,否则灭掉再多的成蚊也是枉然。"

对水的治理成为曾晓芃灭蚊的重点,于是也就上演了一出当代版的"大禹治水"。对奥运村、奥运场馆周边较大片废水的抽排工作并不复杂,困难的是对小型水域以及地下室、排水沟的治理。曾晓芃带领团队深入每一处污水积点,并投放足以杀死蚊子幼虫同时又不污染水体的药物,而后对投放点做逐一标注记录。

经过近1年的努力,在奥运会开幕前,同样以10倍于人的二氧化碳释放量,2个小时内诱捕的蚊子只有2、3只，相较之前的1000多只，故此得出蚊子密度下降500倍的数据。

"奥运开幕前，我心里特别踏实，基本不用再做太多的工作，并且轻轻松松地观看了令人振奋的奥运开幕式。"

从蚊子密度监测到灭蚊方法的施行，这一整套方案如今已经成为经典。在世界卫生组织与国际奥委会共同出版的《北京奥运遗产》中，原本在传染病控制章节中的"病媒生物防制"被单独提出作为独立章节，这在奥运会历史中还尚属首次，这也是国际社会对我国病媒防制工作的肯定。以至于后来的上海世博会、广州亚运会、深圳大运会等重大活动，全部采用奥运会的经验、模板进行操作。"这是奥运会留给我们的真正'遗产'。"

要想灭蟑 找"蟑螂博士"曾晓芃

很多人并不知道，因为控制蚊虫被世界赞誉的曾晓芃，在北京百姓中还有个更为人熟知的绰号——蟑螂博士。

20多年来，曾晓芃一直从事蚊、蝇、蟑、螨等病媒生物防制技术研究。

对于"蟑螂博士"这个称号，曾晓芃已经记不得是从何时被叫起来的了。2000年以来，北京的蟑螂危害愈加严重，为了防制蟑螂，他经常走街串巷，指导居民。那时还没有微博，博客便成为他宣传蟑螂防制的阵地。慢慢地，关注的人多了起来，网友以及老百姓也开始以"蟑螂博士"来称呼他，他也就欣然接受了。

蟑螂的危害在于其可携带鼠疫杆菌、痢疾杆菌、大肠杆菌、脊髓灰质炎病毒和黄曲霉毒等40多种病原体，而且其分泌物和粪便中还含有多种致癌物质，给人民健康带来极大威胁；它们极强的生命力也为灭蟑工作带来了极大考验。

因为蟑螂，曾晓芃曾经3年没有吃过花生米。大概10年前，他去一家餐饮场所检查，餐厅将炸好的花生米放在一个金属方盘内。用餐铲搅动才发现，几乎是一半花生米一半蟑螂，虽然曾晓芃平时见过无数的蟑螂，但这一次却让他起了一身鸡皮疙瘩，以至于3年内不敢再吃花生米。每每见到花生米，这个画面就会浮现在脑海中。

老百姓家里也是一样。有些家庭小孩子晚上都不敢睡觉，蟑螂在床上来回跑，甚至发生过蟑螂入耳的事件。

看到蟑螂带来的危害，更加坚定了曾晓芃灭蟑的信心，于是一场轰轰烈烈，北京城150万户居民共同参与的"健康北京灭蟑行动"就此拉开序幕。

由于现在市场上的灭蟑药物很多，不同地区的蟑螂还存在抗药性，曾晓芃以及他的团队因此将研究重点放在了灭蟑方案的组合，由此才有了后来被京城百姓津津乐道的"灭蟑套餐"。

"我们将几种灭蟑效果较好的药物组合起来，以不同的颜色在家居图上进行标注，并明确药物的保留时间以及蟑螂尸体的处理方法。这样一来，对于普通百姓来说便可一目了然。"

由于多年来从事社区蟑螂防制工作，曾晓芃几乎跑遍了北京所有的城区，绝大多数街道办事处的工作人员都认识他，甚至点名要求"蟑螂博士"来讲课。

有这样一对老夫妇，他们对"蟑螂博士"

的感激之情已经无法用语言来诉说。两位老人由于行动不便，家里的环境并不整洁，这也就为蟑螂孳生创造了条件。又由于缺乏灭蟑知识，大量蟑螂让两位老人甚是苦恼，几乎处于一种"与蟑螂为伴"的生活状态。

在了解了相关情况后，曾晓芃多次来到老人家中，帮助老人清理不必要的物品，投放灭蟑药物，并告诉老人药物更换的时间以及清理蟑螂尸体的办法。没过太长时间，两位老人家中已经很难再见到蟑螂的身影了，老人感激地说，"要不是你，恐怕我们这后半辈子就要和这些小虫子生活在一起了。"

自那以后，北京城慢慢流行开一句话，"若想要灭蟑，就找蟑螂博士曾晓芃。"

宿命使然　小专业同样被需要

曾晓芃经常自嘲，"我从事病媒生物防制完全是命运使然。"

作为改革开放以来最早一批从事病媒生物防制研究人员之一，曾晓芃本与这些蚊、蝇、蟑、鼠无缘。1985年，大学毕业的他本钟情于细胞免疫学，但却被分派到江西省疾病预防控制中心从事老鼠、蚊虫等病媒生物的防制工作。

"可能是虚荣心在作祟吧，当时甚至不敢和周围的人提及自己的工作。"曾晓芃回想当初，就像是在看一部充满巧合的电影。为了逃避这个专业曾晓芃选择了考研，最终成功地被中国农业大学录取。但谁曾想，在硕士研究生阶段，他研究的对象依然是苍蝇等病媒生物。

"似乎这成为了我的宿命，研究生毕业后便来到了北京市疾病预防控制中心，领导得知我从事过病媒生物研究，又赶上老专家要退休急需专业接班人，于是又被定岗在病媒生物防制。慢慢的时间长了，投入的精力也多了，发现这样一个边缘专业也充满了乐趣，并且与人民生活息息相关，以至于后来读博期间主动选择了以蟑螂为研究对象的病媒生物防制研究。前前后后已将近30年了。"

如今的曾晓芃十分庆幸命运将他留在了这个"小专业"上，随着社会认知度的提升，社会地位也有了一定的改善，从事这个行业的人才也慢慢多了起来。"专业不在有多小，只要有'被需求感'，这就是我们前进的动力，因为这是老百姓需要的，并且能够获得大家的认可，这对于我们来说就已经足够了。"

线索推荐：中华预防医学会

点评

我们有一批专家，多年来一直和蚊、蝇、蟑、鼠打交道。饲养、观察、研究、探索控制方法，预防传染病传播。默默无闻，锲而不舍，乐此不疲。正是由于他们的付出，传染病的威胁减少了。曾晓芃就是他们中的优秀代表。社会先关注了蚊、蝇、蟑、鼠，才关注到研究这些病媒生物的人，对他们不公。社会需要"曾晓芃们"和他们的工作。

——中国工程院院士　徐建国

刘宏宇

坚守医者灵魂的纬度

文 / 潘广韬

当今，有人把医德的缺失看做是医生灵魂的沦丧，虽然有些悲观和偏激，但发人深省。医生灵魂的美与丑、善与恶，是检验医生人生价值的试金石。哈尔滨医科大学附属第一医院副院长、中国第二届"金刀奖"获得者、博士生导师刘宏宇教授，27年如一日，让自己的灵魂始终坚守在全心全意为患者救死扶伤的纬度上。精湛的医术，美丽的心灵，在他人生的轨迹上留下了串串闪光的足印。

刘宏宇于1963年出生在黑龙江省讷河市一个医学世家。在家庭环境的熏陶下，17岁就以优异的成绩考取了哈尔滨医科大学医疗系。五年的大学生活，让他对医学产生了浓厚的兴趣。特别是在临床实习期间，亲眼目睹患者被疾病折磨的悲惨情景，深深触动了他的灵魂。他暗下决心，一定要做一名为人

寻找大医精神
XUN ZHAO DA YI JING SHEN

> "医生的幸福是让患者转危为安，让家人破涕为笑！"

民解除病痛的好医生。

高超医术　创造生命奇迹
"哪怕有百分之一的希望，也要做出百分之百的努力。"

"人的生命只有一次，作为医生就要珍爱每一个患者的生命，哪怕有百分之一的希望，也要做出百分之百的努力。"这是常挂在刘宏宇嘴边的一句口头禅。

2009年3月，一位10岁的小女孩丁慧敏来就诊，2岁时就患有"升主动脉瘤"的她，一直没钱治病。去年，小慧敏的病情加重，父母变卖了所有家产，走遍了各大医院，结果都无望而归。父母抱着最后一线希望，慕名找到了刘宏宇。刘宏宇亲自为孩子做了全面检查后，发现小慧敏的动脉瘤像一个大水杯，占据了半个胸腔。这种病，多发于40岁以上人群，儿童患巨大的升主动脉瘤实属国内外罕见，必须马上手术，否则后果不堪设想。作为心脏外科专家，他非常明白手术的难度和危险。为此，刘宏宇多次组织心血管外科医生、体外循环灌注师进行讨论，分析研究手术中可能出现的意外情况，准备了几套体外循环方案。

充分准备后，小慧敏被推进了手术室。手术由刘宏宇主刀。与术前分析的一样，瘤体占据了大部分纵隔，打开胸骨暴露心包后，见升主动脉瘤与心包广泛密切粘连，一不小心就会使扩张变薄的主动脉瘤破裂。剥离后，术野完全被巨大动脉瘤占据，竟然看不到心脏，整个心脏被巨大的升主动脉瘤挤向下后方，根本无法在心脏上建立体外循环。医生们对动脉瘤进行了测量，瘤的直径竟达到了8 cm，是正常儿童主动脉直径的4倍。动脉瘤的横截面积相当于同龄儿童主动脉横截面积的十几倍。在这种情况下，刘宏宇只好依靠股动、静脉插管建立体外循环。心脏停跳后，纵行切开动脉瘤体，见到主动脉瓣环扩大，导致主动脉瓣关闭不全，他用带有主动脉瓣的人工血管替换升主动脉及主动脉瓣，并原位重建左、右冠状动脉。这是一台非常复杂、危险的手术，稍有不慎就会前功尽弃。但在全体医务人员紧密严谨的配合下，手术成功了！从心脏停跳到恢复心脏正常跳动仅仅用了63分钟，孩子的父母相拥而泣。

手术刀没有温情，更没有思想，可是有着美丽灵魂的操刀人却让手术刀变得温情脉脉，刀刀有情，刀刀有意。迄今，刘宏宇已经为上万人做了手术，其中心脏移植30例，心肺移植10例，心脏辅助装置5例，成功率达到99.5%，这不能不说是一个奇迹。他自己也记不清已把多少个在死亡边缘徘徊的人拉了回来，又让多少个即将破碎的家庭重拾欢笑。他常说："医生的幸福是让患者转危为安，让家人破涕为笑！"

大爱无疆　视患者为亲人
"刘教授给了我第二次生命，哈尔滨就是我的第二故乡。"

"只有爱，才是这个世界上永恒的希望。"这是刘宏宇的座右铭。

2006年9月初的一天，刘宏宇接到一位患者父亲的电话："刘大夫您救人救到底吧！我女儿在哈尔滨康复出院后，回到家心脏病又犯了，医院今天下了10次病危通知书！"

"您放心，我再忙也要尽快带人赶过去！"

患者叫汪彩琴，29岁，家住武汉，患有先天性心脏病。刘宏宇在哈尔滨为汪彩琴做了心脏根治手术。手术非常成功，刘宏宇嘱咐过三个月恢复期才能出院，但汪彩琴回家心切，刚住一个月就回到了武汉。回到家，亲朋好友都纷纷前来祝贺，有时一折腾就到大半夜，汪彩琴因此过度疲劳，病情危急住进了医院。

解铃还需系铃人。刘宏宇马不停蹄地赶到汪彩琴住的医院。查看过病情后，刘宏宇心里有了底，答应患者家属的请求转院回哈尔滨，这样可以按着自己的思路对症治疗。

回到哈尔滨后，刘宏宇立即联系哈尔滨铁路局，哈尔滨铁路局通知了汉口车队，提供软卧包厢，备齐电源及需要的应急设备，确保患者转运途中的安全。并联系武汉到哈尔滨列车经过的各主要大站的医院在列车进站时派救护车守护，确保提供氧气袋以防患者病情恶化。9月8日，T183次列车正点驶出了汉口火车站。经过30个小时精心监护，汪彩琴病情虽出现几次反复，但在刘宏宇的远程指挥下，顺利渡过了难关，2500公里有惊无险。21时40分，列车缓缓驶进哈尔滨火车站。刘宏宇带领的医护人员和救护车早已守候在此。经过近半个月的精心治疗，患者完全恢复了健康。出院时刘宏宇和医护人员到车站为她送行，汪彩琴感激地说："刘教授给了我第二次生命，哈尔滨就是我的第二故乡，以后我要经常来这里看望刘教授和大家。"

一年年春草绿，一年年雁南飞。刘宏宇灵魂深处对患者的爱，不论是春夏秋冬，不论是寒来暑往，痴心不改，永恒不变。对全国各地慕名而来的求医患者，刘宏宇都热情接待，童叟无欺，手术亲自主刀，从来没让一个患者失望。用刘宏宇的话说："多做一例手术，就多一份临床经验。"

永攀高峰　一生学无止境
"成绩只是代表过去，不代表现在，更不代表将来。"

刘宏宇说："医学博大精深，永无止境。要想做一个好医生就必须不断地学习，不断地给自己充电，活到老，学到老。在学习中求突破，在创新中求发展。"

27年来，刘宏宇在医疗、教学、科研方

寻找大医精神

面努力进取,不断创新,硕果累累。2004年完成省内最大年龄的心脏移植手术,2007年完成省内最小年龄的心脏瓣膜置换手术。在攻克微创大隐静脉手术的同时,又提出"理想二尖瓣手术"的新理念,并获得了成功。2012年2月,刘宏宇率先在东北三省成功运用全胸腔镜下微创心脏手术,改变了传统手术创伤面大、出血多、术后痛、胸骨易开裂的弊端,使越来越多的患者在胸腔镜手术中受益。

实践出真知。刘宏宇用理论指导实践,用实践提高理论知识,积累了丰富的理论和临床经验。每年完成各种疑难心血管外科手术上千例,技术帮扶全国20几个省市。还承担了多轨道教学任务,对硕士、博士、博士后、外国留学生及心外科医师进行培训。

从医27年来,刘宏宇感到最紧张的就是时间。有时不得不在吃饭、睡觉上打折扣。在出差的火车、飞机上,别人在打盹,他却一刻不停地看书学习、书写手术方案。

不积跬步,无以至千里;不积小流,无以成江海。春华换来秋实。他先后荣获中华医学科技进步一等奖,国家科学技术进步二等奖,省部级奖项30几项。主持国家自然科学基金项目2项、省自然科学基金1项,发表SCI论文10余篇。凭优秀的业绩当选为中国医师协会心血管外科分会副会长,中华医学会胸心血管外科学会委员,教育部博士点科研基金项目评审专家……

刘宏宇每年还会抽时间深入边远山区和农村进行义诊和心血管疾病的筛查,深受人民群众的爱戴。黑龙江省委、省政府授予他"黑龙江省有突出贡献中青年专家"、"黑龙江省留学人员报国奖"、"龙江学者特聘教授"、"优秀管理干部"等光荣称号。

然而,刘宏宇对这些殊荣看得很淡,"所有这一切都是党和人民给予的。拷问自己的灵魂:如果没有恩师的教育与指导,没有学校和同仁们的支持与帮助,没有成千上万患者的鼓励与信任,就没有我的今天。有多少名患者曾对我说过:'大夫,放下包袱,大胆手术,万一我有什么不测,也会给你临床长点见识,积累一点经验,也会给别的患者多一分生的希望。'每当听到这些,我的灵魂就得到一次净化。面对这些可敬又可亲的患者,我们的灵魂不震颤吗?成绩只是代表过去,不代表现在,更不代表将来。"

线索推荐:哈尔滨医科大学附属第一医院

点评

手术刀没有温情、没有思想,但在善心、义举、仁爱的刘宏宇手上,却变得含情脉脉,刀刀有情,刀刀有意。寒来暑往的廿几度岁月中,他心存善良,同情弱者,决不轻言放弃,已经为上万例患者施行了手术,其中心脏移植30例,心肺移植10例,心脏辅助装置5例,成功率达到99.5%。这些珍珠般的数字,正是对他多年从医事业最好的见证和诠释!

——黑龙江省卫生厅厅长 赵忠厚

刘春晓

手术创新 赢得国际话语权

文/胡琼珍 张雨

年过五旬，一朝一夕，他始终脚踏实地、兢兢业业；开拓创新，一招一式，他总是严苛待己、创造"绝学"；提携后辈，一点一滴，他倾囊相授、毫无保留；追逐梦想，心系病患，他不遗余力、着眼未来。

他身材魁梧，但却甚是低调；他一丝不苟，却又待人亲和。他是"经尿道前列腺剜除术"和"全去带乙状结肠原位新膀胱术"的创造者，手术刀已经成为他的国际名片，他就是南方医科大学珠江医院泌尿外科主任刘春晓教授。

从小手术匠到大医生

"手术是我最好的发言稿，我喜欢站在手术台上的感觉。"

1977年刚入伍的刘春晓就当上了卫生兵，第二年恰逢大学面向部队招生，好学的他顺利考取了军医大学。由于此前有过5年的下乡经历，22岁才上大学的刘春晓在同届同学中有些老。起步比别人晚，让刘春晓加快了追逐梦想的脚步，每天加倍发奋，每次测试在年级中都数一数二，还因成绩优异立下三

> "我选人看中的是人品、是医德，将功利看得太重的人不适合做医生。"

等功。

后来，刘春晓幸运地成为了新中国第一代泌尿外科专家梅骅教授的博士生。梅骅教授告诉刘春晓，"不做好小手术匠，怎么能成就大医生？"他始终将这句话铭记于心，"手术就是我最好的发言稿，我喜欢站在手术台上的感觉。"

如今，刘春晓的手术量在科主任中居全院第一，一天五六台手术是家常便饭。有时为了保证手术一气呵成，减少患者创伤，他在手术台上一站就是10多个小时。

天道酬勤，小小的"手术匠"也能成为"大医生"。这一切对于刘春晓而言，似乎是那么的顺理成章、水到渠成。然而其中的艰辛和奋斗，却并非大家所看到的那样简单。没有无条件的成功，刘春晓能够成就今天的"大医生"与他长久以来的"小手术匠"情结有着最为直接的关系。

用手术争取国际话语权

"话语权来源于技术创新，而实践是一切创新的源泉。"

提到刘春晓，业界同行都知道他有两项"独创"，"经尿道前列腺剜除术"和"全去带乙状结肠原位新膀胱术"。尤其是前者，更是被亚洲泌尿外科之父——新加坡的胡强达教授誉为"前列腺增生外科治疗新的金标准"。刘春晓先后多次应邀赴欧洲、美洲、亚洲等20多个国家开展手术演示，在国内学术会议上的手术演示更是不计其数。

然而这一切，在10多年前却是另一番模样。2000年，刘春晓第一次走出国门参加美国泌尿协会年会时，便遭受巨大打击。当时中国还只能做开放手术，但在美国，60%的手术都采用微创技术来完成。当时的落后感、挫败感让刘春晓内心非常失落、焦急，心里萌生了必须赶超世界先进水平的想法。

为实现梦想，他开始想方设法向国外专家"取经学艺"。每次参加完国际会议，别人回国带着大包小包的洋货，他却是大包小包托运的器材和资料。有时怕器械托运损坏，他便把自己的衣物托运，直接抱着器械上飞机。2002年8月，他主刀的全国首例腹腔镜下膀胱癌全膀胱切除术一举成功。当时，这一手术在世界也只有屈指可数的几个权威医学中心可以完成，仅有3~5例成功报道。

刘春晓没有就此满足。他发现传统治疗前列腺增生多采用经尿道前列腺双极电切术，复发率达16%~17%。在进行了大量的临床实践后，他创新设计了"经尿道前列腺剜除术"并一举成功。国际社会开始关注这位来自中国的"手术匠"。

2012年11月，刘春晓在德国慕尼黑大学的手术表演可以说是分量最重的一次。手术前刘春晓还在犹豫，他没有德国的医师执照，按惯例无法在当地手术。德国方面却没有丝毫顾虑，并请了相关律师，担保若出现问题，由德国方面负责。这一份沉甸甸的信任让刘春晓十分感动。手术顺利地完成了，并且十分成功，在场的每一位观摩医生无不鼓掌称赞。

中国医生示教外国专家的这一幕，在多个国家的手术演示室上演。这一术式在印度直接被称为"Chinese TURP"，即"中国式经尿道前列腺剜除术"，足以看出国际社会对其的认可。在美国，刘春晓的此项手术录像带更是被卖到了40美元一张。

他的另一"绝活儿"是"全去带乙状结肠原位新膀胱术"。膀胱癌患者的膀胱切除后，传统的术式是在腹部造瘘，体外接上尿袋储存尿液。后来一些大医院发展到用一段小肠再造膀胱来代替。众所周知，小肠是人体重要的消化器官，营养在这里完成吸收，由于手术要截取40~60 cm小肠造膀胱，对于人的正常消化吸收势必会产生影响。而刘春晓经过探索实践，独辟蹊径地选用乙状结肠来做文章。他创新地截取20 cm左右用处不大的乙状结肠再造患者新膀胱，不仅最大限度地保全了患者的消化功能，而且免除了患者终身背尿袋之苦。

这一独创的手术术式，刘春晓应邀在全国80多家医院做了现场演示，面对同行的夸赞，他却不满足，怎样达到最好的手术效果、怎样把术中患者损伤减到最低是他孜孜不倦的追求。2007年，他完成了世界首例"单孔腹腔镜根治性膀胱癌切除术"。2009年，完成了世界最低龄"单孔腹腔镜根治性膀胱癌切除术"。

手术成了不爱多言的刘春晓在各个国际、国内学术会议上的直接发言稿。他说，话语权来源于技术创新，但创新不是凭空想象的，必须经过艰苦、大量的临床实践。他一直信奉邓小平同志的一句话"实践是检验真理的唯一标准"，刘春晓认为在医学领域还应该加上一句：实践是一切创新的源泉。"现在很多年轻人不愿脚踏实地去实践，却还想着搞创新，这很容易成为空中楼阁。"

追逐名利的不是合格医生

"一定要摒弃以往那种狭隘的'一枝独秀'的观念，百花齐放才能春满园。"

如今，已成为行业内公认专家的刘春晓，更为关心的是年轻人的成长。"未来是年轻人的，我们的工作是团队的工作，不是靠一个人就能完成的。一定要摒弃以往那种狭隘的'一枝独秀'的观念，百花齐放才能春满园。技术是需要进一步发展的，有人才才会有希望。"

作为科主任的刘春晓，总是积极创造条件，主动派送年轻人出国学习、深造。让他们不断接触国际上最先进的技术和理念，科室年轻骨干的成长速度更是成倍数增长。"年轻人成长了，学科才能更有生命力！"

徐啊白是刘春晓的得意门生，只有30多岁的他已经掌握了刘春晓的两项"独门绝技"。"他现在便已掌握了我50多岁时的技术，只要坚持努力,那么他到了我这个年龄,专业造诣将会不可限量。"谈及此处,刘春晓甚是欣慰。

在人才筛选上,刘春晓有着自己严格的"入科"标准。"我们在选人时,首先看重的是人品、是医德。将功利看得太重的人不适合做医生。当医生来不得半点三心二意,你要追逐名利的话,就做不了一个合格的医生。"

住院手术变为门诊手术的梦想

"将前列腺增生手术逐步发展成为门诊手术,在不远的将来是可以实现的。"

刘春晓心里藏着一个愿望,希望能够将前列腺增生手术逐步发展成为门诊手术。目前前列腺手术的平均住院时间一般为7天左右,若要成为门诊手术,实施起来难度不小。

刘春晓介绍说,前列腺增生是老年男性的一种常见病,随着老龄化社会的逼近,预计到2030年,全国60岁以上的老年人将超过4亿,2亿老年男性中20%的前列腺增生患者需要手术治疗,人群将超过4000万人。这项任务对于将来的泌尿外科将是非常严峻的考验。"如果能将当前7天左右的住院手术变为门诊手术,那么既为老年患者减轻负担,还减小了医院甚至社会的压力。"

"要想完成这个目标,需要有更为安全、更为先进的手术技术作为支撑,这是泌尿外科医生应该重点攻关的方向。"刘春晓带领团队积极探索,"首先,要在现有手术基础上创造出更为成熟、安全的技术,方法上更为合理、简单并利于年轻医生掌握的术式;其次,需要与国内外一些器械厂家共同研发更为先进、更为适用的设备。"当前,刘春晓团队已经能够将前列腺增生手术的住院时间压缩到最短3天。

"要想实现门诊手术,还需要有其他方面的配套保障。大医院手术完成后,还需要有社区医院康复治疗的跟进。这也是我国与发达国家的差距所在,不过相信随着我国医疗卫生事业改革的深入,在不远的将来是可以实现的。"刘春晓满怀信心。

线索推荐:南方医科大学珠江医院

点评

古人云:"医之良,在工巧神圣"。刘春晓勇于挑战"传统",敢于探索未知,潜心创新术式,恪守医德操守,把为患者治病减伤视作最开心的追求。他的"独创"是智慧和汗水的结晶,是医者仁心的凝练,更是一名医生的中国梦想!他以过人的胆识和智慧,成就了一技独秀,却甘当无私的园丁,期望春晓浇开百花齐放,帮助更多的患者走出病痛寒冬。他的执着,不仅为中国医生争取了更多的国际话语权,更创造了中国术式叫响国际舞台的奇迹。

——南方医科大学珠江医院党委书记 黄立农

刘伦旭

胸腔镜下的起舞者

文 / 廖志林 耿璐

在医学界，任何一项新技术的诞生，都可以用其发明者名字来命名。当有人向他提出，把新技术用他的名字命名时，他回绝了。而是采用了更技术性的名称"单向式胸腔镜肺叶切除术"。他很实在地道出了理由："自己不想那么出头，希望得到推广的是技术，而不是推广我个人。"

这位不爱出头的医者就是四川大学华西医院胸心外科主任刘伦旭。他以创新性的"单向式胸腔镜肺叶切除术"，一举获得2011年四川省科技进步奖一等奖。评审时，25位评审专家全票赞成，成果鉴定一栏里这样写道：该成果对我国胸腔镜肺癌外科的发展具有里程碑意义。就连世界顶级专家哈佛大学医学院胸外科主任史文生先生在观摩了手术后，也不由赞叹："没想到中国人能把胸腔镜手术做得这么好！"

我们看到了刘伦旭上台领奖的无限风光，却很容易忽略一个事实，"台上一分钟，台下十年功"，任何人都不可能随随便便成功。

> "真正成长，需要8小时以外的额外努力。不要及早想着收获，想得更多的应该是学习、是奉献。"

首创"垂直－平行"胸腔镜切口方式

新技术的诞生总是需要漫长的过程，尤其是人命关天的医学技术。

今年47岁的刘伦旭，1989年成为一名外科医生，但求知欲极强的他在工作了一段时间后觉得，大学本科掌握的知识并不能满足自己的需求。为了能够潜心学习，毅然放弃了已有的工作，考取了全日制的研究生，回归校园生活。博士毕业后，1997年回到华西医院，做了一名胸外科医生。

而真正使他对胸腔镜产生浓厚兴趣的还是当年他的老师——华西医院心胸外科主任、华西医院院长石应康的一番话。刘伦旭还清晰地记得，石应康教授告诉他，器官移植与微创手术将是世界医学的未来。事实上，这也是后来得以支撑他完成探索的动力源泉，"微创是能让更多患者获益的坚定方向。"刘伦旭说。

刚开始开展胸腔镜手术时，刘伦旭和同事们发现，对患者而言，尽管胸腔镜手术比开胸手术有更多的益处，比如切口小、恢复快等，但却存在着技术要求高、操作受限制、大出血时缺乏有效的止血手段等缺陷，也正是因为这些问题，使得胸腔镜肺癌切除术很难广泛开展。事实上，自发明了胸腔镜切除术后，直到2008年美国的开展率也仅占肺癌切除手术的20%，我国则更少。

这么好的手术为什么不能推广呢？刘伦旭在思考，是不是手术方法上有问题，有没有解决办法？

新技术的诞生总是需要漫长的过程，尤其是人命关天的医学技术。为收集到全世界有关胸腔镜手术的开展情况、技术指标等资料，在电脑前他常常一待就是四五个小时，收集的资料足足有厚厚的7大本。在平常进行开胸手术时，刘伦旭对各种肺癌的部位、结构都要仔细分析，同时还对人体模型或标本进行认真研究，找出新方法的路线图。

随着研究的不断深入，刘伦旭渐渐发现，过去的胸腔镜切口虽小，但过于集中在侧胸壁，存在器械进入时指向心脏、且与切割的肺内结构呈夹角的问题，容易造成心脏损伤，加大了手术难度。如果改变切口的位置，用"垂直－平行"的方式，使器械进出时与心脏平行，与切割的肺内结构垂直，就能克服原来的缺陷，使器械进出流畅、操作角度好，同时减少心脏大血管损伤风险。

在具体的手术操作中，过去的胸腔镜手术都是多点解剖式，术中需要将器械深入各片肺叶中，而导致手术技术难度大、风险高等问题，因此推广速度慢，手术适应证范围小。而刘伦旭在反复的探索中发现，如果采用单点单向、层次推进的办法，只在肺的根部操作，不进入肺内，只沿一个方向递进切除，既能简化难度易于操作，又能达到效果。

万事俱备，崭新的手术方法需要在实践中得到印证。

创新止血法将成功率跃升至 85.7%
在新技术日渐完善后，刘伦旭的另一项重要工作就是推广新技术。

就在刘伦旭40岁那年，他成了第一个吃"螃蟹"的人。

至今刘伦旭还记得，那是2006年6月的一天，一名非常适合进行新技术的患者出现在他的面前。这名60多岁的患者，患有右下肺肿瘤，包块不大。而且老人肺功能十分不好，如果进行常规的开胸手术，危险系数较大，愈合期也很长。但如果进行胸腔镜手术的话，则各种条件都十分适合。在获得老人及家属的同意后，刘伦旭与他的团队，开始了新技术的第一次试水。

手术进行得十分顺利，不到一个小时，患者的肿瘤成功切除。手术的成功给刘伦旭带来了巨大的鼓励，他与他的团队不断在新技术上进行完善、补充。在完善过程中，伴随着切除术的另一些辅助新技术又随之产生。

组织游离容易出血也难止血是过去进行胸腔镜手术时必须面临的巨大难题，在过去，一旦出现大出血，唯一的办法是立即转为开胸手术，但刘伦旭在新技术的应用中，创新了传统器械，创立了吸引器－电凝钩无血化游离方法，这种方法采用一压一勾、边切边吸的方式，使术中出血量大大减少。正是这看似简单的"一压二夹三缝的吸引器侧压止血法"，把过去的胸腔镜止血零成功率提高到85.7%。

就这样，一项项纪录被打破，一个个禁区被突破。过去全球医学界普遍认为，超过5cm的肿瘤就不能进行胸腔镜手术，但刘伦旭的新技术却让这成为了可能，至今他已成功运用新技术切除了超过5cm的肿瘤40多例，其中最大的达到12cm。

新技术的成功让世界死亡率最高的肺癌患者看到了希望，也让刘伦旭的名声大振，慕名而来的患者一批接着一批。

"任何一项医学技术都是为人类服务的，需要不断地进行推广。"刘伦旭说。在新技术日渐完善后，刘伦旭的另一项工作就是推广新技术。培训班、学术会议，大型医院短期参观、进修，国内、国际会议宣讲，他都在尝试。"有时真的感到很累，但这种累是值得的"，刘伦旭感慨。由于新技术难度较低，掌握速度快，如今，全国已有几千名医生通过到华西医院胸外科学习，使手术成功率提高到97.8%，并在除西藏外的所有省份都得到了应用，甚至目前能够开展腔镜手术的医院大部分都应用了这项技术。

然而，他没有满足于新技术带来的荣誉，更没有故步自封，而是带领团队进行新一轮的改进。他说："'单向式胸腔镜肺叶切除术'解决了一般性的肺癌手术操作问题，而疾病是复杂的，还需要更精细、有效的方式解决。"事实上，他已经研究出了解决中央型肺癌的新技术，可以在胸腔镜下切除中央肿瘤，再将旁边正常肺的支气管和血管重新接上，这在全世界也属首次。

对于微创领域的未来，他同样没有停止过思考，比如肺癌淋巴结清扫如何能够做得更加容易；如何用机器人理念带动技术及器械的开发，开刀时将3~4个洞减少到2个洞，甚至1个洞。"以前大型的手术很多，患者在术前和术后往往会有恐惧的情绪和非常痛苦的感受，我希望未来可以实现舒适化手术的理念，让患者创伤更小、痛苦更少、恢复更顺利。"这是刘伦旭的希冀，也是很多微创医生的共同梦想。

不断学习才能创新
只有正确理解流程与创新的辩证关系，才能在流程下合理创新。

每周二的上午都是刘伦旭的门诊时间，按医院的规定，每名医生只能看25名患者，但刘伦旭看的患者每次都会大大超过这个数字。"没办法，有的是专门来找你的，有的是从外地来的，不能让患者没有看上病就离开医院吧。"刘伦旭无奈地说道。

同事们说，每天刘伦旭都是最早到病房的，医院规定8：00上班，但他早上7：10左右就会出现在病房里，查看患者的情况，哪怕头天晚上忙到凌晨三四点。甚至在春节这样举家团聚的日子，每一个大年三十、大年初一，刘伦旭从未缺席患者床边。

作为胸外科主任，刘伦旭对自己和科室同事有着严格的要求，他常常告诫年轻医生，"真正成长，需要8小时以外的额外努力，不要及早想着收获，想得更多的应该是学习、是奉献。"

不断地学习才能更好地创新，他认为，医学是具有延续性特点的经验科学，需要有章可循，只有将前人的东西充分消化和吸收，在传承的基础上才能做改进，不能盲目地创新。"我赞成创新，但每个步骤都要在已有的流程上进行，要进行熟练掌握，如果你没有新办法，就要按照流程来做，进行规范化的诊疗运作；如果有新的想法，经过讨论后得到一致通过，认定想法科学，我们就要合理采用，即便可能突破了流程。只有正确理解流程与创新的辩证关系，才能在流程下合理创新，因为医疗活动，牵动的是患者的生命健康。"刘伦旭说。

线索推荐：四川大学华西医院

点评

他的钥匙孔手术舞台在胸腔。全新的视角，系列的创新技术，他为地处中国西部的微创团队带来了世界的惊叹。改变传统的微创手术切口位置，使动辄就会伤到心脏的胸腔内操作不再战战兢兢；不进入肺内，仅在肺根部单点单向推进的术式，简单高效；新式止血法，不必开胸且大大提高了手术成功率……令人期待的是，他下一步挑战的是舒适化手术，希望他永不停步。

——四川大学华西医院原院长 石应康

王桂湘

海岛健康的守门人

文 / 张雨

珠海特区向南驱船40分钟，有一小岛，名曰桂山岛。近百艘渔船在这里停靠，蔚蓝的海水、清凉的海风、淳朴的乡邻，每一名到达这里的游客无不流连忘返。

然而，这仅仅是针对游客而言，倘若一个初到这里的人能够扎根海岛26年，那么他的动力绝非欣赏美景那么简单。况且，20多年前，岛上没水、没电，来往的船只更是少得可怜，他却毅然坚持留了下来，并被一方百姓所认可。在岛上，不少群众只知道他是一名医生，却不知他还是一名院长。

这就是王桂湘，一名再普通不过的基层医生，现任珠海市万山区桂山镇卫生院院长。

我不能做逃兵

当时的海岛没电、没水，只有4名医生，每周有两班船。

桂山岛是珠海周边相对较大的海岛之一，共11平方公里（1平方公里＝1500亩），岛

> "我只是一个挂着院长头衔的普通医生而已。"

上常驻居民3000多人。如今，海岛上有水、有电、有网络、有车、有楼、有通讯，一切看起来还不错。然而，王桂湘刚到海岛时，却是另一番模样。

1987年，王桂湘从广西榆林卫校中专毕业，当时恰逢改革开放初期，又赶上珠海市卫生局到广西招聘，王桂湘义无反顾地报了名。虽然父母很担心，但抱着年轻人应该闯一闯的想法，王桂湘最终还是说服了父母。

被分配到桂山镇卫生院后，本想要大干一番，然而，骨感的现实像一盆冰水浇得他透心凉。当时的海岛没电、没水、通信不畅、交通不便。夜晚照明只能用蜡烛或煤油灯。最要命是缺少淡水，几天也洗不了一次澡，实在难熬。亲朋好友十天半月都难联系一次，想念父母时，只好对着大海发呆。夜晚的海岛，死一般的沉寂，如果没有海浪拍打海岛的声音，甚至会忘了自己的存在。很多像王桂湘一样被分配到海岛工作的同学，都耐不住这里的清闲，离开了海岛。

王桂湘也曾犹豫过，但一阵内心挣扎后，他毅然选择留了下来。"岛上的居民也有生老病死，这里的医疗卫生水平亟待提高，我不能做逃兵。"

刚到桂山岛时，卫生院只是承租临街的一间仅十余平米的房间，只有4名医生。那时，从大陆到海岛需要坐两个多小时的轮渡，并且每周只有两班船。

岛上没有电，煤气也是奢侈品，煮饭只能烧柴。甚至注射器材的消毒也只能通过烧柴煮水来完成。"除了为百姓看病外，当时我们还有一项重要的工作就是轮流上山砍柴，以备消毒之用。"

26年经历多次险情
> "在哪里都是一日三餐，做好自己该做的事情就好了。"

就是在这样的条件下，王桂湘一干就是26年。在常人看来，这几乎可以算是一个不大不小的传奇，而王桂湘却甚是淡然："其实我所做的其他人都能做，我也只是在做我该做的事。在哪里都是一日三餐，做好自己该做的事情就好了。"

而在海岛群众看来，王桂湘是最贴心的人。海鱼是海岛群众的主要食物之一，尤其是经过晾晒的咸鱼，故此高血压成为常见病。王桂湘带领医务人员挨家挨户进行调查，形成了囊括全岛120多名高血压患者的一份专项档案。通过这份档案，王桂湘定期带领医务人员到这些患者家中，为他们测量血压、指导用药，以做到早诊早治。

就在不久前，岛上的一名患者持续高烧不退，当晚，患者突然喘不过气。受卫生院条件所限，王桂湘决定将患者立即转院。但往返海岛与大陆的船早已开走。紧急之下，王桂湘打通了长期在海上待命的"南海救助船"的电话，请他们帮忙转院。当时外面还下着雨，王桂湘竟然忘了穿雨衣，直接带穿好雨衣的患者上了船。风大、浪高、雨急，王桂湘被淋得通透。最终，王桂湘将患者及时送到了珠海市人民医院。在得到患者转危为安的消息后，他才上船返回海岛。穿着一身湿漉漉的衣服，王桂湘累得睡着了。

2008年，强台风"黑格比"袭击珠海，暴风骤雨中，海岛上一名孕妇即将临盆。但胎儿头盆不称，孕妇难产了。在这种情况下，剖宫产是较好的选择，但海岛卫生院哪有这样的条件。王桂湘通过可视电话与上级医院联系。上级医院医生通过远程会诊指导海岛医生进行操作。一阵紧张的接力之后，孩子顺利降生。

像这样的险情，26年来王桂湘经历了多少次，自己也记不清。然而每一次历险和脱险，总能得到患者及其家属的衷心感谢，王桂湘也能感觉到心中的喜悦和肩上沉甸甸的责任。

王桂湘虽然是院长，但却很少讲台面话，因为他觉得会疏远与大家的距离。他总说，"我只是一个挂着院长头衔的普通医生而已。"事实也正是如此，自2007年王桂湘成为桂山镇卫生院院长那天起，几乎没有在院长办公室待过。

如今作为院长的他，只是将自己定位为打工的医生。他总说："这里并不太需要院长，能做好医生就已经不错了。"桂山岛3000多百姓几乎都知道他是"王医生"，却很少有人知道他还是"王院长"。甚至有人还曾问他，"你们的院长去哪里了，现在没有院长吗？"

我不是一个好丈夫、好父亲

"海岛也需要爸爸，医院没人值班，要是有患者他们该多着急啊？"

王桂湘是海岛群众眼中的好医生、好院长，他自己却说，"但我不是一个好丈夫、好父亲。"长久以来，他一直对家人怀有深深的愧疚，直至今日，还在延续。

妻子在老家分娩时，恰逢海岛各项医疗服务系统完善的攻坚时刻。初为人父、家中添丁，请假也合情合理。然而王桂湘作为主要负责人，不敢有丝毫懈怠，硬是将请假推后了一个多月。当他第一次见到儿子时，已是45天之后了。

一年中秋，王桂湘刚好送一名患者回内陆，儿子得到这个消息后高兴得不得了，希望爸爸能回家一起过中秋。王桂湘不想让儿子失望，将患者安顿好之后，立即回到家中。儿子紧紧依偎在父亲怀中，讲述着大大小小的事，而王桂湘心里却不是滋味，因为这次回来，他只能在家里待3个小时，却不知该如何向儿子说。每年中秋，同事们回家过节，他留在海岛值班，几乎成了惯例。

"爸爸，你能陪我和妈妈一起过中秋吗？"

"海岛也需要爸爸，医院没人值班，要

顺口溜，正是地方病预防控制所的真实写照。每年旱獭出蛰至冬眠之日（4月到10月份），为能及时监测和控制疫情，他们长期驻扎在青藏高原的草地上。路途长远，锅碗瓢盆被等生活用品，以及土豆等能长期保存的冬储菜都是必备品。于是便会出现上述的壮景。

1983年果洛地区，一起肺鼠疫暴发。当时一名牧民接触旱獭后感染上原发性肺鼠疫，很快家中所有成员都被感染。为查出疫情所属种类及其扩散范围，青海省地方病预防控制所联合当地公安迅速封锁疫发地。所有未感染人群必须远离疫区，王祖郧却"明知山有虎，偏向虎山行"——深入一线先抢救患者，再找到密切接触者，做流行病调研。

进行鼠疫疫源地调查，狗是当地最好的指示动物。如果狗的血清中有相关抗体，通过了解它的活动范围，便可推测出鼠疫传播范围。有两次在牧区采取狗血样时，王祖郧不小心被狗咬伤，当时鲜血淋漓。而他拿上一条布简单包扎后，便紧急将样本带回实验室检验，"以防过了有效期。"

这种故事数不胜数。多年的工作经历，青海省每个市、县甚至乡的地理位置已经在王祖郧脑海里定格，成为同事眼中名副其实的"活地图"。同事杨永海说，"有次和王祖郧一起去唐古拉方向踩点。途中王祖郧睡着了，司机载着我们一路前进，大家一边欣赏风景一边聊天时，王祖郧突然睡醒了，第一句话就把所有人震住，'赶紧往回走！'，我们才意识到走过了。"

长期野外工作的历练和勤奋的钻研精神，让王祖郧在专业领域插上了腾飞的翅膀。迄今为止，由王祖郧主持和参与处理的青海省人间鼠疫疫情有15起；主持完成了"全国鼠疫疫情应急演练"，该演练方案和程序得以向全国推广；参与完成"十五"国家科技攻关计划项目分题、"863"计划等多项科研课题；负责完成"青海铁路鼠疫应急处置模拟演练"、"青藏铁路鼠疫检测及疫情地理信息系统的建立"等重大项目。

为观察鼠疫菌进展
十几个小时不出实验室

多年鼠疫亚单位疫苗的研究或可成为提高鼠疫防治效率的突破口。

青海落后的医疗条件让鼠疫防治工作充满了风险。这类俗称"两高"——高强度、高风险的传染病病原菌，属于国家二类高风险致病性菌种，相关操作必须严格按照规范进行。而由于当时条件限制，他们必须连续工作十几个小时，以观察鼠疫菌进展的动态。这种情况一直持续到2004年，国家为预防实验室感染造成威胁出台《病原微生物实验室生物安全管理条例》后，才一改以前无奈的不规范操作。

一直以来，青海被认为是单一类型的青藏高原喜马拉雅旱獭鼠疫自然疫源地。但经验告诉王祖郧，还存在青海田鼠鼠疫自然疫源地的可能性。2001年3月，王祖郧组织学术委员会对这一思路进行了论证，并组建了青海省青海田鼠鼠疫自然疫源地调查工作队，分赴野外进行现场调查和室内青海田鼠鼠疫菌实验检验。该项目于2006年取得了重大成果，并达到国内领先水平。

2006年，通过与中国人民解放军军事医

学科学院在国家高技术研究发展计划《鼠疫耶尔森菌筛查技术、致病机制和疫苗的研究》的协作，他们多年在鼠疫亚单位疫苗的研究上取得了可喜的成绩。这种用抗原组合的疫苗能够克服传统鼠疫疫苗的众多缺陷，不含有感染性组分，无致病性。同时，具有良好的免疫保护作用和安全性。这一科研成果或可成为提高鼠疫防治效率的突破口。

单靠一个人或一个团队的力量远远不够

"三年打基础，三年出人才，三年出成效。"

王祖郧清晰地看到，让鼠疫防控持续做下去服务更多的群众，单靠一个人的力量及当前的团队远远不够，唯有培养新兴人才，才能让鼠疫防控工作走得更长更远。王祖郧按照梯队模式培养人才，思索着不同专业不同人员该如何带起来。

"三年打基础，三年出人才，三年出成效"是王祖郧培养人才的思路。对待下级、学生，王祖郧在业务上给予既严格又宽松的指导，以帮助他们创造各种机会。同时，他还会将自己在技术磨砺的得失体会传授给他们。他的学生魏荣杰说，老师的工作精神是他们的榜样，只要发生疫情，王祖郧总是冲锋在前。他还常鼓励他们，"我们的实验室技术水平可能和全国其他地区比有些落后，但我们的现场资源、现场处置是占有绝对优势的。"

2010年4月14日，青海玉树突发7.1级地震，王祖郧第一时间赶到灾区，开展鼠疫监测、宣传教育和流行病学专项调查的鼠疫防控工作。

然而，特殊的工作环境让他长期远离家园，疏于对家人和爱人的照顾，情到深处，这个驰骋高原的硬汉竟言语哽咽。他说，那些年为了"大家"，常年在气候恶劣、自然和生活条件艰辛的野外工作，付出了青春及热情；而这些年，要用感恩去善待家人，让小家快乐美满。付出、收获、感恩、快乐，一个个鲜活的关键词串起了他多彩的足迹。

线索推荐：青海省地方病预防控制所

点评

他面对的疾病，是令人望而生畏的烈性传染病；他经常出入的地方，是寒冷荒漠的高原。为维系百姓安康，他溜索过江，策马扬鞭，被誉为"活地图"；为研制疫苗菌，他竭尽全力，持续十几个小时不出实验室。40年如一日与鼠疫搏杀，他展示的不仅是一种职业精神，一种信念，更是一种信仰。

——青海省卫生和计划生育委员会副主任 李晓东

乞国艳

重症肌无力的医患人生转换

文 / 迟秀梅　李晓兰　安丽云

　　重症肌无力，是神经肌肉传递功能障碍导致的自身免疫性疾病。发病率较低，最多只有万分之一的人群可能患病。一旦患病，患者将会出现活动困难，吞咽困难，甚至会出现呼吸困难，它被称为"不死的癌症"。

　　医学界权威专家说，这是医学界一道久攻不克的难题。

　　20年前，石家庄市第一医院肿瘤科医生乞国艳也患上了这种病。"这个病祸害了我9年，不仅扼杀了我的健康，还耽误了我的青春与工作……但也成就了我今天的事业。"

　　现在，已身为石家庄市第一医院肿瘤三科主任、重症肌无力研究所所长的乞国艳，通过与病魔抗争的长期实践和摸索总结，创立了一条以西医为主，中医为辅的综合治疗重症肌无力的独特疗法，经过临床应用，取得了良好的效果。曾经的重症肌无力患者，现已成为重症肌无力的"克星"，在为重症

"患者的康复就是对我最好的报答。"

肌无力患者撑起一片蓝天的同时,也为他们带来了战胜疾病的希望。

曾经的重症肌无力患者
治病过程中,乞国艳不仅是患者、义工,还是学徒。

20年前,乞国艳还是一名医大的毕业生,对未来有着美好规划的她刚开始工作不久,就遭遇了人生的重创,她被确诊为"重症肌无力":四肢无力、吞咽困难、言语不清、眼睑下垂……生活一下子变了,不但所有的日常生活无法自理,有几次甚至面临生命危险。她哭泣着诘问苍天:为什么要让我患上这种不治之症?激素的副作用让她逐渐失去美丽的容颜,男友也转身离去,多重打击令她万念俱灰,只求一死。是父母的爱心,医院领导和同事的关爱,使她重拾活下去的勇气,她决心活下来,与命运抗争。

看到钟爱的学生承受病痛,乞国艳的大学老师李恩教授给她推荐了国内著名的中医专家。医院的领导也表示:"不要惦记工作,先把病彻底治好再回来上班。"此时的她也下定决心,不仅要好好治病,更要好好探索,利用自己是医生的便利条件,在肌无力领域探索出一条系统的治疗道路。

咨询母校的老师、查阅多种医学刊物、北上南下寻找顶尖专家、开始系统学习中医、在自己身上扎针试验……她尝试了很多。

乞国艳在广州、上海等多家医院的求医过程中,凡是收治过她的医生全部成为她的导师。医生们看到这个姑娘虽然被病魔折磨,但始终不改求学探索态度,因此都毫无保留地向她传授医术。

治病过程中,乞国艳不仅是患者、义工,还是学徒。她对中医因人施治控制肌无力病症的方法有了深刻了解。

在这个过程中,她积累了丰富的理论知识和治疗经验。经过长期的理论、技术和思想准备后,她将中药、穴位注射、西医、养生之道,包括心理调整等治疗机理和方法进行了系统整合,并采用了肿瘤的治疗方法,博采众长,开辟出了一条治疗重症肌无力的新途径,并在自己身上进行试验。9年后,她的病情开始好转,生活自理能力明显提高,事实证明,她用中西医结合治疗重症肌无力的方法是先进的、有效的,且不易复发。

如今,停药已经14年的她,身体状况越来越好,还经常从事一些较大强度的体育项目锻炼。并且结了婚，有了自己幸福的人生归宿。

把时间留给患者
"我们心疼她呀！她就像是我们的亲人，为了我们她太累了。"

俗话说，久病成良医。她独创的中西医结合法，被一次次运用到临床中，救治了许多和她一样患有同样疾病的人。经过对千余例患者的临床治疗，取得了良好疗效，填补了国内临床教科书的空白，并获得河北省卫生厅科技成果二等奖。

坎坷的经历让亢国艳深知，相扶相帮对于提振患者信心有着非常重要的作用。

回到工作岗位的她毫无保留地把自己医学研究和治病经验与病友们分享。10多年来，她通过与病友交流，记录各种病历和治疗措施达40多万字；通过网络和通信等多种形式，回答患者问诊3万多人次，并提供药方医案及各种建议5000余份。

一些过去的病友听说她恢复健康之后，不断地来取经，她将自己的亲身经历用在他们身上，疗效同样显著。随着亢国艳治愈的患者不断增多，越来越多的人慕名而来。"每天就诊的40多名患者中，百分之七八十都是从外地来的。"门诊护士李丽卿说。出门诊的时候亢国艳从不喝水，怕因上厕所让患者等待，很多时候中午饭都顾不上吃。父母去看她，都没时间问候一声。李丽卿清楚地记得，有一次中午，亢国艳忙得连午饭都没有吃，回家后肠胃就开始不舒服。她的父母一直担忧着。第二天就借看病的机会，绕到重症肌无力门诊。70多岁的母亲，来到门诊一看自己的女儿被一堆患者围着，就在门外等着。时间一分分的过去，可是女儿没有空闲的时候，老母亲只能将本来准备好的话，隔着窗户，简化成了一句"记得好好吃饭"的叮嘱。

一位从广西来的患者，因为家庭条件差，担心费用问题就没有让家属跟来。亢国艳了解情况后不辞辛苦地承担起照顾他的责任；一位妈妈带着7岁的儿子不远千里来到医院，儿子的病没能击垮这位坚强的妈妈，可在面对巨额费用时，妈妈却流下心酸的泪水。她知道后带领科室的其他人员为他们集资买药；两个月的时间里，她连续四次把自己的办公室腾出来给青海、内蒙古的患者，只是为给他们节省住宿费用……每每说起她，大家说的最多的就是："我们心疼她呀！她就像是我们的亲人，为了我们她太累了。"

她把太多的时间给了患者，留给自己的只是数不清的忙碌。

把春天托举在肩上
"建一所重症肌无力专科医院，让更多患者重新走上自信的人生之路！"

她的故事击中了患者柔软的心扉，患者们对她说，"你是上天派来救我们的，你就是为重症肌无力患者而生的。"很多患者常常问她，你为我们付出这么多，我们怎么报答你啊？她回答，你们的康复就是对我最好的报答。我虽然为此付出了很多，但是我收获了来自心灵深处的最大满足和幸福。

星期三是亢国艳出门诊的时间。门外，早早就排起了长队。门里，亢国艳被患者和家属围在中间，耐心地解答着。

当记者来到肿瘤三科看到乞国艳时,一个16岁的小女孩搂住乞国艳的脖子,在她耳边悄悄地说:"乞妈妈,我出院后还会回来看您的。"乞国艳的脸上露出了由衷的喜悦。这个女孩无疑是不幸的,她3岁时被诊断出重症肌无力,13年来父亲带着她四处求医;她又是幸运的,两个月前,他们找到了乞国艳,经过60多天的治疗,她可以康复出院了。父亲抑制不住心中的巨大喜悦,在心里想了千万遍要感谢的理由,提笔时发现自己不善言辞。最终写下了"我没有什么好报答你们的,只有把感激留在这里。"如此简单的话语却蕴含了一位父亲对乞国艳团队辛苦付出的感激之情。

每当这时,她总是笑笑:"看到他们一个个地恢复健康,我的心里就有说不出的高兴。"

对于这些康复出院的患者,乞国艳一直是牵挂的,她常说:"退休后,我要到各个城市转一圈,去看望我的患者。"她的患者遍布全国各个角落,现在好多人都已经开始了新的生活,他们给她发来工作的、生活的照片……向她描述美好生活。

今年4月28日,国家卫生和计划生育委员会副主任、国家中医药管理局局长王国强专程来到石家庄市第一医院,了解重症肌无力诊疗研究进展和专科建设情况。王国强表示,国家中医药管理局将大力支持中西医结合治疗重症肌无力专科建设,希望乞国艳和她的团队不断总结治疗经验,为更多重症肌无力患者服务。

这样的肯定和鼓励让乞国艳有了更高远的目标:"我的梦想就是建一所重症肌无力专科医院,让更多患者重新走上自信的人生之路!"

现在,她每天还是不停地忙碌着,穿梭于各个病房之间,脸上更多的是经历过后的平和。过往已成为她不断进取的源泉动力。"生命有时真的很脆弱,但只要坚持,一样可以把春天托举在肩上。"她在苦痛中,把自己放在一个最高点上,经受更猛烈的暴风雨,暴风雨过后,迎接她的却是绚烂的生命。

线索推荐:石家庄市第一医院

点评

乞国艳自己患病并治愈的亲身经历,以及锲而不舍地在临床上对重症肌无力疾病的研究探索和治疗所取得的积极成果,令我们感动。挽救一名患者,实际上是挽救了一个家庭,挽救了更多的人。她医德好,医风好,医能也好,这种大医精诚的理念以及医者仁术,是我们卫生战线中西医结合战线上的骄傲。

——国家卫生和计划生育委员会副主任、国家中医药管理局局长 王国强

方涛

行动写就"预防医学活字典"

文 / 俞志新

两千多年前,《黄帝内经》提出"上医治未病,中医治欲病,下医治已病",即医术最高明的医生并不是擅长治病的人,而是能够预防疾病的人。

方涛,浙江省杭州市拱墅区疾病预防控制中心传染病防治所所长,自1998年踏上疾病预防控制岗位后,至今已在社区基层工作了14年,这位在医学界只能算个"小人物"的基层"疾控人"却以自己的默默奉献践行着"治未病"的责任。

百姓健康的守护者

"疾控工作者的职责就是做好百姓的健康守护者,只要能保障老百姓的健康,再苦再累也值得。"

2008年1月,五十年一遇的特大暴雪袭击杭州,当时正值春运高峰,大量返乡旅客

寻找大医精神
XUN ZHAO DA YI JING SHEN

> "让社区群众不生病、少生病就是我工作的目标和愿望。"

滞留在位于拱墅区的杭州汽车北站，偌大的候车厅里挤挤挨挨，人满为患。

"这种状态必须要科学应对。"拱墅区疾控中心迅速制定并启动《车站滞留旅客疾病预防控制工作应急预案》，方涛一边与同事们编印疾病预防健康教育宣传资料，一边坚持每天到汽车北站滞留旅客安置点，向每一位滞留旅客宣传卫生防病知识，同时做好临时安置点的消毒工作，还对部分产生心理焦虑的旅客进行心理疏导。

方涛提出，"严寒，人挤，该通风！"对此，他设计了"间歇通风"方案，既保持了室内空气，又避免了因通风而使旅客受寒冷侵袭。

区疾控中心距汽车北站有8公里路程，在平常这点路程算不了什么。然而当时却是大雪封路，车轮打滑，车辆难行，冰冻的路面上几乎看不到一辆车。但方涛的车硬是在冰面上"跳舞"，在几个旅客滞留点不停地"跑"，一直坚持到雪灾过去，客运恢复正常。

2009年5月，杭州市甲型H1N1流感疫情暴发。方涛又如往常一样"冲"在一线，"沉"在现场。

5月的杭州已经入夏，天气逐渐炎热，然而方涛和他的队员们仍然要"全副武装"，帽子、眼镜、口罩、隔离服、手套、鞋套，不能有半点松懈，到了现场还要保证"精、全、快"地处理好流调、消杀、采样、控制等相关事宜。每处理完一起疫情，脱下防护服，里面的衣服必然全部湿透。疫情使方涛再一次处于"无休"的"白加黑"连轴转。

6月17日21时，刚下班的方涛接到疫情通知：江苏省某旅游团一行9人中有一人患上甲流。方涛立即召集队员们火速赶到旅游团所住宾馆，逐个进行调查，并对这家城郊结合部的宾馆环境进行了全面消毒。

由于患者在乘坐飞机时调换了座位，方涛经过详细反复询问确认后，与机场和航空部门取得联系。回到办公室时已是凌晨3点，可他还得完成疫情处置记录，来不及打盹，又投入新一天工作。

今年4月的N7H9人禽流感疫情，使方涛又一次"全副武装"上阵了。"拱墅区的祥符桥区域，发现1例患者并搜索到5名接触人员。"流调、采样、消毒……滴水不漏。方涛经常和队员说的一句话就是："疾控工作者的职责就是做好百姓的健康守护者，只要能保障老百姓的健康，再苦再累也值得。"

能力提升靠千锤百炼
一名在社区基层工作的"疾控人",光有一腔热情是不够的,应该有一种在千锤百炼中造就自己的恒心和毅力。

"年轻人应该是一个行业的创新者,而不是一成不变的制造者。"这是方涛很喜欢说的一句话。杭州作为一个经济快速发展的沿海开放城市,吸引着越来越多的外籍人员在杭州工作、学习、生活,而外籍人士子女在杭预防接种成了问题。

"该有双语服务。"方涛萌生了建一个双语门诊的想法,这一想法立即得到上级领导的赞同。

2009年4月,经过悉心运作,浙江省首家中英文双语预防接种门诊建成。从宽敞明亮的接种门诊大厅到温馨整洁的接种室,从标识清晰的登记处到人性化的哺乳区,从冷链设施完备的疫苗储藏室到生动活泼的儿童娱乐区,从清晰美观的接种门诊中英文标识到现代化的客流智能化管理系统,该门诊的人性化设置和完美布局给每一位接种儿童的家长留下了深刻印象。双语门诊的推出,提高了杭州市乃至浙江省的预防接种服务品质。而双语预防接种门诊建立以来,每年都要接待几十名来自不同国家的外籍儿童。

"作为一名疾控人,一名共产党员,光有为人民群众健康服务的热情是远远不够的。"方涛经常在思考一个问题:古有"书山有路勤为径,学海无涯苦作舟。"当今更该学无止境。

方涛1998年毕业于浙江省卫生学校公共卫生专业,他对自己所从事的专业十分钟爱,倾注了深厚的感情。"别看是个'小人物',但干的却是'大事、要事'"。正因为这份工作的重要,令方涛硬是在工作之余,抽出时间,努力深造学习,并先后获得大专和本科学历。

"预防医学活字典"是同事送给方涛的称号。的确,方涛知识面十分广泛,诸如"外籍儿童在所在国已接受基础免疫,来中国后应如何继续接受免疫接种"等许多专业技术难题,都难不倒他。凭着十多年免疫规划工作丰富经验和扎实的专业知识基础,他在2009年杭州市及浙江省预防接种操作技能大比武中一举夺魁,均获得个人知识竞赛第一名的好成绩,在全市、全省疾控系统中充分展示了社区"疾控人"的素质和风采。

获奖后,方涛有了这样的感悟:一名在社区基层工作的"疾控人",光有一腔热情是不够的,应该有一种在千锤百炼中造就自己的恒心和毅力。只有这样,才能更好地践行为百姓健康做好服务的宗旨。

不遗余力实现"公卫"均等化
"我将继续努力,使辖区的每一名儿童都能得到及时有效的免疫接种保护。"

"走访病患儿童"是方涛免疫策略的一部分。他经常走访儿童医院、传染病医院,探访那些患传染病的儿童。每当他看到一些小患者因没有及时接受预防接种而不幸患上流脑、乙脑等疾病,并留下后遗症时,总是

寻找大医精神

心痛不已，惋惜万分。他决心用自己的工作来减少甚至消除这些现象的发生。经过调查，他把目光集中到了流动儿童的身上。他认为，计划免疫是最能体现公共卫生服务均等化的一项服务，而流动儿童恰恰是这项服务的薄弱人群。

浙江省是流动人口输入大省，拱墅区一个"0岁儿童年龄组"一万多名儿童中，流动儿童就有七千多名。人口流动性强增加了流动儿童感染传染病的风险，每年的寒暑假期间，是流动儿童疫苗接种"补漏"的关键时期，方涛不仅经常连续担任应急值班，而且"沉"到社区，调查、了解"小候鸟"们的人数和预防接种情况，参加"查漏"、"补种"行动，确保不漏一人。

在每次流动儿童免疫相关传染病访视中，方涛都会探求其背后的影响因素，并形成警示性文案，用以教育流动儿童的家长，以力求消除各种不利影响因素。

他说："公共卫生均等化是新医改的主要目标之一。社区力量的携手努力是实现这一目标的重要保证。其间，社区基层'疾控'人的作用至关重要。为此，我将继续努力，使辖区的每一名儿童都能得到及时有效的免疫接种保护。"

记者在采访时询问方涛的工作目标是什么，方涛回答："让社区群众不生病、少生病就是我工作的目标和愿望。"方涛表示，"大爱无疆"将是他一生追求的境界，他会一如既往地认真学习，努力工作，争做一名政治素质过硬，业务能力强的新世纪、新阶段的疾控战士，为"实现疾控事业科学发展、和谐发展、创新发展、跨越发展"奉献自己的青春和智慧！

线索推荐： 杭州市拱墅区疾病预防控制中心

点评

在杭州这个天堂般的旅游胜地，一位普通的中年疾控人，用14年的坚守，冲在一线，沉在基层，为的是确保一方安康。辗转汽车站、传染病院、街头巷尾，他和同事干的消毒、流调、宣讲，看起来都是琐碎的小事，但又是疫情扑灭、百姓防病的大事。而浙江省首家中英文双语预防接种门诊的建成、"预防医学活字典"的赞誉，更是当代疾控人和社区医师可圈可点之美。

——中国工程院院士 李兰娟

陈岭

我喜欢他们的微笑

文 / 赵家耀 宋琼芳

"医生,你不知道我心里有多难受!"李女士在陈岭面前重重地坐下,随手从包里掏出一盒烟,抽出一支,点了起来。

不过,还没等她吸上一口,烟就被陈岭拿走,并迅速掐灭。李女士惊讶地望着这位医生,只见陈岭和颜悦色地对她说:"有什么问题告诉我,别抽烟了,对身体不好。"

后来,李女士回忆起与陈岭多年的交情,都会提起陈岭对她说的第一句话和第一个动作。李女士说:"当时我就觉得,这个医生怎么像我的朋友、家人那么亲切?"

一个"知心人"

"我从没有想到,医生也可以那么知心!"

上海黄浦江畔,南北高架与内环高架交汇处,热闹拥挤的瞿溪路上,有一家小小的

> "希望医患之间,能达到这样一种境界:他相信我,而我也不会防着他。"

二级综合性医院——东南医院。名气虽不及三甲医院那么响亮,周边居民常见病、慢性病的诊疗,却少不了它。老年病科、心血管内科、消化内科……那里不少医生,虽非大专家,却因其"全科中的专科"的独特优势,以及耐心细致的服务而同样拥有众多粉丝。东南医院内科副主任陈岭,就是其中之一。

她说她只是无数医务人员中的平凡一员,但她的那些故事,却流露着丝丝点点的不平凡。

像开头这个故事,陈岭第一次见到李女士时,她满面愁容,总捂着胸口说心脏不舒服。可经过仔细问询并看了检查报告,陈岭发现,李女士那些自称的"早搏"、"心衰"等病症,全是源自她的"心病"——心理的心因性疾病。原来这几年,李女士眼热别人炒股票赚钱,"怂恿"丈夫也去炒股,赚到了一些钱后,乘胜追击,谁知后来股市不利,丈夫又操作不当,亏了一大笔钱,这下子,李女士着急上火,夫妻俩也整日吵架。

了解"病因"后,陈岭劝慰李女士,让她把乱吃的那些药全部停掉。还对她说:"我给你开的药方很简单,只需要你与你丈夫心平气和地谈一谈……"临走时,陈岭把电话号码留给李女士,让她有什么问题可以直接找她,或者把丈夫一起带来门诊也行。

心血管内科门诊变成了心理门诊?面对疑问,陈岭说,在她的门诊患者中,有40%左右是由心理问题导致的心脏问题假象,此时,医生的作用就是为患者解开心结——尽量少用药,多开解,与患者谈心。

就这样,李女士的心结慢慢解开了,焦虑和烦躁逐渐烟消云散,与丈夫间一度达到冰点的关系又开始转暖。通过这件事,陈岭也成了李女士最信任的朋友。

一个"好女儿"
"有什么事,随时联系我!"

"请让一让!请让一让!"一位年逾古稀的老伯吃力地推着轮椅上的老伴,朝东南医院急诊大楼奔去。斜瘫在轮椅一侧的老太有气无力,处于半昏迷状态。看到接诊的陈岭,老伯几乎带着哭腔对她说:"请你一定要救救我老伴!"

患者叶老太,来东南医院前,已在好几家医院就诊,但病情却丝毫未见好转,只要稍稍一活动,就会出现胸闷、气促、心悸等症状。由于久治不愈，叶老太对看上去很年轻的陈岭并不抱什么希望，甚至流露出不太信任的目光。可是，陈岭仍然用亲切的笑容与沉稳的眼神安抚老人，并立刻仔细检查。检查后发现，老人的心率竟达180次／分！陈岭立即陪同老人赶往心脏超声室，超声结果和陈岭的诊断一致：扩张性心肌病合并心功能不全，如不及时治疗，随时会有生命危险。

陈岭果断采取治疗措施。终于，叶老太的病情稳定下来。住院的日子，叶老太的眼神发生了一系列变化：从怀疑、信任再到深深的感激。每一次，只要陈岭一踏进病房，叶老太就会起身，绽放灿烂的笑容。旁人说，叶老太就好像看到自己女儿那样亲热。叶老太笑笑："没错，我就是把陈医生当成自己女儿呢！"陈岭再三关照注意事项之余，还将自己的手机和家庭电话号码都留给老人，嘱咐她："有什么事，随时联系我！"

出院后，叶老太有几次感觉不舒服，陈岭一接到电话，二话不说就带着听诊器、血压计等赶到她家。而最让叶老太和她家人感激的是，经过仔细研究病情，陈岭认为应转入上级医院接受进一步治疗。她主动联系上海交通大学医学院附属瑞金医院，让叶老太转到那里。治疗后一切都很顺利，叶老太逐渐康复。一年后，曾经虚弱得无法下地的叶老太，竟能摆脱轮椅，独自步行两站路，来到东南医院看望陈岭。陈岭见到她，真像见到亲人似的，又是高兴又是埋怨："你怎么自己跑来？万一有事怎么办？"叶老太笑着说："我的命是你给的，有你在，肯定没事。"

如今的叶老太依然身体健硕，依然会时不时跑到陈岭的办公室，只为看看她，和她话话家常。当然，家里人有什么头疼脑热的，叶老太也会第一时间来咨询陈岭——因为她是叶老太的"好女儿"嘛。

一个"好姐姐"
为患者付出再多，都是值得的。

正是人与人之间突如其来的缘分，让陈岭对自己这份工作始终充满热情与感恩。她说，不管做多少年的医生，她最喜欢的依然是一样东西：患者们的笑容。

一个节假日的夜晚，陈岭值班，一个年轻女孩被紧急送过来，原来，女孩不知什么原因一时想不开，服毒自杀。陈岭立即联系其他科室医生会诊，又请来肾脏科医生为女孩做血透……忙了大半夜，终于把一条生命救了回来。

住院期间，陈岭了解到女孩自杀的原因：父亲患病卧床已十多年，母亲患有轻度的抑郁症，再加上家境贫寒，生活的重负让女孩透不过气来。为防止女孩再做傻事，陈岭开始与她谈心，甚至女孩出院后一段时间里，陈岭还是一下班就去探望她，一次次给予她和她的家庭以精神上的鼓励与物质上的帮助。就这样，女孩原本暗淡无光的眼睛渐渐流露出充满生机的光彩，经常沉默不语、喜怒无常的女孩，竟会拉着陈岭的手絮絮叨叨地倾诉心事……

后来，恢复正常生活的女孩有了心上人，他们邀请陈岭参加婚礼；再后来，女孩做了母亲，有了可爱的小宝宝，陈岭来看望她时，她望着怀里的宝宝，又望着陈岭，半晌才充满幸福与感慨地说："陈医生，一切都是你给我的,你就像我的好姐姐!"因为陈岭从不肯收患者任何东西,女孩想了好久,终于决定织一件毛衣送给她。收到毛衣的那一刻,陈岭开心极了,在她看来,那一针一线都是这个世界上最可贵的情谊。每当天冷出诊时,陈岭总会穿着这件毛衣,它提醒着她:为患者付出的再多,都是值得的。

一个"小心愿"
"希望医生能有最起码的安全保障——这样的要求,应该不过分吧?"

从医至今,陈岭从没有对任何患者发过脾气,然而令她无奈的是,医护人员的辛劳与心意,有时却会遭遇患者和家属的不理解。

有位伴有严重心脏病和高血压的老年卒中患者入院,在实施抢救时非常棘手,但大家没有丝毫推诿,甚至有位年轻的男医生接连几天都没有回过家,只为密切监测病情。如此努力,却遭遇一位脾气暴躁的患者家属的误解——他总认为医生在骗人、护士在敷衍,所以总会口出恶言,说到激动处甚至会随手操起一把椅子掷过来!那名年轻的男医生被他骂得流泪,而送药的护士被他打翻过好几次托盘后也吓得不敢进病房。然而,身为医护人员,他们始终要面对,始终要继续……终于,老人的病情开始好转,出院了。这一刻,曾经凶神恶煞一般的家属终于对他们说了声"谢谢"。所有人都松了一口气,却又觉得有一种说不清道不明的惆怅与迷茫。

"我相信,99%的医生是尽力为患者看病的,没有医生会存心把患者治死。我希望全社会都能树立起这样的观念:疾病不可控制,医生不是神仙,没有办法起死回生,我们期待舆论正确而科学的引导。事实上,如果一直存在医患矛盾,最后被耽误的还是患者。"陈岭说。

当笔者最后问陈岭的职业理想是什么时,她微笑:"其实,我只有一个小小的心愿,希望医患之间,能达到这样一种境界:他相信我,而我也不会防着他。"

线索推荐:上海电影制片厂导演赵家耀

点评　一个知心人,一个好女儿,一个好姐姐,不同角色演绎出普通医师陈岭与患者亲人般的真情。在医患关系紧张的今天,陈岭的故事让人肃然起敬。而她的心愿,希望医患并肩作战而不是互相防范,更是所有行医者的期盼。

——中国工程院院士　陈灏珠

刘东

儿童福利院的"雷锋"

文 / 陈惠

2004–2006 年，当时还在北京安贞医院心外科工作的医生刘东在德克萨斯州的休斯敦学习。每天，他开车回家，路过邻居家门前的草坪，都能看到四五个"特殊的"孩子在玩耍。这些孩子肤色各不同，每个人都带着明显的残缺，有的是肢体残疾，有的是侏儒症……但一样的是，他们的笑脸灿烂而美好。刘东为这样的笑脸而感怀。

经过打听，刘东才知道这些都是邻居收养的孩子。邻居只是一个普通的美国中产阶级家庭，但他收养的孤残儿童来自全世界。刘东问自己，这种生活不正是我想要的吗？它是可行的、快乐的、健康的，我也是中国的中产阶级，这样的事情我也可以做。

他们触动了我的灵魂

"他们给了我很多东西——快乐、信心和被需要感，让我坚持到现在。"

回国之后刘东开始尝试，和四个朋友一

寻找大医精神

> "孤残儿童没有亲人,带着残疾,承受精神和肉体双重的压力,却很少有人关注,他们是最需要帮助的人。"

起,几乎每个星期都会去做慈善志愿者,当大多数人沉迷于电脑游戏、KTV、泡温泉的时候,刘东和他的朋友奔波于老人院、智障学校、残疾人学校、流浪儿童学校之间。

一年之后,刘东和朋友坐下来思考:我们能力有限、资金有限、时间有限,我们要做什么?最后他们决定帮助那些福利院的孤残儿童。这是因为,与福利院孤残儿童的接触,触动了刘东灵魂深处最柔软的地方。

"孩子是我们的未来,从他们身上我们看到的是我们的未来。而且孩子很单纯,与孩子的交往和与成人之间的交往不一样。他们需要你、喜欢你,就真心对你。他们给了我很多东西——快乐、信心和被需要感,让我坚持到现在。"刘东说。

于是,到蓝天、奇妙双手、天使之家这些专门照顾孤残儿童的福利院做志愿者,成为他们的"第二职业"。"有的先心病患儿一出生,就被遗弃在垃圾堆、卫生间、火车站,被送到福利院后,福利院联系我们,我们给这些患有严重肺炎、严重营养不良、严重感染或皮肤病的先心病患儿做治疗,当他们的身体恢复到具备手术条件的时候,我们联系医院,进行手术。术后孩子们回来,我们给孩子们拆线、做康复治疗,告诉福利院阿姨如何观察和照顾孩子们。"

但大多数医院都不能给孩子提供免费手术的机会,福利院资金有限,国家对于孤儿医疗救助款项,由于额度和就诊地域的限制,又很难及时到位。孩子可能因为没钱而丧失手术的最佳时机,刘东看在眼里急在心里。

不要让患儿因为没钱遭受痛苦
再也不希望有孩子因为没钱治病而死去。

2010年,刘东发起并成立了"北京春苗儿童救助基金会",之所以叫春苗,刘东说,是因为一个叫"小苗"的孩子。小苗是一名复杂先心病患儿,2008年,刘东在一家儿童福利院发现了她。他积极地帮助小苗联系北京安贞医院,就在手术前一天,需要交钱的时候,福利院告知,由于国际金融危机的影响,为这家福利院提供资金的海外资助机构无法为孩子提供手术费。手术只能推迟。3个月后,待刘东为孩子凑齐手术费时,福利院告诉他,小苗已经离开了这个世界。

手术费只需8万元,刘东说,他再也不希望有孩子像小苗一样,因为没钱治病而死去。

"春苗"的一个主要工作内容是为那些贫穷家庭的孩子提供医疗救助。通过遍布全国的社工和志愿者找到贫困家庭的孩子，并帮助这些孩子得到最合适的治疗。

一个海南志愿者发现了一名复杂先心病患儿。由于当地医院医疗水平有限，无法为这个孩子做手术。而因为家里没钱，孩子的父母也不能带他到大城市大医院治疗。

当时，孩子已经出院，志愿者开车行驶200余公里，来到孩子所住的村庄，挨家挨户打听孩子的住处，他说服了孩子的父母来北京治疗。因为孩子的病情重，不能坐飞机，志愿者与孩子的叔叔一起带着孩子，坐了31个小时的硬座到北京。"春苗"联系了北京安贞医院小儿心脏外科刘迎龙主任，为孩子成功实施了手术。

但刘东说，这不是我们希望救助的方式，我们希望孩子不要坐31个小时的火车来北京，因为这个过程风险太大。我们希望专家到当地手术，因此我们需要与当地医院合作。还是这名志愿者，热心帮助联系海南农垦医院心脏外科主任。他们准备未来合作，由"春苗"提供资金，请专家到海南进行指导和手术，当地医院提供手术室，并筛查出先心病患儿。"春苗"已经在全国各地发展了近十家这样的合作医院。

到目前为止，"春苗"已经帮助600余名复杂先心病患儿成功治疗和康复。

将救助扩展到全国

不得不说"对不起，没有床位"的时候，他们都会感到无比沮丧。

"春苗"还有一项重要内容，就是帮助全国各地福利院送来的孤残儿童提供医疗的机会。

2010年，刘东在救治一个复杂先心病和严重唇腭裂孩子时，认识了来自美国的Brent Johnson。与刘东一样，在北京和睦家医院工作的Johnson也有一份第二职业——"小花关爱项目"，帮助福利院寄养孤残儿童，并给这些孩子提供教育和医疗的机会。

对于Johnson来说，买房、买车、上班、下班、打高尔夫球，这样的规律生活"很没意思"。"跟孩子们在一起我才最开心。"

共同的理念把Johnson和刘东联系在一起。如今，"小花"已经成为"春苗"的一部分。在"春苗"的医疗专家团队支持下，"小花"与福利院合作，给孤儿提供24小时全天候高质量的护理，并帮助福利院联系收养家庭。

一个叫"龙龙"的宝宝，有很严重的唇腭裂，出生后被遗弃。在被接到"小花"之前，龙龙经常生病，由于肺炎反复发作而频繁住院。医生说，他们也无能为力了。"小花"把龙龙接过来，准备给他提供临终安养。就在医生撤出呼吸支持系统的那一刻，奇迹发生了，龙龙又可以自己呼吸了！小花向国际资深的专家寻求帮助，为龙龙解决肺炎反复发作的问题，制定唇腭裂手术计划。

美国德克萨斯的两个家庭接收了龙龙，在寄养家庭和医生细心地照顾下，龙龙身体状况越来越好，医生成功地实施唇腭裂手术。现在龙龙的面貌已经和普通孩子没有差别。

2012年，"小花"与34个社会福利机构合作，救助了169个孩子。2009-2012年，"小花"总共帮助了494个孩子。因为需求过于巨大,"小花"通常会超床位限制而多照顾几个孩子。尽管如此,当福利院给"小花"打电话的时候,他们有时不得不说"对不起,没有床位"。每当这时,他们都会感到无比沮丧,因为他们知道这个孩子会遭受痛苦。

"雷锋"的无奈
由于需要帮助的孩子不断增多,筹集资金一直是一个挑战。

很多人把刘东和 Johnson 这样的人称为福利院的"雷锋",因为他们一直不遗余力地帮助福利院解决孤残儿童的医疗问题。

"孤残儿童是弱势群体里最弱势的一群人,相比那些有自理能力的老人,有双亲的流浪儿童,有着圆满精神世界的自闭症孩子,孤残儿童没有亲人,带着残疾,承受精神和肉体双重的压力,却很少有人关注。"刘东说。

据 Johnson 介绍,在美国及欧洲发达国家,很多中产阶级都会参与到孤残儿童的教育和医疗中,或者是以寄养的方式,或者是以捐资的方式,力所能及地提供一些帮助。但在中国,并没有太多人涉足这个领域。

"很多人说这应该是政府的责任,但是政府也不容易,因为政府要做很多事,提供给福利院的资金有限,政策也需要慢慢改善。我们不能以'政府的责任'为借口而不作为。因为那些孩子现在就需要帮助,他们的生命那么脆弱,稍不留意转瞬即逝。如果能有更多中产家庭参与到孩子的照顾中来,会给孩子们带来更多希望。"Johnson 说。

刘东和 Johnson 有自己的工作和家庭,他们都很忙,但他们愿意把晚上和周末的时间花在这些孩子身上。但有时,时间和精力还不够,更重要的是要有资金。谈到这个问题,他们束手无策。"春苗"和"小花"的资金来源是愿意做公益的爱心人士。由于需要帮助的孩子不断增多,筹集资金对于他们来说一直是一个挑战。

2013 年,他们需要筹到的资金是 968.6 万元。

"现在筹到了多少?"

"只有一半。"刘东说。

线索推荐:北京和睦家医院

点评

当下的中国,最需要看到更多与物质无关,却离心灵很近的欲望。刘东发起的春苗儿童救助基金会,让被遗弃的孤残儿童得到了超越父母的人间大爱。3 年多的寒暑往来,一项公益行动让千余个枯萎的生命重新滋润。让人担心或应该代为呼吁的是,资金缺口仍是救助孩子们的坎儿,必须众人携手迈过。

——中国工程院院士 高润霖

孙建纯

护卫癌末患者的"特种兵"

文 / 邹欣芮

中国医科大学附属盛京医院宁养院里,孙建纯坐在办公桌前,准备着每月一次为癌末患者家属上课的内容。他闭紧了双眼,思忖着这期应该给家属讲些什么。眼看着又是一年春节,孙建纯的心中有了主意,他决定这期的课程主题是"无痛过年"。

孙建纯每天的工作便是直面濒临死亡的癌末病患,与他们"幽谷伴行"。他总是自豪地说,宁养院里有一支用医学人文关怀理念武装起来的专业队伍,他们是为癌末患者营造爱的环境的"特种兵"。

作为宁养院的主任,孙建纯教授最大的愿望就是让癌末患者有尊严、无痛苦地离开人世。

"宁养人"的使命

"宁养工作靠的不是硬件建设,重要的是软件服务。这种服务靠的不只是一项工作、一件事情、一种精神、一个尝试,更是一种修行和修炼。"

宁养院的规模并不大,有3名医生、3名

寻找大医精神
XUN ZHAO DA YI JING SHEN

> "面对不久于人世的患者，我们没有理由不把人间的爱都给予他们，这就是医务工作者，尤其是'宁养人'的职业道德底线。"

护士及一名专职社工，孙建纯亲切地称这支队伍为"宁养人"。

在孙建纯接触的患者中，85%以上都伴有疼痛，他们承受着身体和心灵的双重煎熬。"宁养"恰恰是在药物止痛的同时辅以心理舒缓，目的不是延长患者的生命时限，而是提高他们的生存质量，尽量使患者没有痛苦而有尊严地安详离去。到2013年1月末的13年时间里，孙建纯所在的宁养院已经让5302名患者无痛苦、有尊严地走完一生。宁养院通过免费为癌症晚期、疼痛、贫穷患者提供临床治痛、症状控制、舒适护理、心理纾缓、灵性照顾、哀伤辅导等服务，更为癌末患者营造了一处温馨的港湾。

临终前的幸福

孙建纯一直认为自己是个"性情中人"，看到患者痛苦，他的内心也倍受煎熬，看见患者的笑容，他的内心好似也卸下了千斤重担。

对于身患骨癌的22岁女孩乔艳秋来说，幸福就是能够安详、有尊严、不留遗憾地走完生命最后一程——她的愿望就是想与青梅竹马的恋人完婚。孙建纯得知此事后，开始制定一个计划，"一定让乔艳秋当一个不受病痛折磨的新娘。"医者仁心的他决心让这个女孩幸福地走完余下的人生之路。

孙建纯深知一个癌末患者所受的痛苦与折磨，看着眼前这个花季少女，泪水模糊了他的双眼。但他明白，他必须沉着冷静下来，制定宁养疗护的方案。

2007年2月27日，孙建纯带着医生护士来到沈阳郊区的农村，为乔艳秋检查身体和评估病情。那时的乔艳秋正被癌症折磨，在床上直打滚，昔日的美丽女孩儿已被病魔摧残的瘦骨嶙峋、形如枯槁。孙建纯怎么忍心看着这一切，他与同行的医生连忙喂乔艳秋服药，不一会儿，刚刚还在痛苦中挣扎的乔艳秋安静了下来，脸上也渐渐露出了笑容。从那以后，无论刮风下雨，孙建纯都会带着"宁养人"到乔艳秋家服务，从未间断。

2007年3月的一天，风雪肆虐，整个沈阳被笼罩在56年来最强的暴风雪里。此时，孙建纯想到了乔艳秋。为了让乔艳秋免受痛苦，孙建纯带领着宁养院的医护人员迎着狂风暴雪，沿着翻浆的土路一颠一簸去了公主屯……就这样，孙建纯让乔艳秋过上了124天无痛的新婚生活。当年7月5日，乔艳秋安详而没有痛苦地走到了人生的尽头。

临终前的惊喜
刘伟艰难地诉说着自己的感激之情，那含糊不清的几个字却字字深入人心——"谢谢你们"，她还向医生护士们深深鞠了一躬。

2009年2月，54岁的下岗环卫女工刘伟踏入了宁养院的大门。刘伟和丈夫都是环卫工人，两口子住在一间不足10平方米的低矮小平房里。几年前，刘伟患上子宫癌，癌症无情地夺去了她做妈妈的权利。然而命运的黑手再一次伸向这个穷苦的家庭，刘伟在体检中得知自己患上牙龈癌，由于没有钱看病，她任凭癌细胞扩散，4个月后，从口腔往上，半边脸像是一棵大菜花。她不能吃、不能喝，说话含混不清。在镜子里看见自己都感到恐怖的脸，还有那钻心的痛苦，此时的刘伟想到了死。

刘伟的丈夫看到妻子每天遭受着病痛的折磨，心如刀割，他找到了中国医科大学附属盛京医院宁养院。孙建纯和王莉教授看到刘伟的情况，很是揪心，随后他们带着医护人员多次赶往刘伟家中，为她实施家居服务。此时的刘伟已经不能吃药进食了，孙建纯与王莉商量后，决定为刘伟换上止痛贴剂。不久后，刘伟打来电话，高兴地说："我吃了3个烧麦。"她还说，只要不痛了，她就能快乐地活着。

宁养院的医护人员先后去刘伟家6次，给她换药，陪她聊天。刘伟不疼了，心情好了，一次，刘伟在那狭小的平房前高兴地跳起了新疆舞，来表达她对宁养院的感恩之心。

12月25日这天是圣诞节，也是刘伟的生日。孙建纯和宁养院的医护人员决定为刘伟举行一场生日会。他们为刘伟准备了轮椅，用车将他接到宁养院。彩带、鲜花、横幅……一间会议室被几名义工装饰一新，温馨的氛围布满整个房间。这时，两名义工双手捧来一个大大的生日蛋糕，刘伟看着一幕幕感人的场面，流下了激动的泪水。参加刘伟生日会的还有刘伟的亲人们，"在我们家最无助时，你们来了，不嫌弃我们，对刘伟比对亲人还亲。"几位亲属发言，每个人都是泪流满面，感激涕零，刘伟的公公更是激动得说不出话来。

2010年11月11日，刘伟走了……走得很安详，很平静。

临终前的快乐
"直击死亡，那是一条孤独的路。"为了让每名癌末患者不感到孤独无助，孙建纯会为有梦想的患者圆梦，让他们在离开人世前多一些慰藉，少一些遗憾。

已是鼻咽癌晚期的16岁花季少女萌萌有一个梦想，就是想去北京看看。"多想看看北京，看看梦寐以求的北京大学啊！"这是萌萌知道自己得了绝症后的唯一心愿。孙建纯将她的愿望发布到一家媒体上，很快就有一位爱心人士捐出6000元钱为萌萌圆梦。为了保证萌萌的安全，孙建纯带领了一名医生，全程陪同萌萌来到北京，领她去天安门前看国旗与旭日一同升起；用轮椅将她推上了万里长城，感受祖国的雄伟壮观；搀扶她步入北京大学，圆了女孩儿的大学梦。她还在一间教室里激动地在黑板上写下7个大字：北京大学，我来了！

回到沈阳后，萌萌的精神状态非常好，她会不时地翻开在北京的照片，兴奋地为家人讲诉当时的快乐与欣喜。然而无情的病魔还是在不久后夺去了萌萌的生命，可是在萌萌临终前的日子里，她是快乐的。

"宁养疗护"要用爱

"让每一个患者活出意义，直到生命电池耗尽。我们不加速也不延缓死亡的来临，而是一同奏响生命的乐章。"

在经历了许多生死离别后，孙建纯愈发地感到宁养疗护不只是人们通常认为的那样简单——一群好心人，在做一件热心肠的事；而是一个经过特殊训练的团队，在做一桩人人面临生命的终点之前，都会期待梦想成真的事业。他经常教导他的学生，宁养疗护是要用心、用脑、用手、用力去做的工作。"面对一个不久于人世的患者，我们没有理由不把人间的爱都给予他们，这就是医务工作者，尤其是'宁养人'的职业道德底线。"孙建纯还总是激励宁养院的医护人员，他觉得在这个特殊的环境里，他可以体味人生，找到人生的平衡点，把自己的爱奉献给需要的人。

13年来，孙建纯带领这支"特种兵"部队，用细腻的关怀、内心的尊重、充分的理解和强烈的责任感照顾着每一位癌末患者。13年来，孙建纯亲自去患者家里看望、照顾、关爱这些患者，从未间断。"宁养人"的服务对象遍及沈阳城乡，只要是出诊日，他们都风雨无阻，按时把止痛药、把安慰、把爱送到患者家中。孙建纯到患者家时，有椅子坐椅子，没椅子就坐炕上，谈病情、拉家常时，时常拉着患者的手，让患者感到温暖，增强他们生活的勇气。孙建纯说，这是医学人文关怀和职业道德的起点，是医院从过去只注重为患者治病到重视临终关怀的进步，只有心贴心地接近患者，才能把宁养服务做到位、做得好。"宁养院不是'火葬场'的前一站，而是癌末患者离世前的'休息站'。"

线索推荐：辽宁省卫生厅

点评

他不是音乐家，却让生命的最后乐章以华美完场；他不是园艺大师，却让生命之花鲜活至最后一刻；他不是心理学家，却守护在癌症患者的心灵最深处。孙建纯，灵魂的医者，临终幸福的创造者。13年来，他和他的宁养团队为癌症患者守护尊严、缓解病痛、实现梦想。让生命最后里程没有孤独，让离去坦然从容。孙建纯，用心诠释医者大爱，用奉献勾绘生命彩虹！

——中国医科大学附属盛京医院院长 郭启勇

张振江

17年心系染艾乡亲

文 / 冯立中

到张振江的家，必须先进他的"艾滋病专用卫生室"。隔着一个小小的院落，后面才是他的家。3 年前，他把自家的前院腾出来专门用于接待村里的艾滋病患者，"这样他们找我方便啊"，村里的 21 名艾滋病患者中很多人每天都要在这里做抗病毒治疗，稍有伤风感冒还要做"机会性感染"治疗。"他们都是我的同村乡亲，我已经离不开他们了。"张振江说。

17 年前，张振江成为安徽省亳州市利辛县刘家集乡刘染村艾滋病患者的专职医生。在 5000 多个日日夜夜里，他成天与艾滋病患者相处，为村里的艾滋病患者提供医疗救助，成了艾滋病患者最信任的医生。

艾滋病在村里没有传播

"除了卖血感染的以外，我们村没有二代患者！"张振江对此十分自豪。

1995 年，刘染村发现了第一个艾滋病感染

"他们都是我的同村乡亲,我已经离不开他们了。"

者,张振江被卫生院确定为艾滋病患者的"专职医生",当时他还没有感到太大的压力,只是按照上级的要求定期给患者发中药。谁知2003年村里健康普查后,一下子查出了34个感染者,张振江从面对一个患者,到面对一群患者。

2005年,这些感染者开始接受政府提供的免费抗病毒治疗,张振江的任务就是每天为他们提供服务:发药、打针、吊水,甚至入户巡诊、督促服药、精神抚慰,艾滋病患者的健康成了他生活的全部。

曾经有一个患者对抗病毒药物不适应,一吃就吐,身上还发肿起泡,经常悄悄把药扔了。张振江每天上门督促,看着他吃药。他对患者的父亲和媳妇说,你们要想他活,就要看着他吃药,千万别再扔了。看到患者实在难受,他就四处申请,帮助患者改用了二线药,药物的副作用小了很多,患者服药的依从性也明显提高,至今生活得很健康。

村子里一下出现那么多艾滋病患者,张振江天天和他们打交道,多少琢磨出了一点"东西"。艾滋病患者免疫力差,经常会出现感冒、腹泻、发烧等症状。"每个人的身体状况又不同,需要区别对待。"经过十余年的经验积累,张振江的脑子里,已经印上

了给每位艾滋病患者治疗的"脉络图",一般的病,张振江总有办法药到病除。

为了防止艾滋病的传播,张振江每个月都要给村民们唠唠艾滋病的防治,如今刘染村的乡亲们对艾滋病的三个传播途径都烂熟于胸,脱口就能说得上来。到年轻的感染者家里巡诊,张振江总忘不了捎上一盒安全套,千叮万嘱地提醒他们千万不要忘了使用。

前些年,张振江在巡诊中发现一位女感染者怀孕了,马上将此情况报到县妇幼保健所,妇保所专家连续上门对这个孕妇进行母婴阻断治疗。10个月后,这名孕产妇生产时,张振江特别紧张,直到血液检查证实孩子是健康的才放下心来。

"除了卖血感染的以外,我们村没有二代患者!"张振江对此十分自豪。

一定要把孙子领回来!

十余年来,张振江的手指还是被艾滋病患者使用过的针头扎破过5次。"常规接触并不可怕,作为医生,更不能怕,不能丢下患者不管。"

在张振江的卫生室采访,不时可以看见

几个孩子在屋内嬉戏，老张伸手指着其中一个六七岁的孩子说："这孩子前些天才领回来，我对儿子说，一定要把孙子领回去，不然我没法向村民交代。"

为什么一定要把孙子领回来呢？张振江的老伴胡凤琴说出了原委。这个孙子从小是在老张家里长大的。"我从孩子8个月带到6岁，感情深着呢。"胡凤琴说。前不久，一个艾滋病患者在输液时因药物反应呕吐不止，呕吐物洒了一地。刚满6岁的小孙子不懂事，用手玩弄呕吐物，正好被张振江的儿媳妇看见了，儿媳妇担心孩子感染艾滋病，硬是把小孩带回了家。孩子带走的几天里，胡凤琴想孙子天天夜里睡不着觉，蒙着被子抹眼泪。张振江却在想，我向村民们宣传说艾滋病一般情况下不传染，不要歧视艾滋病患者，我却把自己的孙子送走了，别人会怎么想？不行，一定要让孙子回来，用我自家的事实告诉大家，艾滋病没什么可怕的。

每天为艾滋病患者治疗，难免会有一些"小意外"，张振江就曾多次在给患者输液时被针头扎破过手指。一次，他为一位艾滋病患者输液，扎上针后他就转身为另一位患者输液去了，回来检查时发现患者手部起包了，要重新扎，就在拔针时，针头弹到他的手指上，扎破了皮。尽管很小心，十余年来，张振江的手指还是被艾滋病患者使用过的针头扎破过5次。"常规接触并不可怕，作为医生，更不能怕，不能丢下患者不管。"被扎破的手指，张振江都是挤出血，再用清水清洗后，拿酒精消毒。由于处理及时，经过医院检查，并无大碍。

一个艾滋病感染者在家切菜时不慎割破了手指，就到卫生室包扎。此时张振江正好在外出诊，于是张振江的妻子胡凤琴就帮他清洗伤口，用创可贴裹上伤口。包扎完了胡凤琴才看到自己的手指上正好有一个伤口，艾滋病患者的血就洒在她的伤口上。多年耳濡目染，她也清楚艾滋病毒的传播方式，赶紧用凉水连续冲刷。张振江回来后还叮嘱她，别对艾滋病患者说这件事，免得他们不安。所幸此后的检查结果是阴性的。

为患者让他干什么都行

当地领导来看望张振江，给他送去了2000元慰问金。第二天，张振江就拿这笔钱买了21床棉被，每个艾滋病患者一床。

在张振江家采访时，他的妻子胡凤琴说，他的心就全系在艾滋病患者的身上了，家里顾不上不说，为了患者让他干什么他都去。

67岁的艾滋病患者张某发了高烧，张振江就一次次上门为他治疗。还没有痊愈，患者就悄悄去六安市打工了。张振江听说后一想，艾滋病患者抵抗力低下，发烧没好就出去打工很危险，就立即赶到六安寻找。可是六安很大，在那里要想找个人如同大海捞针。张振江就拿出患者的照片四处问。有人说在南门庙会看到过他，张振江就赶到那里，果然见到正在乞讨的患者。看到张振江，患者一把抱住他痛哭流涕，随后就跟着张振江回了家。

2010年的一天，村里一位艾滋病毒感染者骑车外出时不幸摔伤，腿部骨折。张振江赶紧将他送到县里一家医院。谁知第二天去医院看患者时，却看到患者还躺在门诊大厅里，家属说是医生听说是艾滋病毒感染者就不给治。此时的患者伤处肿得老高，还在不停地流血，张振江赶紧四处联系，包了一辆车将其送到了省城。在安徽省立医院分院，一位70多岁的老专家给患者做了手术。术前张振江告诉老专家说，患者是艾滋病毒感染者，老专家听了后哈哈一笑说，艾滋病毒感染者怎么啦？当医生就是要治病救人，再说我也70多了，就是为救患者染上艾滋病也值了！张振江说，他听了后十分感动，人家省城的老专家都不怕，我怕什么？

记者在张振江诊所里见到几台电取暖器，老张说冬天到了，艾滋病患者身体本来就虚弱，为他们输液必须加温，这是他自费从街上买的。12月3日，当地领导来看望张振江，给他送去了2000元慰问金。第二天，张振江就拿这笔钱买了21床棉被，每个艾滋病患者一床。"天冷了，他们需要多加床被子，暖和些。"记者看到，一张发放清单上已经按了很多手印，"还有5户没来拿。"记者数了数，果然还有5个名字没有按手印。"下午我就给他们送去。"老张说。

2012年5月的一天，张振江到一个艾滋病患者家探视，回来的路上突然感觉一阵晕眩，便靠在路边一棵树上，许久无法挪步。后来在县人民医院，张振江被诊断患了脑梗塞。因放心不下村里的患者，他只住了三天院，便出院回家了。"他们的病情只有我最了解。"张振江认真地说。

村里34名艾滋病毒感染者中，已经先后有12个离世，目前还有21人仍在治疗中。在张振江的照料下，他们都挺过了艾滋病的"十年大限"。张振江说今年他57岁了，儿子也是卫校毕业，过些年准备把这个班交给儿子，让他继续为这个特殊群体服务。"他们大概还能活多久？"记者小心翼翼地问。张振江哈哈大笑说："只要规范治疗，再活十年二十年都没有问题！"

线索推荐：安徽省卫生厅

点评

17年6200天，天天守着一群艾滋病患者，为他们看病，帮他们解忧，还要抚慰那一颗颗哆嗦不安的心。为了方便患者的治疗，不惜把自家的屋子腾出来；为了防止患者心生疑虑，老两口把小孙子带在身边。面对这个特殊的人群，张振江捧出的是一颗赤诚的心，点燃的是一盏盏生命的灯。

——中国科学院院士　曾毅

张伟

草原军医的大爱人生

文 / 油维嘉 黄树涛

科尔沁草原，高天昊昊，草原茫茫。

33年，他扎根草原深处一座军队医院的手术台前，迎送患者，祛病除疾，无影灯下写就无悔人生；33年，他走遍草原周边80余个乡镇、牧场、林场，躬身问候，笑容满面，一次次为驻地乡亲解除病痛；33年，他被草原上汉、蒙、满、朝、回等各族群众口口相传，交相称赞，誉为"军中白求恩，当代活雷锋"。

他就是全国拥政爱民模范、解放军第521医院微创介入科主任张伟。

能"哎米阿布拉"的人

"一定要攻克脑部外伤，让负伤的战友不受二次伤害。"

20世纪80年代初，张伟从延边医学院毕业，走进了科尔沁草原深处的解放军第521医院。报到那天，他在车上颠簸了一整天，路越走越荒凉，他的心也越来越荒凉。站在一幢破旧二层小楼的医院门口，他对自己的选择产生了动摇。

> "我是医生,手术台就是我的战场,我要对得起来找我的每一个患者。"

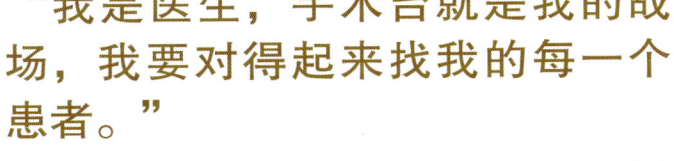

出身医疗世家,悬壶济世、救死扶伤是他最大的梦想,地方偏不怕,环境苦不怕,怕的是医院条件差,没有患者来。

一天深夜,一个满头是血的战士被战友们抬进了医院。战士是在执行基地某新型装备试验任务时负伤的,脑袋上嵌进好几块弹片,鲜血直冒。看着张伟,战士痛苦的眼神里流露出无限请求和希望,战友们也都眼巴巴地看着他。

那一刻,他的心在颤抖。给战士做完清洗、包扎,他不知从何下手,因为一旦手术中破坏了血管神经,战士极有可能致残、致傻。无奈,战士被紧急送往几百公里之外的大医院。

那天晚上,张伟通宵未眠,一个念头也深深扎进他的脑海:一定要攻克脑部外伤,让负伤的战友不受二次伤害。

那以后很长一段时间,张伟常常一个人在解剖室一呆就是一整天。为了缝合手术的精准,他在显微镜下无数次模拟练习吻合婴儿血管标本,练得自己的颈椎半脱位;为了缩小手术创口,他苦练"手艺",赢得了"张小口"的美誉。

1989年6月18日,附近索伦马场的蒙古族妇女刘杰前来就诊,她患头痛已多年,在兴安盟某医院做脑CT时突然昏迷,全家人坐上救护车来找张伟。张伟诊断为颅内鞍区肿瘤,但患者一直按神经痛针灸治疗、按高血压脑病吃中药治疗,病情已贻误。鞍区肿瘤手术难度大,风险高,张伟却迎难而上。

8小时艰难手术,颅内肿瘤摘除,手术取得成功。这是521医院首例深部脑肿瘤全切手术,填补了吉林白城地区医疗界的空白。在死亡线上走了一遭的刘杰,逢人就说张伟。张伟也成了索伦马场牧民心中能"哎米阿布拉"(汉语:救命)的人。

张伟的名气越来越大,来找他的患者越来越多,其中包括许多癌症晚期的患者。他觉得自己的本事不够用了。

1988年,在沈阳进修时,张伟接触到了当时还属前沿学科的微创介入疗法。为了尽快掌握这种疗法,他四处求教;缺少经费,他动员父母兄妹资助进行创新攻关;缺少经验,他一年时间撰写了100多万字的诊治记录……从1988年做第一例微创手术,如今

寻找大医精神

他已成功做了1万多例，创造了2500多个生命奇迹。

给予即是幸福

30多年来，张伟为700多名患者垫付医药费和购买营养滋补品等达15万余元，为灾区捐款11万余元。

白城牧场职工李艳辉的儿子如今已是一个大小伙子，他的名字很独特：武二一。李艳辉说，起这个名字，就是要记住521，记住张伟。

1997年5月，李艳辉因脑外伤住进521医院，生命危急。张伟是她的主治医生，亲自主刀实施开颅手术，9个小时后手术成功了。可是家里实在太穷了，付不起继续治疗的医疗费，如果放弃，极有可能导致脑瘫，造成终生残疾。征得医院领导同意，张伟为她专门建立"家庭病房"，每个周末骑着自行车往返30多公里到李艳辉家里为她进行康复治疗，药品和营养品都是他自掏腰包。风雨无阻坚持了3个月，李艳辉痊愈了。

第二年，李艳辉和丈夫武军抱着刚出生的儿子来给张伟送喜糖，告诉他，孩子名叫武二一。那一刻，张伟笑得特别开心。

行医33年来，张伟累计行程16万公里，一个医药箱伴他走遍科尔沁草原周边3个省区10个县（市、旗）80余个乡镇（苏木），巡诊回访达万人次。

妻子洪伯坤为张伟做过大概统计，30多年来，他为患者无偿献血2800 ml，为700多名患者垫付医药费和购买营养滋补品等达15万余元，为灾区捐款11万余元，捐赠衣物200余件。

1989年6月，驻地农村一名叫权威的不满7岁的男孩，放学回家路上不慎被火车撞伤，导致面部裂伤、左腿撕脱、小脚离断。张伟摸着他的头说："别怕，有叔叔在。"经过全力救治，本应做截肢处置的小权威不仅保住了左腿，而且没有留下任何后遗症。后来，张伟定期到小权威家回访，每次都给他留下钱物和学习用品，寒暑假还让妻子把他接到家里，直至资助他到大学毕业。至今，已参加工作的权威还总将"张爸"挂在嘴边。

像权威这样的孩子，张伟先后资助了12名，其中7名完成了大学学业。据不完全统计，张伟用在这些孩子身上的钱，约有10万元。

从医33年，张伟收到过3500多封感谢信和175面锦旗。作为医生，张伟是幸福的。他的幸福观很简单："患者就是我的亲人，他们健康快乐地活着，就是我最大的幸福。"

对患者不求回报
对家人心存愧疚

每次重大手术后，他日以继夜地守在重症监护室，无微不至地照顾危重患者。

对待患者，张伟付出全部却从来不求回报；对家人，他却有着许多的歉疚。

1992年8月，母亲罹患肝癌已到晚期，生命垂危，连续三封加急电报也没把手术台上的儿子叫回家。2012年2月，父亲患急性心肌梗死住院，希望儿子给自己做心脏支架手术，可还没等到他赶回去，父亲就永远地离开了。每次回到办公室，看着办公桌上父母的照片，张伟都会沉默良久。

儿子在兰州办婚礼，他和妻子没能参加，只能看着光盘分享儿子的幸福；家里的电视机是10多年前买的，沙发是20多年前买的；为了给儿子买房，家里至今欠着银行80多万元的贷款……

为了减少患者医疗开支，麻醉、术中监视等原本需要五六个人完成的工作，全是张伟一个人承担。每次重大手术后，他日以继夜地守在重症监护室，无微不至地照顾危重患者。为了确保患者术后康复，为了让患者家属和护士能多休息一会，为患者吸痰、擦身、叩背、端便盆等不用医生干的活，他总是主动去承担。

一天凌晨，张伟的妻子洪伯坤发现张伟喘不过气来，憋得脸色发紫。她急忙从床头柜里翻出救心丸塞到丈夫嘴里。怕再出现意外，洪伯坤每天晚上8点前入睡，入睡前强迫自己多喝水，保证自己每天晚上能上五六次厕所，随时观察张伟的情况。这个习惯她已坚持了20年，先后三次将张伟从死亡边缘拉了回来。

介入治疗经常需要在射线条件下进行，为此很多大医院的主刀医生每天只做两例手术，张伟每天要做七八例，有时甚至超过10例。每做一例，需要穿着近40斤重的铅衣站立近一个小时，为保存体力，张伟只在射线照射时才穿铅衣。长期工作在X线辐射下，他的白细胞降到了3000以下，比正常人少了1000多。白细胞越来越少，得白血病的概率就越来越高。

沈阳军区放射防护监督监测中心的工作人员把检测报告递到张伟手中时，连声质问他："一个季度，你的吃线量为4.09毫希，全年下来，你得吃多少，你不知道一年不能超过5.00毫希吗？"张伟无法回答。他何尝不知道？他何尝不想停下来歇歇？但他总说："我是医生，手术台就是我的战场，我要对得起来找我的每一个患者。"

线索推荐：吉林白城平台解放军第五二一医院

点评

33年，他走遍科尔沁草原周边80余个乡镇、牧场、林场，为汉、蒙、满、朝、回等各族群众解除病痛，被誉为"军中白求恩，当代活雷锋"；他主刀大小手术3万多例，创造了2500多个生命奇迹，为患者献血2800毫升，捐资36万余元，对得起每一位患者，却愧对父母妻儿。"除了医术，还有一味特效药，就是爱"，是这位全国拥政爱民模范用心血开出的特殊处方。张伟，向你致敬！

——总装备部驻吉某基地后勤部部长 杨材栋

后 记

"寻找大医精神"似乎是一场穿越行动。她从1300多年前孙思邈笔端的千字箴言《大医精诚》起步，走进21世纪医术先进但医患关系紧张的现实空间。机制扭曲、利益诱惑，导致"回扣门"、"推诿门"事件频发，重新沐浴"大医精神"的圣光，还我白衣天使的美好形象，是此次寻找行动的初衷。

60位大医人物的展示与采写，60位知名专家和领导的精彩点评，60个单位与个人的鼎力推荐，像一道彩虹折射出"关爱生命，患者至上"的天使之光。寻找行动更像一面感召的大旗，高屋建瓴、德艺双馨的行医者让人景仰学习之，也像一面镜子，让沦落者找回圣洁之魂。

感谢此次征文活动的所有参与者，感谢北京大学医学出版社加急赶印了这本书，感谢百洋医药集团对寻找活动和此书出版的大力支持。愿大医精神永放光芒。

邢远翔

2013年9月3日